DES ÉCOLES EN MOUVEMENT

Inclusion d'élèves en situation de handicap ou éprouvant des difficultés à l'école

DES ÉCOLES EN MOUVEMENT

Inclusion d'élèves en situation de handicap ou éprouvant des difficultés à l'école

Sous la direction de

Nathalie Bélanger et Hermann Duchesne

Les Presses de l'Université d'Ottawa

Ottawa

2010

u Ottawa

Les Presses de l'Université d'Ottawa reconnaissent avec gratitude l'appui accordé à leur programme d'édition par le ministère du Patrimoine canadien en vertu de son Programme d'aide au développement de l'industrie de l'édition, le Conseil des arts du Canada, la Fédération canadienne des sciences humaines en vertu de son Programme d'aide à l'édition savante, le Conseil de recherches en sciences humaines du Canada et l'Université d'Ottawa.

Les Presses reconnaissent aussi l'appui financier de la Faculté d'éducation de l'Université d'Ottawa dont a bénéficié cette publication.

Catalogage avant publication de Bibliothèque et Archives Canada

Des écoles en mouvement : inclusion d'élèves en situation de handicap ou éprouvant des difficultés à l'école / [sous la direction de] Nathalie Bélanger et Hermann Duchesne.

Comprend des réf. bibliogr. et un index.
Comprend du texte en anglais.
ISBN 978-2-7603-0731-5

1. Intégration scolaire. 2. Enfants handicapés--Éducation.
3. Enfants en difficulté d'apprentissage--Éducation.
I. Bélanger, Nathalie, 1968- II. Duchesne, Hermann

LC1200.D48 2010   371.9'046   C2010-904604-8

TABLE DES MATIÈRES

Introduction : Des écoles en mouvement. Inclusion d'élèves en situation de handicap ou éprouvant des difficultés à l'école

Nathalie Bélanger et Hermann Duchesne

Que veut concrètement dire une école inclusive ? À quelles réalités renvoient les pratiques inclusives ? Les chapitres qui composent cet ouvrage répondent à ces questions en présentant des portraits d'écoles de quatre provinces canadiennes, soit l'Ontario, le Manitoba, le Nouveau-Brunswick et le Québec, ainsi que de trois pays, l'Angleterre, la France et l'Italie. Bien sûr, il n'est pas aisé de comparer des écoles, des pratiques ancrées dans des contextes nationaux et provinciaux bien précis où l'on retrouve des enjeux politiques, sociaux et éducatifs qui diffèrent sensiblement les uns des autres. Les auteurs du présent ouvrage relèvent le défi en adoptant une approche similaire pour décrire, dans toute leur étendue, les contextes et les pratiques en œuvre dans leur milieu respectif. Cette démarche a le mérite d'éviter de parler d'inclusion en général, dans un vide historique, politique. Elle propose plutôt aux chercheurs, aux étudiants, aux praticiens et aux politiciens une analyse approfondie de ce que l'inclusion veut dire dans le quotidien d'acteurs sociaux, d'écoles, d'enseignants, d'enfants, de parents bien réels. Cet ouvrage diffère des manuels qui présentent généralement « ce que l'on doit faire » et opte plutôt pour une investigation empirique multisites qui permet de prendre le pouls de « ce qui se fait » pour animer l'inclusion en milieu scolaire, afin d'inspirer de nouvelles pratiques.

Dans la première partie de cette introduction, il s'agit de situer le mouvement historique et politique vers l'inclusion. L'éducation inclusive, pour les auteurs du présent ouvrage, ne concerne pas des groupes en particulier, ou ne constitue pas un but en soi, une destination finale à atteindre. Plutôt, à l'instar de Benjamin, Nind, Hall, Collins et Sheehy (2003), elle correspond à des processus sociaux toujours en train de se façonner, marqués par des luttes, des négociations inscrites dans des contextes sociaux et politiques plus larges, et dans lesquels l'ensemble d'un groupe classe et les établissements scolaires se situent et participent. Ce mouvement vers l'inclusion est porté par des auteurs et des acteurs clés qui se sont d'abord intéressés aux élèves en situation de handicap et ont questionné les dispositifs d'éducation spécialisés en marge des écoles ordinaires et, par la suite, les mesures d'intégration visant à réintroduire ces élèves marginalisés dans les écoles. C'est au regard de ce mouvement en trois temps, marqués par le passage de la ségrégation à l'intégration, puis à l'inclusion, que les auteurs du présent ouvrage situent leurs contributions et présentent où en sont les écoles faisant l'objet d'enquêtes. Si la multiplicité des significations accordées au mouvement vers l'inclusion apparaît à la lecture des divers chapitres, il se dégage néanmoins de cette vaste investigation de grandes traverses, des lignes directrices, des pratiques exemplaires qui renseignent au sujet de l'école inclusive. Mais avant de préciser l'approche méthodologique adoptée par les auteurs et d'introduire les différentes contributions, il convient d'abord de caractériser ce mouvement en trois temps et de brosser à grands traits un tableau de cette réalité polysémique et mouvante qu'est l'éducation inclusive.

1. « VERS L'INCLUSION »: UN MOUVEMENT EN TROIS TEMPS

Le placement des élèves en situation de handicap ou en difficulté dans des classes ou écoles spécialisées et séparées a longtemps été pratiqué en Occident. Le courant de l'éducation spécialisée est fondé sur des perspectives essentialistes qui définissent le handicap comme un problème ou un déficit ancré dans l'individu (Slee, 1998). Ce courant est également informé par une psychologie du développement

(Bloch *et al.*, 2006 ; Lloyd-Smith et Tarr, 2000), laquelle, à travers la théorie de l'intelligence, les stades de développement et la catégorisation (Vial, 1990), a tracé les frontières entre la normalité et l'anormalité. Aux heures de gloire de l'éducation spécialisée, dans les années 1960 et 1970, tout un contingent de spécialistes soutiennent un système ségrégé parallèle au système d'éducation ordinaire où les élèves sont regroupés à peu près selon les différentes catégories diagnostiques de handicaps ou de difficultés auxquelles ils sont censés appartenir (Tomlinson, 1987 ; Corbett et Slee, 2000).

C'est à la fin des années 1960 et avec la démocratisation de l'éducation qu'émergent de nouvelles approches éducatives et que des mesures d'intégration des élèves auparavant exclus de l'école ordinaire sont mises en place. Le mouvement pour l'intégration vise la mise en œuvre de stratégies d'intervention ou de réadaptation pour l'élève afin qu'il s'adapte à la classe ordinaire. Ce mouvement veut d'abord répondre au principe de normalisation des conditions de vie des personnes handicapées énoncé par Nirje (1969), puis au principe de la valorisation des rôles sociaux avancé par Wolfensberger dans les années 1970-1980 (Dupont, 2005). Cependant, l'intégration impliquant d'abord un refus d'accès à la classe ordinaire ou le retrait de celle-ci aux fins d'intervention rééducative, force est de constater qu'une proportion importante d'élèves demeure par la suite ségrégée pendant toute la scolarité, et pour ceux jugés aptes à revenir en classe ordinaire, malgré tous les efforts déployés, très peu profitent de leur intégration (Vienneau, 2002).

Plus récemment, dans les années 1990, un troisième discours portant sur la pédagogie de l'inclusion monte en force et critique les mesures intégratives précédentes (Skrtic, 1991). Ce mouvement prend origine en Angleterre grâce à des chercheurs eux-mêmes handicapés, engagés dans un mouvement social revendicatif et, aux États-Unis, à travers les *minority studies*. L'une des critiques à l'intégration relève de la centration sur la catégorisation, la prépondérance de l'approche médicopsychologique qui reconduit l'idée que le problème réside dans l'individu, les effets de l'étiquetage et de la surveillance (Corbett et Slee, 2000) d'élèves surreprésentés sur le plan de leurs origines socioéconomiques, linguistiques et ethnoraciales (Bélanger et Taleb, 2006 ; Oswald, Coutinho et Best, 2005 ; Parrish, 2005 ; Slee, 2006). Ces critiques débouchent sur un mouvement en faveur de l'inclusion. Ce mouvement est informé par une définition sociale de la notion de *disability* (Oliver, 1990; Fulcher, 1999; Barnes, Mercer et Shakespeare, 1999; Fougeyrollas, 1998), ce terme ayant été traduit en français par l'Organisation mondiale de la santé par « handicap » en 1980. Plus précisément, dans une perspective sociale, le handicap se distingue des notions de déficience (*impairment*) et d'incapacité (*handicap* en anglais, mot d'origine hippique), lesquelles consistent, d'une part, dans la perte ou une anomalie d'une structure ou d'une fonction psychologique, anatomique ou physiologique et, d'autre part, dans la restriction ou l'inhabileté à accomplir une tâche ou une activité dans les limites de ce qui est considéré comme « normal ». Le handicap (*disability*), quant à lui, renvoie aux obstacles environnementaux qui empêchent l'individu porteur ou non d'une déficience de participer à la vie de sa communauté sur un pied d'égalité avec les autres (Fulcher, 1999; Barnes, Mercer et Shakespeare, 1999). C'est cette dernière acception du handicap en tant que phénomène construit dans une situation donnée, en interaction avec des exigences de l'entourage, qui sous-tend le mouvement d'éducation inclusive.

2. L'ÉDUCATION INCLUSIVE, UNE NOTION POLYSÉMIQUE

Le paradigme de l'inclusion revêt différentes significations selon les personnes qui s'en réclament et les contextes. C'est ce que met en lumière l'examen de l'interaction entre la théorie et la pratique, cette dernière s'exprimant dans un mouvement à la fois politique de réaffirmation des droits fondamentaux de la personne et de réponse aux exigences contradictoires du marché scolaire.

En théorie, l'inclusion s'entend, entre autres, comme un *processus* qui prend en compte la diversité des besoins des apprenants pour maximiser la participation à l'apprentissage, à la vie sociale et culturelle de l'école et de la communauté, et pour réduire le nombre des exclus de l'école ou exclus au sein même de l'école (Barton, 1997; Ainscow, 1999; Booth et Ainscow, 2005). L'éducation inclusive sous-entend la reconnaissance, voire la célébration, des différences, minimisant par là, dans le mouvement revendicatif, l'accent mis sur la recherche de ce qui est commun à un groupe d'individus, d'enfants, sur les similitudes entre ces derniers. Elle implique une culture du changement à l'école et concerne tous les élèves et acteurs scolaires. Il s'agit alors de s'éloigner d'une conception qui situe le problème dans l'individu, de s'éloigner de l'idée d'une « tragédie personnelle », pour interroger plutôt les conditions d'accueil de tous les élèves à l'école ou dans toute autre arène sociale (Armstrong et Moore, 2004). Le mouvement pour l'inclusion préconise une pédagogie centrée sur l'enfant et adaptée à ses besoins plutôt que centrée sur des standards d'apprentissage et des rythmes d'apprentissage préétablis. Pour Ainscow (1999), puis Booth et Ainscow (2005), le mouvement vers l'inclusion se définit par l'image d'*une école en mouvement* qui valorise le savoir et les connaissances des apprenants, et où la prise de risques est encouragée, où les différences entre les élèves représentent autant d'occasions d'apprendre et de s'ouvrir à d'autres connaissances. Ainscow, Booth et Dyson (2006) stipulent que l'inclusion engage une participation accrue de tous les élèves dans l'école, une diminution de ceux qui sont exclus de l'école, une restructuration des modes de fonctionnement, des façons de faire, des pratiques et des politiques de l'établissement scolaire afin de mieux répondre à la diversité des élèves et de développer des communautés locales fortes. Le mouvement en faveur de l'inclusion, à travers sa définition sociale du handicap et son adoption du principe de non-catégorisation des individus, concerne alors tout élève, toute personne à risque de marginalisation.

Cette ouverture à la diversité est particulièrement mise en évidence dans la Déclaration de Salamanque (UNESCO, 1994), réaffirmée par le Forum mondial sur l'éducation de Dakar (2000) et les États généraux Handicap, le temps des engagements (UNESCO, 2004). Cette Déclaration situe le mouvement vers l'inclusion directement dans le contexte d'affirmation des droits fondamentaux de la personne. Elle précise que l'école doit accueillir tous les enfants, quelles que soient leurs caractéristiques particulières d'ordre physique, intellectuel, social, affectif, linguistique ou autre. La plupart des États signataires de cette Déclaration ont adopté des politiques pour favoriser l'inclusion à l'école des populations d'élèves traditionnellement exclues. Ces politiques traitent de la création d'un environnement éducatif accueillant, valorisant et sécuritaire pour tous les élèves par l'intermédiaire d'une programmation éducative répondant aux besoins de chacun, non seulement des enfants et adolescents en situation de handicap, mais aussi de tous les élèves à risque d'exclusion ou de marginalisation, et des enfants traditionnellement exclus. Les mesures envisagées pour la mise en œuvre de ces politiques sont toutefois très peu connues ou parfois inexistantes. Ce mouvement fait récemment écho dans le monde francophone. Par exemple, en France, Chauvière et Plaisance définissent le terme « inclusion » par « l'affirmation des droits de toute personne à accéder aux diverses institutions communes et destinées à tous, quelles que soient leurs éventuelles particularités » (2005, p. 489), à laquelle se conjugue l'idée de participation, à la suite de l'adoption de la loi française de 2005 Pour l'égalité des droits et des chances, la participation et la citoyenneté des personnes handicapées. Gardou, Poizat et Audureau (2004) précisent que les projets d'éducation inclusive restent des exceptions étant donné la puissance de la norme et de la codification qui empêchent de tirer profit de l'hétérogénéité, de la diversité, de la multitude, et qui tiennent « l'Autre à distance ».

En pratique, le discours sur l'inclusion et l'égalité des chances s'est vu récemment juxtaposé à d'autres préoccupations relatives aux logiques de marché scolaire telles que le rapport coût-qualité, l'efficacité scolaire, le *testing*, l'inspection, le choix parental et l'autonomisation des établissements, transformant du même coup le mouvement vers l'inclusion (Armstrong, 2003 ; Barton, 2004). Dans ce contexte de contradictions, de discours et de visions en compétition, le mouvement vers l'inclusion serait-il alors réduit à des considérations techniques de gestion de ressources et de personnes (Slee, 1996)? Ce sont d'ailleurs ces considérations qui font souvent la manchette et qui polarisent les discours, où centrales syndicales, fédérations enseignantes, groupes de parents s'interrogent sur l'organisation du travail, la professionnalisation des enseignants et des intervenants, la composition des classes, la charge de travail, la « contrainte excessive » que représentent des classes hétérogènes et diversifiées pour les enseignants et les « autres élèves » de la classe.

Au carrefour de la théorie et de la pratique, le changement de philosophie vers l'inclusion serait rendu possible grâce aux directions d'école et aux impulsions qu'elles initient, car ces dernières tiennent des discours variés et mettent de l'avant des significations contextualisées de la notion d'inclusion, dont les effets et conséquences dans l'école sont notables. Le plus souvent, les contenus de ces discours sont encore largement teintés d'éléments médicopsychologiques propres au courant de l'éducation spécialisée (Thomas et Loxley, 2007). En témoigne l'utilisation actuelle des plans d'enseignement individualisé (PEI) rappelant l'idée que le handicap, la difficulté, réside d'abord et avant tout dans la personne et ne se définit pas en relation à une norme, à des standards, à un contexte. Il en est de même pour la centration sur les « besoins » de l'élève plutôt que sur ses « droits » (Boucher, 2003), ce qui contribue au maintien de la croyance que la difficulté ou le problème est consubstantiel à la personne.

Ces quelques considérations attestent du fait que la réalité que recouvre l'expression « mouvement vers l'inclusion » s'avère particulièrement difficile à apprivoiser. Peut-on vraiment parler de « pratiques exemplaires » inclusives ? Est-il possible de cerner ces dernières ? Comment peut-on rendre compte de leur multiplicité et des transformations qu'elles génèrent au sein des écoles et des communautés ? L'approche partagée par les auteurs de cet ouvrage tente de répondre à ces questions.

3. UNE APPROCHE PARTAGÉE

Grenot-Scheyer, Fisher et Staub (2001) font remarquer que de trouver des pratiques exemplaires inclusives n'est pas chose facile. Les pratiques que les chercheurs documentent, et éventuellement préconisent comme étant novatrices, ne constituent qu'une version d'une réalité extrêmement complexe et multidimensionnelle. Elles ne présentent aucune garantie de succès lorsqu'elles sont décontextualisées et recontextualisées. Elles ne sont pas nécessairement bienvenues des personnes handicapées et en difficulté, des parents, des enseignants, des administrateurs, des spécialistes qui œuvrent et doivent composer avec les réalités de la vie quotidienne, les budgets limités, le manque de formation, et ainsi de suite. De plus, des pratiques qui n'apparaissent pas de prime abord comme étant exemplaires ou novatrices peuvent fort bien s'avérer, en fin de compte, davantage praticables et productives. C'est pourquoi, dans l'établissement de stratégies et de modèles novateurs, il convient de ne pas se limiter à considérer les histoires « à succès », mais de documenter des histoires de « vraie vie » qui montrent la volonté d'une collectivité d'aller de l'avant, de relever les défis et de réduire les barrières à l'inclusion.

Ces derniers auteurs attirent l'attention sur l'aspect « génératif » de l'inclusion, qui implique une transformation profonde des pratiques et la construction d'un nouveau savoir qui ne se situe pas dans le prolongement de celui qui a inspiré les réformes éducatives antérieures, mais qui exige plutôt de « réinventer » l'éducation pour tous. De ce fait, ces auteurs préconisent l'approche de l'étude de cas qui donne la parole aux acteurs sociaux les plus directement concernés par l'inclusion.

En accord avec ces principes, tous les auteurs de cet ouvrage ont d'abord choisi une ou deux écoles dans chacun de leur pays, province ou région d'appartenance. Les écoles ont été retenues en fonction de leur représentativité sur le plan de l'hétérogénéité de la clientèle, de l'inclusion des élèves handicapés et en difficulté d'adaptation ou d'apprentissage, ou qui ont des besoins spéciaux ou exceptionnels. Ces écoles sont contrastées en fonction de variables géographique (sur le plan national et provincial), démographique (taille de l'école et effectifs étudiants), linguistique (en situation minoritaire ou majoritaire), confessionnelle, et d'autres caractéristiques des établissements (projets d'école, services aux élèves assurés à l'école ou à l'extérieur). Ces divers contextes permettent de mettre en évidence l'effet des variations dans les politiques d'éducation d'un pays et d'une province à l'autre au sujet des initiatives inclusives envers les élèves et de leurs incidences au quotidien.

Les auteurs ont eu recours à une méthodologie combinée qui inclut trois types de collecte de données : des observations directes dans les écoles et dans les salles de classe, des entretiens semi-structurés avec des administrateurs et administratrices, des membres du personnel enseignant et des services spécialisés, des parents et des élèves, et une analyse de documents portant, en particulier, sur les politiques éducatives afin de mieux cerner les facteurs sociaux et politiques qui influencent les initiatives inclusives dans les écoles visitées. Les collectes de données, menées entre 2006 et 2007, ont été guidées par neuf critères mis en évidence par Booth et Ainscow (2005), et exemplifiés par Duchesne (2006) :

1. Le projet d'établissement : En quoi consiste ce projet ? Qui participe à sa planification ? Quelle mission et quelles priorités l'école se donne-t-elle en termes d'accueil, de qualité de l'enseignement, de discipline, de soutien aux élèves, de participation des parents et de la communauté ?

2. L'aménagement des lieux : En quoi cet aménagement crée-t-il et maintient-il un environnement accessible où tous les élèves se sentent bienvenus et en sécurité ? De quelles façons l'espace est-il aménagé, utilisé dans la classe et dans l'école ?

3. La gestion du temps : L'emploi du temps vise-t-il la maximisation de l'apprentissage ? Quel est l'horaire (affiché, rappelé, planifié conjointement avec les élèves, etc.) ? Comment la préparation du matériel et des équipements, les transitions et les rappels à l'ordre permettent-ils de maximiser le temps d'apprentissage ?

4. Les stratégies d'enseignement : Les méthodes d'instruction privilégiées tiennent-elles compte des styles d'apprentissage diversifiés des élèves ? Offrent-elles à tous la même chance de participer ? Favorisent-elles les groupements hétérogènes des élèves ? Valorisent-elles les interactions entre élèves, la coopération, l'établissement de liens d'amitié ?

5. La vie scolaire : Comment les élèves sont-ils encouragés à prendre une part active aux prises de décisions qui affectent leur qualité de vie dans l'école ? Comment sont-ils soutenus, individuellement et collectivement, dans le processus de résolution des problèmes ?

6. L'entraide entre les élèves : Quelles sont les pratiques et les stratégies mises en place pour favoriser l'entraide ? Quelles sont les manifestations d'entraide et de coopération entre les élèves eux-mêmes, autant sur le plan de la classe qu'ailleurs dans l'école, sans oublier la cour de récréation ?

7. L'implication des parents : Quel est le rôle des parents et des tuteurs à l'école ? Sont-ils considérés comme des partenaires à part entière ? Leur participation ou implication, autant sur le plan individuel que collectif, est-elle activement encouragée ?

8. L'organisation des récréations, des allées et venues : Comment gère-t-on les activités parascolaires ? Quelles sont les règles de conduite et les modes de surveillance ? Comment les élèves se

comportent-ils les uns envers les autres ? Comment se règlent les problèmes ou difficultés d'interaction entre pairs ?

9. Les ressources matérielles et les ressources humaines (enseignants, spécialistes, familles, organismes communautaires) : Quelles sont les ressources additionnelles exigées par l'inclusion ? Comment sont-elles mises à la disposition du personnel et des élèves ? Quelle place occupent les nouvelles technologies de l'information et de la communication ? Les équipements ou la technologie d'assistance ? Comment les membres du personnel offrent-ils leur soutien à la classe et aux élèves en particulier ?

Étant donné la multiplicité des visages de l'inclusion, les auteurs ont interprété ces critères et concentré leur attention sur ceux qu'ils ont jugés les plus aptes à rendre compte des dynamiques en jeu dans leurs milieux respectifs. Le présent ouvrage constitue donc l'aboutissement d'un processus qui, à la fois, introduit un élément de rigueur méthodologique, favorisant la mise en évidence des similarités et des contrastes, tout en offrant une certaine souplesse en réponse aux particularités des différents contextes d'investigation qu'il convient maintenant de présenter.

4. LES CONTEXTES D'INVESTIGATION

Notre incursion en terrain inclusif débute dans la province de l'Ontario. Dans un premier chapitre, Bélanger concentre son attention sur une école urbaine de langue française en situation minoritaire. Cette auteure apporte des exemples de la résilience des pratiques d'éducation spéciale grâce à son analyse du discours entourant l'enfance en difficulté et des interactions entre enfants, et entre enfants et adultes, dans l'école. D'une part, elle montre comment cette école s'ouvre de plus en plus à la diversité des élèves, grâce notamment à la pugnacité de parents, à l'accueil de certaines enseignantes qui « se sentent prêtes » et au dynamisme des enfants eux-mêmes. D'autre part, elle met en évidence comment, sur un plan plus microscopique, des mécanismes d'exclusion se réactualisent dans le quotidien d'élèves par ailleurs considérés inclus. Cette contribution montre ainsi que les processus d'inclusion et d'exclusion sont indissociables dans l'analyse des phénomènes éducatifs.

Dans le deuxième chapitre, encore en Ontario, Connelly et Farmer dépeignent une culture de l'inclusion *in situ* en train de se construire dans une école de langue française en situation minoritaire de la région de Toronto. Cette école se distingue par l'accueil d'élèves venus de partout dans le monde à la suite de bouleversements et de mouvements migratoires plus ou moins récents. Les auteures soulignent, entre autres, l'importance pour l'école inclusive de développer une culture centrée sur l'enfant, qui conçoit les difficultés des élèves comme étant transitoires et qui valorise une approche collégiale dans la résolution des problèmes de la vie quotidienne.

Le troisième chapitre nous transporte en France. Signalant les difficultés de mise en œuvre de la loi de 2005 sur l'égalité des chances des personnes handicapées, Plaisance et Schneider font découvrir une école privée catholique d'un arrondissement parisien qui se réclame de l'inclusivité. Ces auteurs mettent en évidence comment une approche pragmatique et prudente sur le plan de l'accueil des élèves, le volontarisme des enseignants qui choisissent de travailler dans une telle école et le soutien spécialisé permettent à des enfants en situation de handicap de trouver graduellement leur place au sein de cet établissement.

Dans le quatrième chapitre, toujours en France, Poizat, Gardou et Moiroud décrivent d'abord les dispositifs mis en place depuis 2005 pour assurer l'individualisation de l'intégration des élèves en situation de handicap. La notion d'intégration demeure plus courante en France, étant donné qu'inclusion ou éducation inclusive ne semble pas s'insérer facilement dans le vocabulaire français. Ces auteurs ouvrent ensuite les portes d'une école primaire lyonnaise qui accueille des élèves atteints de handicaps moteurs. Malgré des difficultés de gestion liées à la diversité du personnel qui gravite autour des classes et des procédures administratives complexes associées aux services spécialisés, l'observation en classe et dans les moments informels montre comment une culture de l'inclusion est en train de se créer.

Le cinquième chapitre nous ramène de l'autre côté de l'Atlantique, dans la province du Nouveau-Brunswick, considérée comme leader dans le domaine de l'inclusion scolaire. Vienneau montre que l'école de cette province réalise son mandat en relevant les défis associés à la mise en œuvre d'une pédagogie de l'inclusion qui, à la fois, transforme les approches et les pratiques en classe ordinaire et fournit les services spécialisés nécessaires à l'épanouissement des élèves. Cet auteur illustre ses propos en accompagnant deux élèves dans une école secondaire. Les écoles de ce niveau étant relativement moins nombreuses à s'engager sur la voie de l'inclusion, le besoin de documenter les pratiques inclusives exemplaires y apparaît plus pressant.

Le sixième chapitre nous invite à un séjour en Italie. D'Alessio examine comment une école de niveau intermédiaire située dans une banlieue de Rome et accueillant des élèves de 11 à 14 ans se débat avec les contradictions inhérentes à la mise en œuvre de l'inclusion. L'Italie a innové très tôt en matière d'inclusion en adoptant, dès la fin des années 1970, une loi scolaire qui supprime les écoles et les classes spécialisées et permet à tous les élèves, y compris les élèves handicapés, de fréquenter l'école ordinaire. D'Alessio montre les avancées et les limites de la mise en œuvre de cette loi dans un contexte de transformation des politiques intégratrices vers des politiques inclusives centrées sur le processus d'identification des mécanismes d'exclusion et de lutte contre la discrimination envers les élèves « différents » de la norme.

De retour au Canada, plus précisément dans la province du Manitoba, le septième chapitre s'intéresse au vécu de deux établissements scolaires francophones, l'un en milieu urbain, l'autre en milieu rural. Duchesne aborde la question d'un changement de philosophie, d'une nouvelle façon de concevoir les droits fondamentaux de la personne qui guide les écoles manitobaines vers l'inclusion depuis maintenant plus d'une dizaine d'années. Cet auteur met en évidence comment le fait de relever les défis associés à l'accueil des élèves ayant des besoins spéciaux en classe ordinaire s'avère moins la responsabilité des spécialistes qu'une responsabilité partagée entre tous les acteurs en présence au sein de l'école et de la communauté. En gardant toujours en tête la croissance des élèves et l'amélioration des conditions de vie de leur communauté, les pratiques inclusives s'inventent et se réinventent au gré des contingences de la vie quotidienne.

Le huitième chapitre nous amène au nord de l'Angleterre. Armstrong et Barton brossent le portrait d'une école située dans une ville en pleine transformation économique où une bonne part des élèves est issue de l'immigration, une école qui s'ouvre sur sa communauté afin de se redéfinir. Les auteurs discutent en particulier de l'incidence, sur la mise en œuvre de l'inclusion, des contradictions entre les politiques nationales en faveur d'une école pour tous, et l'imposition d'un programme scolaire assorti de tests standardisés et de mesures pour stimuler la compétition entre écoles sur le marché de l'éducation. Le travail incessant sur les plans physique, émotif et intellectuel, la créativité et l'imagination du personnel scolaire constituent les garants du succès des politiques et des pratiques inclusives locales basées sur les principes d'équité et de respect.

Enfin, le neuvième chapitre clôt notre randonnée par un arrêt au Québec. Rousseau, Dionne, Bergeron, Boutet et Vézina y notent une situation semblable à celle retrouvée en France où le terme inclusion s'entend plus rarement que celui d'intégration lorsqu'il est question de politiques d'adaptation scolaire provinciales. À la suite de leur visite d'une école primaire et d'une école secondaire, les auteures constatent la présence, chez les participants, d'une réelle ouverture au changement qui se manifeste toutefois différemment d'une école à l'autre. L'organisation et la philosophie de l'école primaire, fragilisées par un changement de direction, favorisent néanmoins des pratiques pédagogiques et évaluatives inclusives en salle de classe. Dans l'école secondaire, les changements touchent plutôt la structure physique et organisationnelle, et les transformations en salle de classe semblent freinées par le maintien de cette structure intermédiaire entre intégration et inclusion que constitue la classe spéciale au sein de l'école ordinaire.

Cet ouvrage relève un défi de taille, car il s'agit de saisir, de capter ces écoles en mouvement dans des contextes nationaux et provinciaux fort différents. L'alternance, dans la présentation des chapitres, entre des situations propres à certaines provinces canadiennes et à d'autres pays, permet de jeter un éclairage jusqu'alors inédit sur des contextes à la fois similaires et contrastés.

Nous aimerions remercier tous les participant/es et partenaires associés à ce projet d'envergure : les ministères de l'Éducation des différentes juridictions dont traite cet ouvrage, les conseils scolaires, commissions scolaires ou districts scolaires, les directions d'école, les enseignant/es spécialisés, les enseignant/es, les parents et surtout les élèves qui ont partagé leur quotidien avec nous.

RÉFÉRENCES BIBLIOGRAPHIQUES

Ainscow, M. (1999). *Understanding the development of inclusive schooling.* Londres : Falmer Press.

Ainscow, M., Booth, T. et Dyson, A. (2006). *Improving schools, Developing inclusion.* Londres et New York : Routledge.

Armstrong, F. et Moore, M. (2004). *Action research for inclusive education: Changing places, changing practices, changing minds.* Londres : Routledge Falmer.

Armstrong, F. (2003). *Spaced out: Policy, difference and the challenge of inclusive education.* Dordrecht : Kluwer.

Armstrong, D., Barton, L. et Armstrong, F. (2000). *Inclusive education: Policy, contexts and comparative perspectives.* Londres : David Fulton.

Barnes, C., Mercer, G. et Shakespeare, T. (1999). *Exploring disability.* Londres : Cambridge University Press.

Barton, L. (2004). The politics of special education: A necessary or irrelevant approach? Dans L.Ware (dir.). *Ideology and the politics of in/exclusion.* New York : Peter Lang

Barton, L. (1997). Inclusive education: Romantic, subversive or realistic? *International Journal of Inclusive education*, 1, p. 231-242.

Barton, L. et Armstrong, F. (2006). *Policy, experience and change: Cross-cultural reflections on inclusive education.* New York : Springer.

Bélanger, N. et Taleb, K. (2006). Une mise en scène du rôle des comités d'identification de l'enfance en difficulté en Ontario français. *Éducation et Sociétés*, 2, p. 219-236.

Benjamin, S., Nind, M., Hall, K., Collins J. et Sheehy, K. (2003). Moments of inclusion and exclusion: Pupils negotiating classroom contexts. *British Journal of Sociology of Education.* 24(5), p. 547-558.

Bloch, M. *et al.* (2006). *The child in the world, the world in the child: Education and the configuration of a universal, modern, and globalized childhood.* New York : Palgrave MacMillan.

Booth, T. et Ainscow, M. (2005). *Guide de l'éducation inclusive.* Québec : Institut québécois de la déficience intellectuelle (traduction).

Boucher, N. (2003). Handicap, recherche et changement social. L'émergence du paradigme émancipatoire dans l'étude de l'exclusion sociale des personnes handicapées. *Lien social et Politiques*, 50, p. 147-164.

Bunch, G. et Persaud, N. (2003). *Not enough: Canadian research into inclusive education. Final report.* Toronto : Faculty of Education, York University, Roeher Institute.

Chauvière, M. et Plaisance, E. (2005). Article « Inclusion ». Dans *Dictionnaire encyclopédique de l'éducation et de la formation*, p. 489-490. Paris : Retz.

Chauvière, M. et Plaisance, E. (2000). *L'école face aux handicaps. Éducation spéciale ou éducation intégrative ?* Paris : Presses universitaires de France.

Corbett, J. et Slee, R. (2000). An international conversation on inclusive education. Dans F. Armstrong, D. Armstrong et L. Barton (dir.). *Inclusive education: Policy contexts and comparative perspectives*. Londres : David Fulton.

Duchesne, H. (2002). Les connaissances, croyances et attitudes reliées au droit à l'éducation pour les élèves franco-manitobains ayant des besoins spéciaux. *Revue des sciences de l'éducation*, 28(3), p. 537-563.

Duchesne, H. (2006). Quelques précisions concernant les critères destinés à servir de cadre pour l'observation des écoles et des classes inclusives. Document de travail inédit préparé dans le cadre du projet Élèves en difficulté et inclusion en contexte international – Vers l'établissement de stratégies et modèles novateurs, sous la direction de Nathalie Bélanger, Université d'Ottawa. Winnipeg : Collège universitaire de Saint-Boniface.

Dupont, A. (2005). Le principe de la valorisation des rôles sociaux. <http://www.ad-consultants.ch/>.

Fougeyrollas, P.(1998). Changements sociaux et leurs impacts sur la conceptualisation du processus de handicap. <http://www.med.univ-rennes1.fr/sisrai/art/modele_conceptuel.html>.

Fulcher, G. (1999). *Disabling policies? A comparative approach to education policy and disability*. Sheffield : Philip Armstrong publications.

Gardou, C., Poizat, D. et Audureau, J.P. (2004). L'école entre catégorisations et inclusion. Aux marges du palais, les enfants en situation de handicap. *Revue de sciences humaines et sociales*, 103, p. 25-40.

Gardou, C. (2005). *Fragments sur le handicap et la vulnérabilité*. Paris : Éditions Erès.

Grenot-Schreyer, M., Fisher, M. et Staub, D. (2001). *At the end of the day: Lessons learned in inclusive education*. Baltimore, Toronto : Paul H. Brookes.

Lloyd-Smith, M. et Tarr, J. (2000) Researching children's perspectives: A sociological dimension. Dans A. Lewis et G. Lindsay (dir.). *Researching children's perspectives*, p. 59-70. Buckingham : Open University Press.

Nirje, B. (1969-1994). Le principe de normalisation et ses implications dans le maniement du comportement humain. *La revue internationale de la valorisation des rôles sociaux*, 1(1), p. 24-29. Article original 1969 ; traduction André Dionne. <http://www.socialrolevalorization.com/journal/E-Normalisation-1969_Nirje-fran.pdf>.

Oliver, M. (1990). *The politics of disablement*. Basingstoke : MacMillan et St Martin's Press.

Oswald, D.P., Coutinho, M.J. et Best, A.M. (2005). Community and school predictors of overrepresentation of minority children in special education. Dans D.J. Losen et G. Orfield. (dir.). *Racial inequality in special education*. Cambridge : Harvard Education Press

Parrish, T. (2005). Racial disparities in the identification, funding and provision of special education. Dans D.J. Losen et G. Orfield (dir.). *Racial inequality in special education*. Cambridge : Harvard Education Press

Poizat, D. (2003). Les indicateurs internationaux pour la comparaison en éducation inclusive, entre stratégie du flou et convergences des systèmes d'information. *Revue Politiques comparatives*, 9.

Skrtic, T. (1991). The special education paradox: Equity as the way to excellence. *Harvard Educational Review*, 61(2), p. 148-206.

Slee, R. (2006). Inclusive education: Is this horse a Trojan? *Exceptionality Education Canada* 16(3), p. 223-242.

Slee, R. (1996). Inclusive schooling in Australia? Not yet! *Cambridge Journal of Education*, 26(1), p. 19-32.

Slee, R. (1998). The politics of theorizing special education. Dans C. Clark, A. Dyson et A. Millward (dir.). *Theorising Special Education*, p. 126-137. Londres : Routledge.

Thomas, G. et Loxley, A. (2007). *Deconstructing special education and constructing inclusion*. Berkshire : Open University Press.

Tomlinson, S. (1987). *A sociology of special education*. Londres : Routledge et Kegan Paul.

UNESCO (2004). *La Declaracion de Salamanca sobre Necesidadas Educativas Especiales 10 anos despues. Valoracion y Prospectiva*. Salamanca : UNESCO.

UNESCO (1994). *Déclaration de Salamanque et cadre d'action pour l'éducation et les besoins spéciaux*. Paris : UNESCO.

UNESCO (2003). *Vaincre l'exclusion par des approches intégratrices dans l'éducation. Un défi et une vision*. Paris : UNESCO.

Unterhalter, E. (2003). *Education, capabilities and social justice*. UNESCO EFA, Monitoring report.

Vial, M. (1990). *Les enfants anormaux à l'école. Aux origines de l'éducation spécialisée*. Paris : Armand Colin.

Vienneau, R. (2002). Pédagogie de l'inclusion : fondements, définitions, défis et perspectives, *Éducation et francophonie*, XXX(2).

L'école Sans frontière. Négociations et pratiques inclusives à l'école de langue française en Ontario

Nathalie Bélanger

INTRODUCTION

L'éducation inclusive ou l'éducation pour tous, telle que mentionnée dans les documents du ministère de l'Éducation de l'Ontario les plus récents, est devenue le leitmotiv des politiques éducatives à divers paliers (provincial, conseil scolaire, associations et groupes de parents). Mais qu'est-ce que cela veut concrètement dire pour les acteurs, praticiens, parents et élèves d'une école de langue française en Ontario? Dans le cadre d'un travail de terrain à l'école Sans frontière[1], les questions qui suivent ont guidé la collecte de données : Que veut dire l'inclusion pour les acteurs scolaires et comment les enfants réagissent-ils à ces nouvelles politiques et pratiques? Comment s'approprient-ils ce nouvel espace créé par ces politiques? Dans un premier temps, il s'agit de rappeler brièvement les conditions de mise en place d'une politique provinciale de l'enfance en difficulté et son évolution en les situant dans le contexte de l'éducation de langue française en situation minoritaire. Dans un deuxième temps, les grandes lignes de l'approche méthodologique privilégiée dans le cadre de ce projet international sont rappelées. Les données d'observation et d'entretien recueillies à l'école Sans frontière sont ensuite présentées et discutées. Enfin, la synthèse des données permet de concep-tualiser les pratiques de cette école en matière d'inclusion et met l'accent sur diverses transformations ou points d'ancrage, autant sur le plan macrosocial que microsocial, qu'initient les acteurs scolaires, praticiens, parents et élèves : 1) accueil des élèves en situation de handicap à l'école ; 2) bureaucratisation et politique de l'enfance en difficulté ; 3) admission des élèves et volontarisme des enseignants ; 4) situations et contenus d'apprentissage ; et 5) interactions entre les enfants.

1. DE L'ENSEIGNEMENT SPÉCIALISÉ AUX POLITIQUES ÉDUCATIVES AU SERVICE DE TOUS

En Ontario, le ministre de l'Éducation (MÉO) dépose, en 1980, un projet modifiant la *Loi sur l'éducation* (projet de loi 82), dont le principal objectif est de rendre le système scolaire responsable de l'éducation de tous les élèves de la province, y compris les « élèves ayant des besoins particuliers », pour reprendre la terminologie propre à ce texte. Depuis 1985, « la loi provinciale oblige à offrir l'accès à l'éducation publique à tous les enfants ontariens quels que soient leurs défis individuels » (MÉO, 2004). Le Règlement 181, adopté en 1998, établit l'obligation légale d'envisager le placement d'un élève handicapé ou en difficulté dans une classe ordinaire avec les services de soutien appropriés. Ce règlement stipule que les élèves doivent être identifiés en difficulté selon des catégories spécifiques (d'ailleurs redéfinies en 1999). Ces catégories se définissent en termes d'anomalies de comportement, de communication, d'ordre intellectuel, d'ordre physique ou associées. En 2004, un rapport du MÉO fait mention de la « hausse impressionnante et largement imprévue, c'est-à-dire la multiplication par deux, du nombre de nouveaux cas d'élèves ayant un handicap important déclarés par les conseils scolaires de l'Ontario » (p. 2). En 2005, le ministère de l'Éducation de l'Ontario prend position en faveur de l'inclusion dans le rapport *L'éducation pour tous de la Table ronde des experts pour l'enseignement en matière de littératie et de numératie pour les élèves ayant des besoins particuliers de la maternelle à la 6ᵉ année* (MEO, 2005). Les principes de la Table ronde des experts se résument ainsi : 1) tous les élèves peuvent réussir ; 2) la pédagogie différenciée représente une avenue pédagogique efficace ; 3) les pratiques d'enseignement réussies s'appuient sur la recherche fondée sur des preuves tempérées par l'expérience ; 4) les enseignantes représentent des personnes clés dans le succès scolaire des élèves ; 5) chaque enfant a un style d'apprentissage qui lui est propre ; 6) les titulaires de classe ont besoin d'appui venant de la communauté dans son ensemble ; et 7) l'équité ne veut pas dire traiter tous les élèves de la même manière. Un nouveau rapport est publié en 2006 par la Table de concertation sur l'éducation de l'enfance en difficulté. Ce rapport recommande de « transformer l'éducation de l'enfance en difficulté » en mettant l'accent non plus sur le processus administratif et bureaucratique mais sur l'apprentissage des élèves ; non plus sur la conformité mais sur la responsabilité à l'égard des résultats ; non plus sur un modèle réactif mais proactif ; non plus sur l'accès à l'éducation à l'enfance en difficulté mais sur l'accès à l'éducation (MÉO, 2006). Le rapport recommande, en plus, la participation active des parents, voire des élèves, aux décisions concernant la prestation des programmes et des services. Cette approche qui semble de plus en plus en faveur de l'inclusion des élèves en situation de handicap à l'école ordinaire contraste avec le passé, car selon Marshall (1990), et de façon similaire dans plusieurs pays occidentaux, les premiers programmes et classes spéciales apparaissent au Canada et en Ontario au début du xxe siècle. Ces programmes visaient, entre autres, à éduquer les enfants considérés « lents » et les enfants d'immigrants récemment arrivés au Canada. Ces derniers étaient jugés en retard du point de vue langagier au regard de la majorité anglophone installée dans la province de l'Ontario depuis plus longtemps. Dès lors, les pouvoirs publics se sont donné le mandat de veiller à « l'assimilation de ces populations » en créant des classes d'appoint aussi appelées des *steamer classes* (voir aussi Bélanger, 2003). C'est l'école qui avait pour tâche de « canadianiser » ces nouvelles populations récemment arrivées avec les vagues d'immigration importantes du début du xxe siècle (Marshall, 1990).

Au même moment, en Ontario, se profile la constitution de réseaux d'éducation distincts : l'enseignement en langue française apparaît, parfois de façon clandestine, dans des écoles catholiques. L'enseignement en français destiné à la minorité francophone de l'Ontario est le fruit de luttes historiques. Aujourd'hui, quatre réseaux existent : les secteurs publics de langue anglaise et française ainsi que les secteurs catholiques de langue anglaise et française. On compte, publiques et catholiques confondues, plus de 400 écoles de langue française sur le territoire ontarien. Du point de vue des droits linguistiques, les élèves admis à l'école minoritaire de langue française sont francophones au sens de la *Loi sur l'éducation de l'Ontario*, laquelle tient compte de l'article 23 de la *Charte canadienne des droits et libertés* et permet aux parents ou tuteurs d'être considérés comme des ayants droit[2]. La *Loi sur l'éducation de l'Ontario* permet également aux élèves dont les parents ne bénéficient pas de ces droits, notamment les familles immigrantes, d'être agréés par un comité d'admission. Cette admission s'effectue sur la base de différents critères, dont « la spontanéité de la langue » des enfants et de leurs parents ou de leurs « difficultés et faiblesses » à s'exprimer, et conduit à des regroupements et à des aménagements particuliers, notamment lors de l'organisation des groupes de classes dans lesquels les élèves sont parfois rassemblés selon leurs « habiletés » (Bélanger, 2003). Les écoles de langue française en Ontario ont le mandat, selon la documentation officielle, d'assurer à la communauté franco-ontarienne une éducation de qualité offerte en français. Outre ce mandat, l'école française doit également contribuer à « la reproduction sociale, culturelle et linguistique de la communauté » qu'elle dessert. Dans ce contexte de revendication de la minorité francophone, les élèves en situation de handicap ou éprouvant des difficultés à l'école (souvent vus en tant qu'handicapés plutôt que francophones) ont d'abord été dirigés vers des établissements de langue anglaise davantage équipés sur le plan des ressources matérielles et humaines[3] (Glaude, 2004). Pourtant, avec l'obtention en 1998 de la gestion du système scolaire de langue française, le ministère de l'Éducation et les conseils scolaires de langue française se voient dorénavant dans l'obligation d'offrir à la population des écoles de langue française les mêmes services que ceux qui sont proposés du côté anglophone. Dans ce contexte, il est pertinent de s'intéresser à la place des élèves en situation de handicap ou éprouvant des difficultés à l'école de langue française en Ontario. De façon similaire à Heller (1999) qui montra, dans son analyse des transformations d'une école de langue française en Ontario, la tension entre la légitimité d'une cause franco-ontarienne et celle de l'accueil des élèves venant de diverses régions de la francophonie et de classes sociales diverses, l'accès à l'éducation de langue française pour les élèves en situation de handicap semble éveiller de nouvelles tensions au regard de la composition étudiante jugée légitime. Il s'agit aussi d'un thème encore quasi inexploré par les chercheurs qui s'intéressent aux écoles de langue française en situation minoritaire au Canada.

2. MÉTHODOLOGIE

C'est grâce à une approche compréhensive wébérienne qui fait place à la saisie des effets inattendus éventuels de certaines politiques et pratiques sociales que ce thème est ici exploré. Et c'est dans l'une des écoles évoquées ci-dessus qu'une méthodologie combinée, y compris la collecte de trois types de données, a été utilisée : observations *in situ*, entretiens et recueil d'une documentation produite soit par le conseil scolaire ou par l'école. L'analyse de contenu de ces données permet de mieux comprendre ce que veut dire l'inclusion en contexte et la politique de l'enfance en difficulté de cette « école en mouvement » dont parlent Booth et Ainscow (2005) (voir l'introduction de cet ouvrage). Six jours d'observation ont été effectués au printemps 2007[4]. Les observations ont porté sur les critères suivants mis en évidence par Booth et Ainscow (2005) : les projets d'établissements, l'aménagement des lieux, la gestion du temps, les stratégies d'enseignement, la vie scolaire, l'entraide entre les élèves, l'implication des parents et des organismes associatifs et communautaires, l'organisation des récréations, des allées et venues à l'école, les ressources matérielles et humaines. Six entretiens semi-dirigés ont été menés avec la direction d'école (1), deux enseignantes, une enseignante ressource et deux parents. Ces entretiens portent sur la façon dont les acteurs se représentent les initiatives inclusives de leur école et les rôles qu'ils jouent. Plus précisément, les questions posées aux administrateurs scolaires portent sur les politiques d'établissement, les stratégies et les pratiques d'accueil des élèves ainsi que les admissions, tandis que celles adressées aux enseignantes traitent, en plus de l'accueil des élèves en classe, de leur pédagogie et de l'organisation du quotidien. Avec les parents, des questions d'entretien moins formelles ont été choisies, lesquelles laissent place au témoignage et aux expériences vécues. Les entretiens avec les élèves ayant consenti à participer au projet se sont déroulés sur une base plus informelle, notamment lors des récréations et des moments libres, et n'ont pas été enregistrés. Leurs discours ont été consignés dans les cahiers d'observation en conservant, autant que possible, l'essentiel de leurs paroles. Les entretiens ont été planifiés conjointement aux périodes d'observation. Tous les autres entretiens ont été enregistrés et transcrits aux fins d'analyse. La définition de handicap qui guide cette analyse renvoie aux obstacles qui empêchent l'individu porteur ou non d'une déficience de participer à la vie de sa communauté sur un pied d'égalité avec les autres ; il s'agit d'un phénomène construit dans une situation donnée, en interaction avec des exigences de l'entourage. En ce sens, une attention particulière est accordée aux mots utilisés par les acteurs, aux mots qui définissent le secteur de l'enfance en difficulté, lesquels ne sont pas neutres, mais investis de pouvoir (Woodill et Davidson, 1989 ; Plaisance, 2000). Car ce qu'on peut dire ou ne pas dire au sujet de l'enfance en difficulté, selon notre place dans l'organisation sociale de l'école – selon que l'on parle en tant que membre de la direction d'école, enseignant, personne ressource, parent, chercheur, et dépendamment des positions politiques et sociales que l'on occupe –, module la prise de parole et s'insère dans des rapports de pouvoir observables au quotidien et qui se cristallisent sur le plan organisationnel ou institutionnel. Brossons ci-dessous le portrait de l'école visitée.

3. UNE ÉCOLE SANS FRONTIÈRE

L'école Sans frontière date d'une trentaine d'années et accueille 350 élèves de la maternelle à la sixième année. Cette école a été choisie étant donné 1) son emplacement au cœur d'un centre-ville ; 2) sa tradition d'accueil d'une clientèle diversifiée ; et 3) les ressources communautaires à proximité de l'école. Une enseignante ressource interviewée décrit son école : « *On a beaucoup de différenciations ici dans l'école au niveau de la clientèle, on a différents pays et différentes couches sociales, alors c'est vraiment différencié. Chacun arrive avec son bagage, des fois les valises sont plus pleines que d'autres, mais on part avec ce qu'ils ont* » (ER).

L'école est située au cœur d'une ville de taille moyenne de l'Ontario et fait partie d'un grand conseil scolaire public qui gère plus d'une trentaine d'écoles. Selon le site Web de l'école, il semble que l'établissement ait d'abord pour mission d'offrir à ses élèves une éducation de haute qualité. De concert avec les parents et la collectivité, le personnel compétent et dynamique de l'école relève ce défi en étant efficace et attentif aux besoins des enfants. On mentionne aussi sur le site qu'elle est reconnue pour son accueil, la qualité de l'enseignement et l'engagement notable des parents et des partenaires. L'enseignante ressource de l'école précise : « *On prône beaucoup l'inclusion de l'enfance en difficulté, de l'enfant en difficulté, de l'enseignante ressource et de l'éducatrice dans la classe, comme ça l'enfant est le moins possible retiré de la classe, donc identifié, étiqueté, pointé du doigt.* » Cette politique d'établissement rejoint celle du conseil scolaire qui affirme, sur son propre site Web, répondre aux besoins des élèves en reconnaissant la diversité et en l'appréciant, ainsi qu'en assurant une convergence des actions de tous les praticiens vers l'élève. Au sujet de la mise en œuvre de la politique de l'enfance en difficulté, l'enseignante ressource explique les changements survenus au cours des dernières années :

Le système a vraiment changé ; il y a beaucoup de paperasse. Au niveau légal, ça a changé beaucoup, il y a vraiment beaucoup de paperasse. Il y a plus de contact avec tous les services qui nous sont offerts, le travail social, l'ergothérapeute, l'orthophoniste, l'orthopédagogue, le. psychologue, le psychiatre, alors tu as tout ce monde-là, c'est une école, une équipe multidisciplinaire si tu veux, que moi je dois rencontrer assez régulièrement […] Et puis les parents sont beaucoup plus impliqués qu'avant, il faut vraiment s'assurer que les parents ont leurs droits, l'école a ses droits aussi et puis il faut vraiment être, suivre le protocole vraiment bien (ER).

Elle précise que dès qu'un problème est noté par un enseignant, « *plein de choses sont essayées en classe en espérant trouver une façon d'enseigner avec cet enfant-là différent* ». Si le problème persiste, il faut « *remplir un profil* » et demander, au besoin, « *une évaluation psychologique qui débouche sur une série de recommandations* ». À partir de là, « *on va travailler avec l'élève, et, des fois, ça nous amène à nous demander peut-être l'endroit ici, l'endroit scolaire, le milieu scolaire d'ici n'est pas adéquat, c'est pas assez bien pour cet enfant-là, à ce moment-là, il y a des classes distinctes où on pourrait cheminer »* (ER). Il existe en effet quatre types de classes distinctes gérées par le conseil scolaire auquel appartient l'école Sans frontière : la classe de communication pour les enfants dont le niveau de langage est jugé inadéquat ; une classe de comportement ; une classe de déficience et une classe jumelée accueillant des élèves ayant une déficience et/ou un trouble du comportement et des troubles envahissants du développement.

Les murs de l'école sont tapissés de photos d'enfants et de banderoles aux couleurs étincelantes. Des photos des enfants allergiques à certains aliments sont également bien en vue dans le foyer, à l'entrée principale de l'école. Une affiche destinée aux parents et aux tuteurs se lit comme suit : « Joignez-vous au conseil d'école, postulez dès maintenant ». L'école est entourée de petits commerces et cafés avec lesquels les enseignantes entretiennent des projets de partenariat variés. L'école est pourvue de deux aires de jeux clôturées ; l'une pour les plus jeunes et l'autre pour le primaire moyen et supérieur. Les repas du midi et les goûters se prennent dans les salles de classe sous la supervision d'un bénévole, et d'un élève de sixième primaire pour les petits. Une entente informelle existe entre les deux enseignantes d'expérience de 6e année : madame Nadine prend en charge les deux groupes lors des enseignements de sciences et de mathématiques, et madame Béatrice les réunit pour les arts et le français. Les enseignantes décrivent ce système comme étant une bonne introduction à l'école secondaire.

Les observations ont été faites lors d'une semaine très festive, remplie d'activités. Une musique se faisait entendre dans les corridors de l'école et, pour clore cette semaine d'activités intense, les élèves du primaire moyen et supérieur ont présenté, dans l'aire de jeux, un spectacle auquel étaient conviés les plus jeunes et les parents. Bien qu'une semaine plus typique aurait de prime abord été plus favorable au travail d'observation, les journées d'activités se sont avérées un cadre pertinent où des interactions moins formelles entre les élèves et entre les enseignantes et les élèves ont pu librement être notées.

Nous avons été amenée à diriger notre attention sur le groupe de sixième année de madame Béatrice, qui compte parmi ses élèves

Farouk, un jeune éprouvant des difficultés sévères d'apprentissage, et pour lequel nous avions reçu le consentement parental. Il semblait, en effet, tout à fait évident ou naturel pour les enseignantes ainsi que pour l'enseignante ressource, voire pour les enfants, que l'on dirige notre attention sur cet élève, même si nous avions tenté d'expliquer, au départ, notre objectif de bien comprendre la situation d'ensemble en regard de l'inclusion dans la salle de classe et l'école. Par exemple, au retour d'une récréation, Béatrice nous dit : « *Il est maintenant dans la classe de Nadine* », signalant par là que nous devions nous diriger vers la salle de classe de cette dernière.

4. LES CLASSES DE SIXIÈME ÉLÉMENTAIRE À L'ÉCOLE SANS FRONTIÈRE

Le groupe de madame Nadine est composé de 18 enfants (cinq garçons et treize filles), tandis que celui de madame Béatrice en compte 21 (huit garçons et treize filles). L'entente entre les deux conduit les enfants à se déplacer d'une salle à l'autre selon les horaires prévus au programme. Nous avons rapidement dû nous familiariser avec ce fonctionnement qui nous mettait d'emblée en contact avec deux groupes d'élèves plutôt qu'un, et en n'observant que les enfants pour lesquels nous avions reçu le consentement des parents. Les enfants décodaient aussi ce fonctionnement qu'ils ne semblaient pas toujours bien comprendre ou anticiper, en témoignent les quelques hésitations et allées et venues entre les deux classes. Deux univers s'ouvraient donc à nous : la salle de classe ordonnée de madame Nadine et l'organisation plus spontanée et improvisée de madame Béatrice.

La salle de classe de cette dernière est dotée d'un petit local attenant qui lui sert d'atelier pour la peinture et de lieu en retrait pour certaines activités ponctuelles effectuées avec les élèves qui éprouvent des difficultés. Les élèves se mettent au travail sans que l'on sache très bien comment ils ont fait pour savoir ce qui était attendu d'eux. Notre impression est que l'enseignante s'attend à beaucoup d'initiative de la part de ses élèves, et à ce qu'ils acquièrent et comprennent rapidement les notions à l'étude. Le rythme de la classe, voire de l'école entière, est soutenu ; on passe d'une activité à l'autre rapidement et peu de séances de révision sont notées. Les élèves travaillent en petit groupe, deux par deux ou individuellement à différents moments et selon les contextes.

Si notre présence en salle de classe en tant que chercheure passe quasi inaperçue (peut-être les enfants ont-ils l'habitude de visiteurs et de chercheurs dans la classe?), il n'en va pas de même lors de nos rencontres plus informelles avec les enfants dans la cour de récréation, car ceux-ci se montrent curieux, par exemple lorsqu'une élève s'approche de nous et demande si l'on fait une recherche sur les « *enfants méchants* ». Nous nous demandons ce qu'ont bien pu comprendre les enfants quand nous avons décrit notre projet lors de notre première visite en insistant sur les pratiques d'accueil, d'inclusion en classe et de différence entre les élèves. Un autre nous demande d'emblée si nous faisons une recherche sur Farouk; il est vrai que les enseignantes, même la direction d'école, nous ont rapidement dirigés vers le « cas Farouk », inférant probablement qu'un projet de recherche sur l'inclusion ne concerne que les élèves en situation de handicap et non tous les membres de la classe et de l'école. Entrons maintenant dans le quotidien des enseignantes, des parents et des enfants en tentant de mieux situer les interactions entre ceux-là dans le contexte de l'école de langue française et des politiques d'établissement.

4.1 Le premier jour d'école

À notre question à savoir comment s'est déroulé le premier jour d'école, la mère de Farouk, qui remercie le personnel de l'école de l'accueil, mentionne toutefois qu'elle a dû, selon ses mots, « se battre » pour voir son enfant inscrit dans une école ordinaire. Elle répond plus exactement :

> *J'ai des photos. C'était... Il a commencé en janvier parce qu'il a fallu que je me batte pour le faire rentrer dans une école régulière. J'ai dû expliquer, dire que j'étais là pour l'aider, que je suis contre qu'il aille dans une école spécialisée. J'étais contre l'idée qu'il peut pas apprendre parce que moi je le sais. Je voulais qu'il soit intégré avec des personnes si on peut dire normales. Je voulais qu'il aille de bons modèles [...] Ça m'a pris un trimestre pour les convaincre que je suis prête à assumer tout.*

Je leur ai dit : je ne m'attends pas à ce qu'il réussisse, à ce que vous lui enseigniez, mais je veux qu'il développe le côté social. Si vous lui montrez une habileté sociale par semaine ou par mois, je serai satisfaite et là je remercie la surintendante qui a compris (P2).

Ce « combat » a commencé dès le jeune âge de son fils puisqu'elle a dû contourner le pronostic des médecins : « *Quand il est né, on m'a dit, il ne va jamais apprendre, il ne va jamais lire ni écrire. Je me suis dit : il faut que je trouve un moyen pour aller chercher des stratégies, pour aider mon fils* » (P2).

Les habiletés sociales et le développement de ce savoir-être est encouragé par l'enseignante ressource :

Farouk est un petit enfant qui est intégré dans la classe de sixième et puis c'est certain qu'au niveau académique il ne suit pas du tout, du tout le groupe toutefois au niveau social, au niveau affectif, au niveau ordinateur, il va, on va aller chercher ses qualités et ses talents, on va essayer d'en profiter le plus possible pis de le valoriser de ce côté-là (ER).

Si parents et enseignants s'entendent au sujet des objectifs de socialisation à l'école, le maintien de Farouk à l'école ordinaire reste à renégocier chaque année. Alors que Farouk devait passer en quatrième année, la mère de celui-ci se rappelle :

Je suis allée une fois au conseil scolaire. Une enseignante refusait de l'avoir dans sa classe. Quand je l'ai rencontrée, elle m'a dit : « Allez mettez-le dans une école anglophone. » Là, je suis allée voir la directrice des services pédagogiques au conseil scolaire. Je lui ai dit que j'étais prête à payer quelqu'un pour rester avec lui en classe. « Comment vous dites ça ? », m'a-t-elle répondu. « Non, il n'en est pas question, c'est à eux [en parlant de l'école] de trouver quelqu'un et de payer », ajouta-t-elle. [...] Ça ne me tentait pas de recommencer avec l'anglais, alors que moi j'ai laissé tomber ma langue, l'arabe, pour lui enseigner le français parce que je voulais qu'il progresse bien à l'école. Maintenant partout où on va, on parle français. Il ne dit que quelques mots en arabe. Mais c'est un vrai francophone. C'est difficile pour moi de recommencer avec l'anglais (P2).

À l'école, l'accueil de Farouk semble donc se faire sur une base volontaire, par les enseignants qui se sentent prêts, souligne l'enseignante ressource :

> *On oblige personne, tu vas avoir cet enfant-là dans ta classe comme intégration là on peut pas obliger personne parce que chaque professeur a sa classe au début de l'année puis tout ça, donc c'est sous forme de bénévolat ou sous forme de volontariat [...] Ils peuvent accueillir* (ER).

L'accueil dépend aussi, selon l'enseignante ressource, de l'introduction de l'enfant auprès de ses pairs :

> *Farouk est ici depuis la maternelle. À chaque année, oui, le groupe change mais tu as toujours un gros noyau qui est quand même le même donc les enfants le connaissent [...] Pour que l'enfant soit bien traité, faut que les enfants connaissent aussi ce que c'est [...], que c'est pas une maladie que tu attrapes parce que tu vas le toucher. Il y a des enfants qui pensaient que c'était comme ça, alors tu expliques avec l'autorisation des parents et puis tout ça, tu rends la chose moins incroyable parce qu'on voit qu'il est différent des autres mais qu'il peut apporter tellement, c'est un cœur, c'est un charmeur [...] On les éduque d'une façon ouverte, les enfants qui sont différents sont dans les classes, ils s'habituent à ça, comme je disais, l'enseignant a un grand pouvoir là, il peut communiquer à ses élèves, ça dépend toujours de comment c'est perçu par l'adulte, si l'adulte trouve normal qu'un ami comme Farouk soit dans sa classe, les enfants dans sa classe vont réagir parce que c'est le prof, ils vont réagir comme le prof, alors si un prof est négatif envers un élève, les élèves deviennent négatifs aussi* (ER).

La mère de Farouk est bien consciente de l'importance de l'acceptation de son fils par les enseignants et de l'accueil que lui réservent ses pairs en précisant : « *Il y a des gestes que l'on voit parfois chez certains professeurs qui nous marquent beaucoup.* »

4.2 En classe avec madame Béatrice

Béatrice nous parle de Farouk comme de « son élève préféré ». Dans la salle de classe de madame Béatrice, on peut lire sur un tableau les tâches qui reviennent aux uns et aux autres ; le nom de Farouk n'y apparaît pas. Le plus souvent, la présence de Farouk en classe passe inaperçue des autres élèves. S'il se lève de son poste d'ordinateur où il est le plus souvent installé et se promène, cherchant l'attention de l'un ou de l'autre affairé à un travail individuel ou d'équipe, les élèves ne portent que très peu attention à lui ou lui rappellent de ne pas les déranger. Il faut dire que les déplacements dans la classe de madame Béatrice sont fréquents et se font spontanément, sans que les élèves aient à en demander la permission. Elle explique sa philosophie de l'enseignement en rappelant qu'elle trouvait, jeune enfant, l'école tellement ennuyante qu'elle décida de devenir enseignante elle-même afin de « *créer un environnement scolaire davantage propice à l'apprentissage où les enfants auraient l'opportunité d'accéder à des sources d'information variées dans la communauté* » (E2).

Le plus souvent, madame Béatrice s'assure que Farouk est à son poste d'ordinateur avant d'entreprendre des explications destinées au reste du groupe, ou encore retrouve-t-on Farouk, comme dans l'exemple qui suit, se berçant à l'avant de la classe pendant que madame Béatrice démarre une nouvelle activité auprès du groupe d'élèves. Farouk est, à d'autres moments, partie prenante de l'activité. Par exemple, lorsque les élèves finalisent, en petites équipes, leur reportage sur un pays donné, il conçoit un reportage sur sa ville à partir de photos. Madame Béatrice s'installe à ses côtés, le motive et l'encourage. Au moment des présentations des reportages, le lendemain, Farouk, qui ne devait vraisemblablement pas présenter son reportage photos/ illustrations, s'intègre, tel que le montre l'extrait suivant, à la discussion de groupe.

Notes d'observation 1

Farouk se berce tranquillement en avant de la salle de classe. Il n'a pas encore reçu d'instructions au sujet de ce qu'il doit faire. Il se lève et s'approche de l'assistante et lui demande s'il peut s'installer à l'ordinateur. Elle répond non et précise qu'ils travailleront ensemble aujourd'hui. Elle quitte Farouk sans que celui-ci soit fixé sur une tâche à faire et se dirige vers un autre élève qui sollicite son aide. Elle revient vers Farouk et lui demande ce qu'il fait […].

L'assistante éducative est appelée à l'intercom et quitte la classe. Farouk regarde les équipes de trois élèves qui présentent à tour de rôle leur travail portant sur un pays. Les élèves sont invités à établir des comparaisons en termes de similarités et de différences entre le pays étudié et le Canada. Ils sont appelés à commenter la présentation journalistique de leurs collègues de classe. Farouk participe en disant « Bonne présentation ! » […] Après la courte présentation de trois jeunes filles au sujet du Congo, Farouk demande si le Congo est un pays pauvre. […] Une élève dérange et madame Béatrice lui demande de changer de place. Farouk pose d'autres questions en émettant aussi quelques bruits avec sa bouche. Les enfants rient et ne semblent pas comprendre les questions de Farouk. L'enseignante clarifie ses questions et ajoute quelques commentaires.

Ces notes montrent qu'en l'absence de l'éducatrice, Farouk prend part à l'activité de la classe, pose des questions et félicite les présentateurs au sujet de leur travail. Après la récréation, et juste avant la période d'anglais, quand la dernière équipe de deux élèves présente le pays où sont nés les parents de Farouk, ce dernier est absent ; il a déjà rejoint le groupe des petits pour l'éducation physique. Il faut préciser que le Plan d'enseignement individualisé (PEI) de Farouk ne prévoit pas d'enseignement d'anglais pour lui. Lorsqu'il est exempté d'un cours, il rejoint alors les plus jeunes pour des cours d'éducation physique. Son PEI inclut des attentes modifiées et tisse des liens avec les thèmes abordés par l'ensemble du groupe.

Il arrive aussi que Farouk joue les messagers autant pour des élèves que pour l'enseignante. Par exemple, une élève lui demande de transmettre un message à l'enseignante :

Notes d'observation 2

Farouk est installé à son ordinateur, du côté fenêtré de la classe. Les autres élèves travaillent en équipe de deux ou trois. Le travail porte sur un reportage qu'ils doivent préparer. Une élève s'approche de Farouk et lui demande de dire à l'enseignante de venir lui parler. Elle veut que l'enseignante intervienne dans la composition de son équipe ; elle souhaite travailler avec l'élève B qui aide en ce moment l'élève C.

Pourquoi cette élève passe-t-elle par Farouk pour s'adresser à l'enseignante? Pourquoi Farouk est-il le messager dans cette situation? Dans d'autres circonstances, madame Béatrice s'en remet à des élèves de la classe pour faire passer un message à Farouk. Si, par exemple, elle n'arrive pas à capter son attention, elle recourt à d'autres élèves qui réussissent à le convaincre (par exemple elle demande : « *Veux-tu lui faire comprendre? Veux-tu lui expliquer? Veux-tu l'accompagner?* »).

À la récréation, les interactions entre les élèves se font spontanément et reflètent la diversité du groupe d'élèves. Les deux classes de sixième année se structurent différemment dans la cour de récréation. Nous remarquons dans l'aire récréative des plus grands des jeux de ballons qui réunissent des groupes diversifiés, par exemple une élève qui porte le voile, et quatre autres garçons se trouvent dans la même équipe que Farouk pour le ballon panier. Un clivage selon le genre apparaît cependant.

4.3 En classe avec madame Nadine

Au contraire de madame Béatrice, madame Nadine veille à minimiser les déplacements en n'autorisant que ceux qui lui apparaissent nécessaires au bon déroulement des activités. L'arrivée de Farouk accompagnée de l'éducatrice après une récréation la surprend. Elle s'exclame : « *N'est-il pas supposé se rendre chez l'enseignante ressource?* » Un échange à voix basse a lieu. Nous ne captons que quelques mots : « *C'est une semaine spéciale* [...] *On fait des activités.* » Notre présence ou la semaine de festivité affecterait-elle les allées et venues de Farouk en classe ordinaire? Passe-t-il habituellement plus de temps en retrait avec l'enseignante ressource? Un peu plus tard, l'enseignante spécialisée nous renseigne à ce sujet :

> *Habituellement il aurait dû être retiré mais c'est une semaine spéciale parce que c'est la semaine d'éducation alors ça se peut qu'il n'ait pas été retiré mais habituellement il était retiré une heure et quart à chaque matin alors il venait me rejoindre puis tu vois dans la journée il recevait aussi l'aide de l'éducatrice mais dans la classe il était pas retiré à ce moment-là* (ES).

Bon gré mal gré, madame Nadine commence sa leçon et s'affaire à sa tâche, pendant que Farouk est à l'ordinateur, écouteurs sur les oreilles, accompagné d'une éducatrice. Toutefois, quand il émet des sons, elle s'objecte et dit : « *Farouk, quel genre de sons émets-tu ? C'est assez.* » Elle fait une leçon sur la sécurité en matière de communication virtuelle et de conception de sites Web, la classe est bruyante, certains parlent en anglais et madame Nadine fait une remise à l'ordre en rappelant qu'ils sont dans une école de langue française. Dans l'après-midi, l'activité se poursuit au laboratoire informatique et les élèves passent à l'étape de la conception.

Notes d'observation 3

Les élèves de madame Nadine se rendent au laboratoire informatique. Chaque élève s'installe devant un ordinateur. C'est un laboratoire tout en lumière avec une grande fenêtre. Les élèves semblent savoir quoi faire. Ils s'entraident ou travaillent individuellement. Madame Nadine annonce à voix haute que ceux qui veulent savoir comment construire un tableau sur leur site, elle pourra leur montrer. Farouk répète ce que l'enseignante vient de dire. Madame Nadine déambule d'un poste d'ordinateur à un autre et répond aux questions des élèves. Les élèves semblent suivre des directives dans l'un de leurs cartables. Les élèves se questionnent entre eux au sujet de la tâche à accomplir. Farouk travaille aussi à son poste, accompagné de son éducatrice qui répond aussi à d'autres demandes d'élèves et circule entre les postes. [...] Les élèves ont accès à Internet. Les élèves s'exercent à importer des images dans leur travail. [...] Un élève de ce groupe lève la main pour attirer l'attention de l'enseignante ; cette dernière ne le voit pas tout de suite. Farouk s'approche de cette équipe. Souhaite-t-il répondre à leur interrogation ? Entre-temps, l'éducatrice s'avance et répond à la question de cette équipe. Farouk retourne à son poste, se frustre, émet des sons, appelle son éducatrice sans succès. Il se lève pour aller la chercher. Deux garçons se promènent et s'approchent d'une équipe de deux filles. L'une d'entre elles montre son écran à sa compagne et cette dernière dit : « *Tu es retardée !* » Les élèves rient. Les garçons se déplacent encore et se dirigent vers Farouk. Ils rient en regardant l'écran du poste ordinateur de Farouk et retournent à leur place. L'enseignante, alertée par le bruit, se tourne vers Farouk et lui demande fermement en le rappelant à l'ordre : « *Es-tu sur un site de l'école ? Sinon, je vais fermer ton ordinateur.* » Farouk répond : « *Oui !* »

Cet extrait est intéressant selon plusieurs aspects. D'abord, il montre la liberté et le degré d'initiative que peut prendre Farouk lors de moments de non-directivité pédagogique, notamment lorsqu'il s'avance vers une équipe, souhaite interagir avec ses membres et répondre à leurs questions. Sa passion et ses compétences en informatique semblent le rendre confiant. Ce même degré d'initiative est également présent dans les notes d'observation 1, quand Farouk, lorsque l'éducatrice n'est pas à ses côtés, félicite les présentateurs et pose des questions au sujet des productions des élèves. Quand le niveau de bruit augmente, Farouk est souvent sommé de cesser d'« *émettre des sons* » ou de « *déranger ses voisins* ». Les relations de Farouk avec ses camarades de classe se déclinent de deux façons ; d'un côté, on note une reconnaissance de ceux-ci envers celui-là (par exemple, les élèves se côtoient spontanément dans le quotidien de la classe, de l'école, à la récréation), mais de l'autre, le rejet et la moquerie restent présents, notamment quand on porte attention aux remarques des élèves au sujet de ceux qui leurs apparaissent « *retardés* ». La différence semble représenter, aux yeux des élèves, quelque chose d'exotique, « un ailleurs » au sujet duquel ils s'interrogent.

5. ANALYSE DU QUOTIDIEN. CONCEPTUALISATION DE L'ÉCOLE SANS FRONTIÈRE EN MATIÈRE DE PRATIQUE INCLUSIVE

Nos visites à l'école Sans frontière, lors d'une période particulièrement festive, nous ont permis de nous immerger rapidement dans le milieu et d'échanger librement avec tous les acteurs. Accueillant depuis plusieurs années une population fortement diversifiée sur le plan des classes socioéconomiques, des élèves issus de l'immigration, des élèves en situation de handicap ou éprouvant des difficultés, cette école s'est avérée un milieu adéquat pour saisir ce que signifie une école en mouvement, tournée vers un projet d'inclusion. Examinons et résumons maintenant différentes transformations, autant sur le plan macrosocial que microsocial, qu'initient les acteurs scolaires, les intervenants, les parents et les élèves : 1) accueil des élèves en situation de handicap à l'école ; 2) bureaucratisation et politique de l'enfance en difficulté ; 3) admission des élèves et volontarisme des enseignants ; 4) situations et contenus d'apprentissage ; et 5) interactions entre les enfants.

1) Accueil des élèves en situation de handicap à l'école
Bien que la gestion des établissements scolaires de langue française en Ontario par les francophones ait une histoire plus récente que les écoles de langue anglaise de la majorité, les écoles et les conseils scolaires sont tenus d'offrir à tous, y compris les élèves en situation de handicap, un accès à l'éducation. Nos visites à l'école Sans frontière permettent de dire que des pratiques d'accueil se développent et que cette école s'ouvre à des populations de plus en plus diversifiées, mais que des écarts restent notables entre les enseignants d'un même établissement. Le commentaire de la mère de Farouk est révélateur à ce sujet quand elle mentionne l'incident avec l'une des enseignantes de l'école et son recours au conseil scolaire. L'identification au groupe francophone est clairement affirmée et revendiquée par la mère de Farouk (« *Ça ne me tentait pas de recommencer avec l'anglais, alors que moi j'ai laissé tomber ma langue, l'arabe, pour lui enseigner le français parce que je voulais qu'il progresse bien à l'école [...] C'est un vrai francophone* »). Cependant, on remarque que cette identité francophone farouchement revendiquée par la mère de Farouk entraîne une négociation avec certains praticiens et le conseil scolaire, et que les attributs identitaires de Farouk qui touchent à son handicap et à son héritage nord-africain doivent être justifiés afin d'être reconnus et acceptés de la communauté de l'école.

2) Bureaucratisation et politique de l'enfance en difficulté
Bien que la Table de concertation ait tout récemment suggéré une débureaucratisation de la politique de l'enfance en difficulté tel que mentionné plus haut, il semble difficile, au quotidien, d'y échapper. Cet extrait d'un entretien avec une enseignante ressource, mentionné plus haut, le montre bien : « *Le système a vraiment changé ; il y a*

beaucoup de paperasse. Au niveau légal, ça a changé beaucoup, il y a vraiment beaucoup de paperasse. » Cette approche bureaucratique, qui ne semble pas s'être assouplie, mais au contraire intensifiée, se décline à travers la formalisation qu'entraînent les PEI et les CIPR. Ces documents, en plus de constituer des pièces de la structure bureaucratique, réitèrent aussi que « le problème » est consubstantiel à l'enfant ou à sa famille et non dans l'accueil qu'offre l'école puisque l'on rédige un plan d'intervention à l'intention *d'un enfant* et que l'on convoque un comité pour parler de *son cas*. Ce sont donc les intervenants et les parents qui doivent documenter et faire la preuve que des services ou soins sont nécessaires pour tel élève ou enfant ; par exemple, la mère de Farouk a dû « *monter jusqu'au conseil scolaire* » pour faire valoir son point de vue dans un contexte de compressions budgétaires. Pourtant, avec les gouvernements des dernières années, les dépenses pour l'enfance en difficulté n'ont cessé de croître, là où celles de nombreux autres secteurs d'activités ont été assainies. Faut-il alors penser que les ressources financières allouées à l'enfance en difficulté s'insèrent dans un modèle d'éducation spécialisée et ségrégée plutôt que dans l'optique d'une école inclusive ? À ce sujet, la mère de Farouk partage son opinion avec nous :

> *Les enfants comme Farouk sont là. Il faut s'en occuper. Ils ont le droit au respect et dans la société et dans la classe. Le gouvernement a les moyens. Il y a des dépenses qui vont à tort et à travers. C'est le point de vue de la mère peut-être, peut-être que j'accepte ces enfants parce que j'en ai un aussi. J'ai beaucoup appris avec lui. On change. Ces personnes étaient invisibles pour moi avant, maintenant je les vois. Je pense à elles. […] Elles peuvent nous apporter quelque chose. Ça crée, ça réveille des sentiments, certaines sensations envers ces personnes, le côté humain est très important.*

Ce point de vue de la mère a heureusement été entendu par certains intervenants de l'école Sans Frontière, qui n'ont pas hésité à mettre en place des mesures d'accueil en salle de classe ordinaire. Ces mesures sont toutefois inspirées d'une approche bureaucratique héritée des modèles plus anciens de l'éducation spécialisée. Comme le précisent Thomas et Loxley, « [*I*]*nclusive educators often continue*

to pay allegiance to the traditions of special education, relying on views
about exceptionality that ought to have been exiled on the emergence
of recent models of learning that stress the importance of identity in a
community » (2007, p. 155).

3) Admission des élèves et volontarisme des enseignants
La mère de Farouk se rappelle les premiers jours de son fils à l'école
en mentionnant la différence que font certains enseignants dévoués.
Mais elle parle aussi des « *luttes* » qu'elle a dû mener pour que celui-ci
soit admis à l'école. Une admission *toujours* à renégocier chaque année.
Lors d'une rencontre ultérieure, alors que Farouk est maintenant au
secondaire, elle témoigne :

> *Je me suis battue jusqu'à l'an passé, à chaque année, à chaque rencontre*
> *CIPR, on me dit qu'il serait bon dans une classe spécialisée et moi je vois*
> *que mon enfant progresse, dans ma tête je suis convaincue. Cette année,*
> *parce qu'il est passé en 7ᵉ année, c'est parce que je n'ai pas trouvé une autre*
> *place que j'ai accepté qu'il soit dans une classe spéciale, c'est pour cela que*
> *je trouve cela difficile cette année. Tout ce qu'il faisait de beau avant, il*
> *fait plein de choses qu'il n'avait pas l'habitude de faire, parce qu'il copie*
> *plein de mauvais comportements qu'il a autour de lui. Je sais que c'est*
> *bien car ils ont toute l'attention dont ils ont besoin* (P2).

Cet extrait montre que la place difficilement acquise des élèves en
situation de handicap à l'école élémentaire est remise en cause lors du
passage au secondaire. La mère de Farouk précise qu'elle « *a baissé*
les bras », ne trouvant aucune autre option. En réponse au langage
« euphémisé » de certains intervenants scolaires, par exemple qui
mentionnent que son fils « *serait bon pour cette classe spécialisée* », ou
qu'« *ici, nous n'avons pas ce qu'il faut pour répondre à ses besoins* », elle
a abdiqué. Séchant ses larmes, elle partage avec nous ses inquiétudes
quotidiennes.

L'admission des élèves en situation de handicap ou qui éprouvent
des difficultés repose d'abord et avant tout sur la pugnacité de parents
qui font valoir leur droit à une scolarisation en milieu scolaire
ordinaire et qui n'hésitent pas à réitérer leur demande chaque année
et à affronter l'appareil bureaucratique. On peut alors s'interroger

au sujet des parents moins revendicatifs, ceux qui ne luttent pas ou qui ne luttent plus, dont le capital culturel ne les équipe pas pour affronter l'institution (Bourdieu, 1993). On assiste, selon Chauvière et Plaisance, à une « judiciarisation des relations de services avec les familles » à travers l'idée du « droit opposable » qui « rompt avec les revendications à dimension collective et présuppose que les parents sont en mesure d'assumer individuellement une telle procédure qui demande à la fois la possession d'un capital culturel revendicatif, des moyens pécuniaires et une subtile gestion du temps nécessairement long pour aboutir à une éventuelle satisfaction de la plainte » (2008, p. 38). L'enseignante ressource ne disait-elle pas, plus haut, qu'il fallait « *vraiment s'assurer que les parents* [aient] *leurs droits, l'école a ses droits aussi et puis il faut vraiment être, suivre le protocole vraiment bien* ». Autrement, les parents insatisfaits peuvent se référer au Tribunal de l'enfance en difficulté de l'Ontario, un tribunal quasi judiciaire, une structure administrative mise en place dans le contexte de la Nouvelle Gestion afin de promouvoir une gouvernance plus horizontale, moins hiérarchique, et plus informelle en comparaison à tribunal judiciaire.

L'accueil repose aussi, semble-t-il, sur la bonne volonté des enseignants, des praticiens prêts à s'engager et à accueillir des élèves en situation de handicap, comme le mentionne l'enseignante ressource. La mère de Farouk constate cette attitude, cette ouverture chez certaines enseignantes et non chez d'autres (« *Il y a des gestes que l'on voit parfois chez certains professeurs qui nous marquent beaucoup* »). Farouk est donc partie prenante de nombreuses activités en classe avec des enseignantes accueillantes et créatives, mais il arrive parfois que sa présence éveille certaines réticences et frustrations chez d'autres. L'élève d'une classe diversifiée s'éloigne du modèle de l'élève idéal, issu de la classe moyenne et psychologiquement et physiquement équipé pour répondre aux activités normées de l'école. Cet élève type n'existe pas et pourtant, dans bien des cas, les enseignants sont formés pour enseigner à un tel élève. Certains enseignants s'ouvrent toutefois à la diversité, comme le montre ce portrait de l'école Sans Frontière, dont l'un des objectifs est l'accueil. Cela porte donc à croire que l'offre éducative serait très variable d'une école à l'autre, d'un enseignant à l'autre, risquant de créer un marché scolaire où l'accueil des enfants varierait d'un établissement à un autre (Bagley, Woods et Glatter, 2001).

4) Situations et contenus d'apprentissage

L'analyse des données démontre que Farouk passe beaucoup de temps en classe avec ses camarades. Sa présence est naturelle et semble aller de soi, et ce, surtout dans la classe de madame Béatrice, où les déplacements et les mouvements de tous les élèves sont autorisés. Son PEI le dispense des leçons d'anglais, car les enseignantes jugent que l'apprentissage d'une seule langue est suffisant pour lui. Pendant les leçons d'anglais, il rejoint donc les groupes des plus jeunes pour des périodes d'éducation physique supplémentaires. Tel que nous l'avons mentionné plus haut, il est également accueilli le matin par l'enseignante spécialisée pour des séances individuelles. Mais cette programmation pensée *spécialement pour lui* interfère parfois avec des moments d'apprentissage plus spontanés et authentiques auxquels Farouk aurait fort probablement avantage à participer, tel que le montrent certains extraits précédents (par exemple, quand deux élèves présentent le pays où sont nés les parents de Farouk, ce dernier est absent).

Le PEI de Farouk met également l'accent sur ses habiletés informatiques, desquelles il semble ressentir une grande fierté quand il aide ses camarades. Il passe de nombreuses heures à son poste d'ordinateur autant dans la classe de madame Nadine que dans celle de madame Béatrice. Cet accent sur les technologies d'information et de communication (TIC), dont l'objectif est de favoriser son inclusion en salle de classe ordinaire, risque toutefois de l'isoler davantage à l'intérieur de la salle de classe (Schneider, 2007). Si l'injonction d'éducation inclusive, reléguée par des mouvements de parents d'enfants handicapés, voire par des actions parentales individuelles comme celle de la mère de Farouk, semble donner priorité à une scolarisation en milieu ordinaire, cette dernière peut se traduire par des regroupements ponctuels spéciaux au sein de l'école, ou par une situation spatiale particulière des élèves au sein de la classe (le poste d'ordinateur de Farouk est en périphérie de la salle de classe le long des fenêtres).

Enfin, sur le plan des apprentissages, il semble que le rapport au savoir de Farouk passe par le corps, les contacts physiques, les sons, les bruits qu'il émet et qui ne sont pas toujours autorisés par les enseignantes. En témoignent les remontrances de madame Nadine à ce sujet. Ici encore, il semble donc que le portrait de l'élève idéal ressorte, émerge à nouveau, le portrait de celui ou de celle qui n'émet pas de son quand ce n'est pas le moment, qui est bien assis sur sa chaise et qui sait jouer le jeu de l'école (Bélanger, Taleb et Connelly, 2005; Bélanger et Farmer, 2004).

5) Interactions entre les élèves

Dès nos premières visites, nous avons été dirigée vers Farouk et nous avons pu constater qu'il est dans l'école, et dans les salles de classe, un acteur à part entière plutôt que le porteur d'un handicap. Il interagit avec ses camarades en classe et à la récréation, agit comme messager entre les élèves ou entre ces derniers et les enseignantes. Dans les notes d'observation 1 et 3, certes, lors de moments de confusion ou de non-directivité pédagogique, nous avons noté la liberté et le degré d'initiative que prit Farouk, notamment, lorsqu'il s'avança vers une équipe, souhaitant interagir avec ses membres et répondre à leurs questions. Parallèlement à cette reconnaissance de Farouk auprès de ses pairs, il apparaît toutefois que des attitudes de rejet et de moqueries restent présentes chez les élèves en général. Ainsi, et tel que le suggère la maman de Farouk :

> *Une éducation à l'ouverture est aussi indispensable que lire, écrire et compter dans une société diversifiée à plusieurs plans, pour les élèves avec lesquels il ne faut pas cesser de faire des retours [...] car il y aura toujours des élèves qui riront quand un se trompe, il faut toujours faire des retours.*

CONCLUSION

À partir d'une enquête de terrain qui avait pour but d'examiner de plus près ce que veut dire une école inclusive pour des praticiens, des parents et des élèves d'un établissement situé en milieu urbain en Ontario, divers points de transformation se dégagent des pratiques observées. D'abord, il appert que l'accueil des élèves en situation de handicap ou en difficulté à l'école de langue française se met progressivement en place grâce, notamment, à des ressources provinciales, mais que des écarts dans l'offre éducative demeurent. Cette offre diffère selon les enseignants, voire, selon le témoignage d'un parent, d'une école à l'autre. Cette offre éducative variable risque d'entraîner une logique de « marché scolaire », laquelle serait caractérisée par le fait que certains établissements se destineraient à accueillir une population considérée plus vulnérable, alors que d'autres accueilleraient le tout-venant, voire des élèves performants au regard des tests standardisés et inscrits dans des projets précis (sports-études, école internationale, programme individualisé, etc.).

L'accueil de l'élève en situation de handicap s'insère également dans une bureaucratie devenue plus lourde pour les praticiens et par des pratiques inclusives comprises et interprétées à la lumière de l'héritage de l'éducation spécialisée. Parents et enseignants visionnaires doivent alors redoubler d'énergie afin de faire valoir les droits de tous les élèves, y compris les élèves en situation de handicap, notamment le droit de ces derniers à une éduction aux côtés de leurs camarades et amis tout-venant du même âge. Les situations d'apprentissage analysées montrent l'insertion de Farouk au sein de la classe, son rôle lors de certaines activités, certes parfois cantonné et décontextualisé.

Concernant les interactions observées, nous avons pu constater qu'une « école pour tous », dont le projet est de permettre à tous les élèves de s'épanouir dans des situations optimales d'apprentissage, risque à nouveau, sur le plan micropolitique ou microsocial, de dégager d'autres vecteurs d'exclusion, d'autres subtilités dans l'a-normalité, notamment à travers un discours qui s'inscrit dans la recherche d'autonomie chez les élèves, d'un discours qui se veut certes rassembleur, mais qui n'échappe pas à la création de nouvelles différences, de nouvelles catégorisations entre les enfants, les familles, les communautés. À travers ce discours d'une éducation pour tous, certains élèves sont toujours désignés comme a-normaux, hors normes, au lieu d'être considérés avec toutes leurs multiples potentialités (Bloch *et al.*, 2006).

RÉFÉRENCES BIBLIOGRAPHIQUES

Bagley, C., Woods, P. et Glatter, R. (2001). Rejecting schools: Towards a fuller understanding of the process of parental choice. *School Leadership & Management*, 21(3), p. 309-325.

Bélanger, N. et Farmer, D. (2004). L'exercice du métier d'élève, processus de socialisation et sociologie de l'enfance. *La revue des sciences de l'éducation de McGill – McGill Journal of Education*, 39(1), p. 45-68.

Bélanger, N., Taleb, K. et Connelly, C. (2005). *Trajectoires sociales et scolaires d'élèves en difficulté à l'école élémentaire de langue française en Ontario.* Rapport final, CREFO, OISE/UT, remis au CRSH.

Bélanger, N. et Taleb, K. (2006). Une mise en scène du rôle des comités d'identification de l'enfance en difficulté en Ontario français. *Éducation et Sociétés*, 2, p. 219-236.

Bélanger, N. (2003). Des *steamer classes* à l'enfance en difficulté : création de la différence. Dans N. Labrie (dir.). *Enjeux de l'éducation en Ontario français*, p. 109-126. Sudbury : Éditions Prise de Parole.

Bloch, M. *et al.* (2006). *The child in the world, the world in the child: Education and the configuration of a universal, modern, and globalized childhood.* New York : Palgrave MacMillan.

Booth, T. et Ainscow, M. (2005). *Guide de l'éducation inclusive.* Québec : Institut québécois de la déficience intellectuelle (traduction).

Bourdieu, P. (1993). *La misère du monde.* Paris : Le Seuil.

Chauvière, M. et Plaisance, E. (2000). *L'école face aux handicaps. Éducation spéciale ou éducation intégrative ?* Paris : Presses universitaires de France.

Chauvière, M. et Plaisance, E. (2008). Les conditions d'une culture partagée. *Reliance. Revue des situations de handicap, de l'éducation et des sociétés*, 27, p. 31-44.

Gardou, C. (2005). *Fragments sur le handicap et la vulnérabilité.* Paris : Éditions Erès.

Glaude, M. (2004). Préface. Dans N. Rousseau et S. Bélanger (dir.). *La pédagogie de l'inclusion scolaire*, Québec : Presses de l'Université du Québec.

Heller, M. (1998). *Linguistic minorities and modernity: A sociolinguistic ethnography.* Londres : Longman.

Heller, M. (1999). Quel(s) français et pour qui ? Discours et pratiques identitaires en milieu scolaire franco-ontarien. Dans N. Labrie et G. Forlot (dir.). *L'enjeu de la langue en Ontario français*, p. 129-166. Sudbury : Prise de parole.

Marshall, D. (1990). *The education of exceptional children in the public schools of Ontario: A historical analysis.* Thèse de doctorat en éducation, non publiée. Toronto : Université de Toronto.

Ministère de l'Éducation de l'Ontario (MÉO) (1998). *Le plan d'enseignement individualisé.* Toronto : Imprimeur de la Reine pour l'Ontario.

Ministère de l'Éducation de l'Ontario (MÉO) (2001). *Éducation de l'enfance en difficulté. Guide pour les éducatrices et les éducateurs.* Toronto : Imprimeur de la Reine pour l'Ontario.

Ministère de l'Éducation de l'Ontario (MÉO) (2006). *Transformation de l'éducation de l'enfance en difficulté.* Rapport final à la ministre de l'Éducation, l'honorable Sandra Pupatello.

Ministère de l'Éducation de l'Ontario (MÉO) (2004). *Examen de l'augmentation des demandes concernant les élèves ayant des besoins particuliers importants.*

Ministère de l'Éducation de l'Ontario (MÉO) (2005). *L'éducation pour tous de la Table ronde des experts pour l'enseignement en matière de littératie et de numératie pour les élèves ayant des besoins particuliers de la maternelle à la 6ᵉ année.*

Plaisance, E. (2000). Les mots de l'éducation spéciale. Dans M. Chauvière et E. Plaisance. *L'école face aux handicaps. Éducation spéciale ou éducation intégrative ?* p. 15-29. Paris : Presses universitaires de France.

Schneider, C. (2007). L'enfant en situation de handicap. *Éducation et sociétés*, 2, p. 149-166.

Thomas, G. et Loxley, A. (2007). *Deconstructing special education and constructing inclusion.* New York : McGraw Hill.

Woodill, G. et Davidson, I. (1989). Le langage des professionnels de l'éducation spéciale : un cadre conceptuel. *Les cahiers du CTNERHI, handicaps et inadaptations*, n° 47-48, 195-207.

NOTES

[1] Les noms des personnes et de l'établissement scolaire ont été changés afin de préserver l'anonymat des participants.

[2] Ainsi, les parents et les tuteurs peuvent se prévaloir de l'article 23 de la *Charte canadienne des droits et libertés,* qui « permet aux citoyens canadiens dont la première langue apprise et encore comprise est celle de la minorité francophone de la province ou qui ont reçu leur instruction, au niveau primaire, en français au Canada, d'y faire instruire leurs enfants, aux niveaux primaire et secondaire, dans cette langue ».

[3] Il faut préciser toutefois qu'il existe, depuis 1982, une école provinciale résidentielle accueillant les élèves handicapés sensoriels.

[4] Nous aimerions remercier Maria Gordon, assistante de recherche, qui a participé à la collecte de données de cette recherche.

Une culture de l'inclusion dans une école en devenir : des difficultés d'apprentissage, essentiellement passagères

Christine D. Connelly et Diane Farmer

Ce chapitre aborde la question de la mise en œuvre d'une « pédagogie de l'inclusion » pour faire un retour sur un travail de recherche[1] qui s'inscrit dans le cadre d'une collaboration internationale. Il s'agissait de présenter, dans notre cas, une étude empirique en milieu minoritaire francophone en Ontario permettant d'alimenter une réflexion d'ensemble sur la question des pratiques exemplaires en matière de pédagogie de l'inclusion[2]. Nous nous intéressons à cette idée de pratiques exemplaires non pas en tant que modèle abstrait idéalisé, mais bien davantage dans leur mise en contexte *in situ* et dans le potentiel de transformation du discours de l'inclusion sur les pratiques pédagogiques et scolaires plus globalement. L'inclusion *in situ* est une approche qui « permet de saisir la complexité des transformations en cours » plutôt que de mettre en œuvre des « convictions politiques et pédagogiques forgées *a priori* » (Van Zanten, 2001, p. XV). Un encadrement de l'inclusion qui retient les catégories des conventions médicales de l'enfance en difficulté ne fait pas ici l'objet de cette recherche ; en contraste, notre orientation épistémologique met l'accent sur les négociations particulières engagées entre chaque acteur scolaire sans que les catégories prédéterminées ne contraignent la possibilité d'apercevoir les complexités de l'individu.

De plus, à l'égard du contexte social de l'inclusion, nous préférons une approche qui rend transparente la construction discursive des attributions à la différence ainsi que le positionnement de l'élève comme objet d'intervention spécialisée, dans un processus de rééducation envers une norme stabilisée. La notion d'inclusion est comprise davantage dans sa dimension de processus que de finalité, ce qui laisse entrevoir, comme dans tout contexte institutionnel, des terrains de luttes, des alliances et des compromis. En ce sens, la pédagogie de l'inclusion se saisit à même les contraintes systémiques qui structurent et balisent les champs d'action possibles.

À la suite d'une brève mise en contexte du site de l'étude, ce chapitre se découpe en deux parties : la première section met en relief la mise en discours de la pédagogie de l'inclusion et la transformation des pratiques enseignantes au sein d'un établissement que nous avons appelé, pour les fins de cette étude, l'école Le Pommier[3], ayant fait l'objet d'une étude ethnographique ; la deuxième partie nous amène au cœur de la vie en salle de classe et illustre comment prend forme l'idée d'une méthode de l'inclusion, notamment dans ce que les acteurs scolaires appellent la pédagogie par projets. Nous évoquerons, en guise de conclusion, l'interprétation sociale qui émerge de cette expérience de pédagogie de l'inclusion.

1. LE SITE DE L'ÉTUDE

Au moment de notre visite de terrain, l'école Le Pommier, une école en croissance, comptait environ 225 élèves, de la maternelle à la 6e année (des jeunes entre 4 et 12 ans). Il s'agit d'un établissement de taille moyenne dans le contexte des écoles élémentaires de langue française de la région. En fait d'employés, on y comptait une direction, neuf enseignantes et enseignants, deux enseignantes ressources, l'une dédiée à l'enfance en difficulté et l'autre au programme de soutien à la langue (ALF/PDF)[4], ainsi qu'une bibliotechnicienne. L'école occupait les lieux d'un édifice en voie d'être rénové à la suite du déménagement d'une école secondaire de langue française (7e à 12e année) ayant partagé jusqu'alors des locaux dans le même édifice.

Cette école, ayant ouvert ses portes en 1997, figure parmi les premières à être mises sur pied au moment de la création d'un nouveau conseil scolaire public desservant la minorité francophone dans la région de Toronto. L'éducation étant essentiellement de juridiction provinciale au Canada, les systèmes d'éducation évoluent dans des contextes politiques et sociaux ayant chacun leurs particularités. Dans le cas de l'Ontario, la province procéda, à l'époque, à une réforme majeure de l'éducation, s'inscrivant ainsi dans la foulée des réformes néolibérales des systèmes d'éducation en Occident (Levin, 2001). Le nombre de conseils scolaires passa d'environ 170 conseils à 72. Par la même occasion, la province en profita pour s'acquitter de ses obligations constitutionnelles canadiennes à l'endroit de la minorité linguistique et mit sur pied 12 conseils de langue française. Cette décision juridique s'inscrivait dans une série de mesures, échelonnées sur plus d'une vingtaine d'année, menant à une plus grande autonomie de la minorité en matière de gouvernance. Plus précisément, bien qu'il existait auparavant des écoles françaises en Ontario, l'administration de ces écoles était assurée, à l'exception de quelques cas, par les conseils scolaires de la majorité anglophone. La création de nouveaux conseils scolaires de langue française venait rectifier cette situation et insuffler un nouveau dynamisme au sein des milieux francophones.

L'ouverture de l'école Le Pommier s'inscrit alors à l'intérieur de trois logiques institutionnelles. Il s'agit d'abord d'une logique de droit (à l'endroit de la minorité linguistique) telle qu'illustrée par l'évolution historique de la gestion scolaire. Elle obéit aussi à une logique démographique particulière. Si la population francophone se trouve parsemée sur un vaste territoire, il n'en demeure pas moins, actuellement, que la région de Toronto est celle où la minorité tend à s'accroître le plus (Office des affaires francophones, 2005 ; Corbeil, Grenier et Lafrenière, 2006). Cela s'explique en raison de la migration interne de francophones provenant des autres régions de l'Ontario, du Québec et de l'Acadie, de même qu'en raison de l'immigration internationale, compte tenu des récents mouvements mondiaux de population, des bouleversements en Afrique et dans la région des Grands Lacs en particulier, et des mouvements migratoires antérieurs à partir d'Haïti, du Liban, de l'Égypte, de l'Île Maurice, de Djibouti et d'ailleurs. Ainsi prennent forme de nouvelles concentrations de francophones là où on ne les attendait pas nécessairement et une population beaucoup plus diversifiée culturellement que par le passé.

La troisième logique d'action en est une de marchés scolaires. La carte scolaire de l'Ontario se trouve divisée en quatre systèmes résultant d'une organisation autour de la langue (anglaise et française) et de la religion (un système d'écoles publiques non confessionnel et un système d'écoles publiques catholiques). Comme l'éducation publique non confessionnelle de langue anglaise est ouverte à l'ensemble de la population scolaire, les conseils de langue française ont à contrer cette première pression normative qui attire les familles vers le système d'enseignement de la majorité. La distinction entre confessionnel et non confessionnel au sein du système de langue française exerce une deuxième tension. Pour des raisons historiques, le système d'éducation confessionnel de langue française dispose de beaucoup plus de ressources en matière d'effectifs et d'établissements scolaires, ce qui se traduit d'ailleurs dans le fait que, des 12 conseils de langue française, huit d'entre eux sont des conseils catholiques. L'ouverture de nouvelles écoles publiques de langue française dans la région de Toronto répond à la fois à la pression de parents, demandant un enseignement public non confessionnel, et à la nécessité pour cette nouvelle structure de se tailler une place au sein du marché scolaire par la consolidation de son réseau d'écoles. Le pari exprimé a été celui de se dire qu'en ouvrant de nouvelles écoles, les familles s'y présenteraient, un pari qui semble d'ailleurs porter fruit.

2. PREMIÈRE PARTIE : UNE PÉDAGOGIE DE L'INCLUSION EN MILIEU MINORITAIRE FRANCOPHONE

Entreprendre une pédagogie de l'inclusion *in situ* veut dire, en partie, avoir à composer avec des structures politiques et pédagogiques *a priori*, notamment celles des politiques et modèles pédagogiques récemment établis aspirant à mettre en place un milieu d'apprentissage francophone en milieu minoritaire, axé sur l'élève et bien ancré dans le milieu. Nous soulignons ici l'importance de trois ensembles de politiques ministérielles maîtresses qui semblaient avoir grandement influencé le contexte scolaire de notre étude : la Politique d'aménagement linguistique de l'Ontario (PAL) (ministère de l'Éducation de l'Ontario, 2004), les directives ministérielles sur l'enfance en difficulté du ministère de l'Éducation de l'Ontario, les politiques abordant la

prévention de la violence (ministère de l'Éducation et de la Formation de l'Ontario, 1993), ainsi que les approches énoncées dans d'autres documents ministériels récents ciblant une approche centrée sur l'élève (p. ex., ministère de l'Éducation de l'Ontario, 2008).

La Politique d'aménagement linguistique, d'abord, constitue une politique cadre, c'est-à-dire qu'elle aspire à englober l'ensemble des affaires publiques en matière d'enseignement en langue française. En préparation au courant des années 1990 (ministère de l'Éducation et de la Formation de l'Ontario, 1994), elle a été adoptée en 2004. Cette politique vise à promouvoir la langue et la culture françaises, tout en aidant à améliorer le rendement des élèves (ministère de l'Éducation de l'Ontario, 2004)[5]. Elle intègre à la fois des objectifs liés à la réussite scolaire et à l'identité culturelle tels qu'illustrés dans l'énoncé de mission qui suit. La politique d'aménagement linguistique vise à :

> [f]aciliter, dans la perspective de l'apprentissage tout au long de la vie, la réussite scolaire de chaque élève par la mise en place de programmes et de services pertinents et de qualité qui reflètent la spécificité de la communauté francophone et qui tiennent compte des effets du contexte anglodominant sur l'apprentissage des matières et des disciplines scolaires (ministère de l'Éducation, 2004, p. 3).

Il devient ainsi souhaitable de mettre sur pied des programmes locaux, répondant aux particularités du milieu, qui viennent appuyer le rendement des élèves. L'amélioration des compétences en communication écrite et orale ainsi que le développement de l'identité (francophone), tous deux dérivant du contexte minoritaire, sont des éléments prioritaires de cette politique (ministère de l'Éducation, 2004, p. 3).

La deuxième série de politiques maîtresses a trait, bien sûr, à l'encadrement de l'enfance en difficulté dans les directives émises par le ministère de l'Éducation de l'Ontario. Des documents publiés plus récemment viennent sceller cette vision déjà véhiculée dans les communications entre le ministère et les conseils scolaires. Plus précisément, l'inclusion se trouve définie en tant que participation active, « autant que possible », des élèves en difficulté aux activités de la salle de classe ordinaire (ministère de l'Éducation de l'Ontario,

2008, p. 2). Le Ministère s'engage à appuyer la réussite de *chacun des élèves* selon ses circonstances personnelles, ses besoins et ses forces uniques, dans le cadre même des activités régulières en salle de classe. L'inclusion renvoie alors à de nouvelles modalités d'enseignement et d'apprentissage permettant aux élèves (*c'est-à-dire à tous les élèves*) de mieux s'approprier les conditions gagnantes de leur apprentissage au sein de l'espace scolaire et social que constitue l'école.

La troisième série de politiques est axée sur la prévention de la violence, la reconnaissance de l'hétérogénéité des élèves et le développement d'approches à l'apprentissage centrées sur l'élève. L'école Le Pommier nous a été recommandée par le conseil scolaire comme candidate pour cette recherche en raison du fait qu'elle avait entrepris une réforme pédagogique axée sur l'inclusion et centrée sur l'élève. La réforme, interprétée de façon holistique, incluait tant des considérations pédagogiques que la reconnaissance d'un environnement scolaire très diversifié du point de vue de l'origine sociale et culturelle des familles, et le développement de nouveaux programmes tels que le Projet CODE[6], axé sur le développement de la communication orale en milieu francophone minoritaire, le programme Vers le Pacifique[7], visant la prévention de la violence en milieu scolaire, l'apprentissage coopératif par projets et le conseil de coopération en salle de classe.

L'école Le Pommier en arrive alors à formuler sa vision d'une culture de l'inclusion dans l'articulation de ces diverses séries de politiques. En relation avec la politique d'aménagement linguistique, les différences observées entre élèves s'expliquent en bonne partie par l'hétérogénéité de la population étudiante et les difficultés reliées au contexte linguistique minoritaire. L'inclusion offre la possibilité d'assurer une meilleure cohésion entre l'école et son milieu. Devant la nouveauté du contexte scolaire, pour ces élèves venus de partout dans le monde, la direction de l'école n'est pas surprise des décalages observés entre les attentes du programme formel de l'Ontario et la diversité des acquis scolaires. L'importance accordée, dans la PAL, au développement d'initiatives et de programmes adaptés aux contextes locaux vient renforcer l'idée de bâtir une « communauté d'apprentissage » axée sur l'entraide dans ses dimensions sociales et scolaires. Liée à l'encadrement de l'enfance en difficulté, l'inclusion permet d'aborder les erreurs que font « naturellement » les élèves en regard des nouveaux contenus en tant que pistes utiles pour mettre en place des suivis pédagogiques appropriés aux caractéristiques particulières de chacun d'entre eux. Ainsi, au lieu de représenter une condition permanente, la difficulté de l'élève devient un état temporaire et remédiable. Parallèlement, et en conformité avec l'énoncé du ministère de l'Éducation, la direction de l'école privilégie le travail en classe ordinaire plutôt que le retrait. Au cœur d'une pédagogie de l'inclusion se trouvent des stratégies d'enseignement, nombreuses et diversifiées, venant soutenir la réussite de *chacun des élèves*. La culture de l'inclusion représente un changement d'attitude – un nouvel optimisme – par rapport à l'élève qui éprouve des difficultés scolaires. Comme celles-ci sont passagères, il s'agit de mettre en pratique des stratégies qui lui permettront de les surmonter.

3. DEUXIÈME PARTIE : UNE CULTURE DE L'INCLUSION EN SALLE DE CLASSE – VISION PRATIQUE

Dans cette première section, nous nous sommes intéressé aux structures de fond constituant le terrain de la mise en œuvre du changement envers de nouvelles conditions de l'inclusion ayant demandé aux acteurs de l'école de revoir leurs pratiques d'enseignement. Ce changement d'orientation a été encouragé par la directrice de l'école et largement endossé par l'ensemble du personnel enseignant. La transformation des pratiques pédagogiques vers la mise en œuvre de l'éducation inclusive a par ailleurs été facilitée par le leadership des enseignantes ressources de l'école. Celles-ci ont eu pour tâche d'accompagner les enseignants et les élèves dans un tel virage. Elles virent par ailleurs leur rôle se transformer au sein de l'école. Le témoignage d'une enseignante, présenté ci-après, illustre bien le changement qui s'opère et les aménagements nécessaires en salle de classe afin d'éviter de marginaliser certains élèves dans l'actualisation d'une telle pratique :

[…] *puis quand elle* [l'enseignante ressource] *vient dans la classe, il peut arriver que c'est elle qui soit avec les élèves en difficulté, ou c'est moi* […] *Et elle, elle s'occupe des autres* (entrevue avec Nadia, une enseignante au cycle moyen, 29 mai 2007).

Le travail de l'enseignante ressource se déplace vers la salle de classe. Cela exige un rapport de collaboration entre professionnels de l'éducation. On peut observer par ailleurs une certaine fluidité dans l'exercice des rôles (« *elle s'occupe des autres* », c'est-à-dire les élèves qui n'éprouvent pas de difficulté). Le chevauchement de fonctions entre les enseignantes (titulaire et ressource) vient brouiller les frontières entre élèves nécessitant une aide spécialisée et les autres. De fait, dans ce changement institutionnel vers une pédagogie de l'inclusion, c'est un appui au groupe entier dont bénéficient l'enseignante et sa classe.

L'inclusion représente également un processus d'adaptation pour les élèves, en relation au modèle du retrait (entrevue avec Louise, enseignante ressource, 29 mai 2007). Mais encore plus pressant, elle nécessite un changement d'attitude au sein de l'ensemble de la population scolaire. Cette idée se trouve exprimée dans les propos tenus par la mère d'un élève ayant des difficultés d'apprentissage. Son point de vue est renseigné aussi par le rôle qu'elle joue au sein de l'école en tant qu'aide-enseignante. Elle explique l'importance de tenir un dialogue sur la différence :

Colombe :
> *Donc, vraiment l'information au départ sur la différence est importante.*

Diane :
> *Oui.*

Colombe :
> [C'est] *le fait que les enfants ne connaissent pas, qui créent aussi des sentiments négatifs* (entrevue avec Colombe, mère, 18 mai 2007).

Ainsi, l'élaboration d'une vision de l'inclusion nécessite non seulement de réfléchir aux stratégies d'enseignement et d'apprentissage, mais également aux pratiques menant ou non à la construction des différences – l'enseignante ressource ne ciblant pas nécessairement l'élève en difficulté dans le premier exemple, la sensibilisation quant à la différence dans le deuxième cas.

On remarque d'abord que les stratégies mises de l'avant sont nombreuses (voir l'annexe). Certaines mettent l'accent sur l'élève, ses connaissances antérieures, sa façon particulière d'apprendre, l'imitation de tâches ou encore le développement de son autonomie et de sa capacité d'autoévaluation, par exemple. D'autres stratégies ont trait à l'organisation de la classe telle que l'enseignement magistral ou en petits groupes, la collaboration dans les apprentissages et les rapports au sein du groupe (entre élèves et avec les enseignants). Une troisième série de stratégies a trait aux mesures additionnelles prises en cas de difficulté, telles que la pédagogie différenciée, l'adaptation des activités, l'instruction individuelle et la création d'exceptions. Ces pratiques comprennent de nouvelles stratégies et des pédagogies plus traditionnelles, dont le retrait de la salle de classe. Elle met en lumière, de fait, une tension qui existe entre l'idée d'offrir un contexte d'enseignement aux pratiques diversifiées, venant soutenir l'élève en salle de classe, et l'idée contraire préconisant que la participation des élèves en difficulté dans le programme ordinaire n'est pas toujours possible. Il deviendrait alors essentiel de fournir à ces élèves des stratégies métacognitives qui faciliteront leur intégration. La vision de l'inclusion, définie en tant que pédagogie en classe ordinaire, fait ainsi l'objet de délibérations importantes chez les enseignants. Comment se traduit alors ce débat?

Les extraits qui suivent permettent d'illustrer l'évolution de la question au sein de l'école Le Pommier. Nadia, une des enseignantes titulaires que nous avons rencontrée, nous explique combien elle privilégie la pédagogie en classe ordinaire.

Non, mais c'est sûr que la direction de l'école, nous autres c'est vraiment de laisser les élèves en salle de classe, de leur faire faire les mêmes activités que les autres, c'est juste qu'on adapte nos attentes – on adapte – on n'attend pas autant du projet final, mais il y a un projet final, selon leurs capacités, puis [...], les attentes du projet [...]. Mais des fois on les pousse parce qu'on dit, non, non, on le sait que tu es capable de faire ça. On le sait! (entrevue avec Nadia, une enseignante au cycle moyen, 29 mai 2007).

L'enseignante souligne ainsi l'importance de permettre aux élèves de suivre les mêmes activités que leurs pairs, de poursuivre un objectif d'apprentissage (« *il y a un projet final* ») même si celui-ci peut être modifié et, comme enseignant, de les motiver à se dépasser (« *on les pousse* »). Cette même enseignante voit aussi les limites du travail au sein du groupe et dédramatise les stéréotypes entourant le retrait de la salle de classe.

> *D'intégrer les enseignantes ressources, c'est ce qu'on fait le plus possible, mais [...] pour certains concepts, [lorsque] l'enfant a du retard, il a besoin vraiment d'attention individuelle pour revoir certaines choses, en mathématiques – surtout en mathématiques. Là ils [les élèves] vont sortir avec l'enseignante ressource mais ils ne sont pas malheureux de sortir, ils aiment ça. Ils aiment ça avoir de l'attention un à un comme ça* (entrevue avec Nadia, une enseignante au cycle moyen, 29 mai 2007).

Une telle perspective se trouve corroborée par Louise, enseignante ressource, qui, par la même occasion, ramène la discussion dans le sillon de l'inclusion :

> *Donc, je trouve ça bien, je trouve ça merveilleux, l'inclusion, mais en même temps je pense qu'il faut aussi doser, je pense qu'il faut être conscient que les élèves [...] bénéficient d'avoir un certain moment où ils sont tous seuls avec un adulte, qui a le temps et le regard que pour eux [...] – que l'attention est pour eux [...]*
>
> *C'est rare que [...] j'ai juste un élève. Souvent je vais retirer le groupe avec qui il travaille aussi, donc il se sent moins – euh, pour lui, il ne voit pas ça comme un retrait ou un rejet de l'ensemble de la classe, là* (entrevue avec Louise, enseignante ressource, 29 mai 2007).

Ainsi, il faut savoir évaluer les bienfaits que procurent l'un et l'autre des contextes pédagogiques. Le retrait se fait en groupe, assurant ainsi une continuité avec le travail fait en classe (« *je vais retirer le groupe avec qui il travaille* ») et évitant, dans la mesure du possible, l'effet de stigmatisation.

Si la pratique du retrait de la classe n'a pas été éliminée à l'école Le Pommier, il s'agit d'une mesure transitoire qui vise à faciliter la réintégration de l'élève en classe ordinaire le plus rapidement possible. Afin d'y arriver, l'enseignante ressource s'assure que le soutien donné à l'élève corresponde au travail fait en classe ordinaire, *au moment où celui-ci a lieu*, ce qui exige, de nouveau, une collaboration étroite entre enseignants :

Louise :

> *Mais je pense que ça a été bénéfique [...] pour ces deux élèves-là à qui je leur avais proposé une période, et [qui] avaient accepté. Mais c'est sûr que le plus possible c'est de travailler dans le sens de la classe puis [...] moi, je me dis toujours, j'essaie de faire en sorte que les apprentissages ou les choses qu'on fait à l'extérieur de la classe ne soient pas complètement à part de ce qu'il [l'élève] fait en classe.*

Diane :

> *Oui.*

Louise :

> *[...] L'idée c'est qu'il puisse après réintégrer sa classe, puis amener peut-être quelque chose de nouveau – peut-être on va être arrivé plus loin que les autres, il va être capable lui de peut-être amener, j'sais pas, une connaissance nouvelle ou une façon différente de faire la multiplication ou peu importe, qu'il va oser, lui, au moins lever la main [...] Il y a des élèves où des fois je me dis, ah, okay, faudrait que je fasse, je ne sais pas, mettons, la conscience phonologique. Mais en même temps, je me dis, à quoi ça lui sert comme tel dans sa classe quand il va retourner?* (entrevue avec Louise, enseignante ressource, 29 mai 2007).

Cet extrait fait ressortir l'idée que le retrait se fait de façon partielle (au moment d'une leçon par exemple) et concertée (une intervention ciblée et synchronisée autant que faire se peut avec le programme en salle de classe). Il s'agit d'une mesure circonscrite dans le temps (qui aurait un début et une fin), visant le retour en classe, et en quelque sorte négociée avec l'élève (« *je leur avais proposé une période* »).

Il ressort de cette première section que l'inclusion au sein de l'école Le Pommier se traduit par un changement dans les pratiques pédagogiques et le renforcement de la collégialité entre professionnels. Une telle réorientation a été facilitée par le travail des enseignantes ressources et soutenue par l'ensemble des enseignants. Il s'agit d'une vision d'action mais aussi d'un processus faisant appel à des compromis, voire à un certain « réalisme de la situation ».

Plusieurs enseignants parlent de « travailler en inclusion » en tant que technique ou méthode pédagogique parmi d'autres. Aussi, l'inclusion *in situ* relèverait davantage d'un compromis entre un idéal imaginé et les contraintes de la situation. Le retrait, bien qu'à pratiquer avec réserve, fait partie de la gamme de stratégies disponibles au soutien de l'apprentissage et, bien encadré, ne s'oppose pas, en pratique, à la pédagogie de l'inclusion. Reste à voir maintenant à quoi ressemble cette pédagogie de l'inclusion en salle de classe. Qu'en est-il de l'expérience de l'élève ?

4. LA PRATIQUE RÉFLEXIVE

En mettant l'accent sur une pédagogie centrée sur l'élève et visant à soutenir la réussite de chacun, cette vision de l'inclusion conduit nécessairement à se préoccuper du rapport particulier que développe l'enfant vis-à-vis de son apprentissage. Les entrevues menées et les observations sur le terrain ont fait émerger une série d'initiatives qui visent à favoriser le développement d'une réflexion chez les élèves quant à leur environnement d'apprentissage, à l'appropriation de techniques ou de méthodes d'apprentissage et, surtout, à l'appréciation de leur propre cheminement scolaire. Ce sont l'ensemble de ces éléments que nous réunissons sous l'idée d'une pratique réflexive.

Nous avons remarqué, tout d'abord, que les enseignants mettaient à profit la flexibilité que procure l'autonomie relative du fonctionnement de l'école et de l'exercice de la profession enseignante pour ouvrir des espaces de travail non compétitifs, des espaces extérieurs aux normes de performance liées au travail d'écolier. Une enseignante explique l'importance de laisser les élèves travailler à leur rythme et en fonction de leurs intérêts personnels. Ainsi, pendant le temps de lecture, les élèves ne choisissent pas nécessairement un livre qui les présenterait comme « meilleurs lecteurs », mais plutôt un livre qui reflète l'humeur de la journée :

Adèle :

> *Je pense que les élèves ont tendance à aller prendre pas mal, pas mal tous* [les livres], *mais, qu'il y a des enfants qui ont peur d'aller prendre une* [lecture] *difficile, mais je dirais que les forts vont aller prendre*

des [livres] *faciles ou des moyens, t'sais ? T'as pas toujours le goût de lire un livre qui est long et tout ça.*

Diane :

C'est vrai.

Adèle :

Puis il y en a aussi qui ont des belles images (entrevue avec Adèle, 25 mai 2007).

Dans cet exemple, la discrimination entre les livres *faciles* et *difficiles* ne se fait pas par rapport à l'évaluation du rendement scolaire, mais par rapport à la qualité du livre et aux sentiments subjectifs qu'ils peuvent susciter chez les enfants. Ainsi, le programme scolaire prend une dimension humaine qui rejoint la subjectivité des élèves et ne se limite pas à la reproduction des « bons élèves ». On peut ajouter qu'en servant de contrepoids aux moments de performance et d'évaluation, ces temps libres aident à découper et à relativiser les normes scolaires ; les élèves apprennent à se comporter de différentes façons suivant les contextes et donc à intérioriser les normes propres à une situation ou à une autre (lire pour montrer sa performance, par exemple), ou encore à se laisser transporter dans l'imagerie de la lecture. Il a aussi été question du partage des responsabilités en salle de classe. Ce principe a été mis en application dans le développement conjoint de matériel pédagogique entre l'enseignant et sa classe. Ainsi, les élèves se reconnaissaient dans l'organisation spatiale de la salle de classe. Retournant à l'exemple de livres faciles et difficiles, une discussion avait eu lieu entre l'enseignante et sa classe sur l'organisation du coin de lecture et les critères de classement des livres. Les élèves s'étaient entendus sur ce qui rend un livre facile ou plus difficile (entrevue avec Adèle, 25 mai 2007). Cela peut sembler banal, mais pour des élèves de 1re année (6 ans), un tel exercice leur permettait à la fois d'anticiper les étapes à venir dans le développement de la lecture et de s'approprier le matériel servant à les soutenir dans ce cheminement.

Afin d'appuyer le développement de la réflexion de l'élève, les enseignants avaient développé du matériel pédagogique rendant l'organisation et les étapes d'un travail plus explicites (organisateurs graphiques, feuilles de route, etc.). Déjà, en 1re année, les élèves se servaient d'un outil d'organisation pour préparer une présentation orale sur un livre de leur choix. Ils devaient compléter une fiche documentaire et avoir recours à des autocollants servant d'aide-mémoire pendant la présentation (voir l'illustration ci-après). Un tel outil permettait à l'élève de s'approprier les critères de références propres à la présentation d'un résumé de lecture. Les critères étaient aussi utilisés par le groupe dans un exercice de rétroaction sur la présentation et la formulation de nouveaux objectifs par l'élève dans le contexte d'une prochaine présentation.

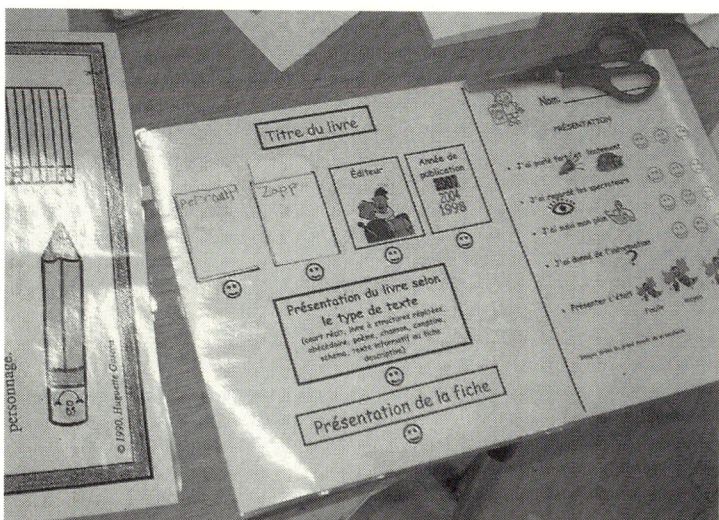

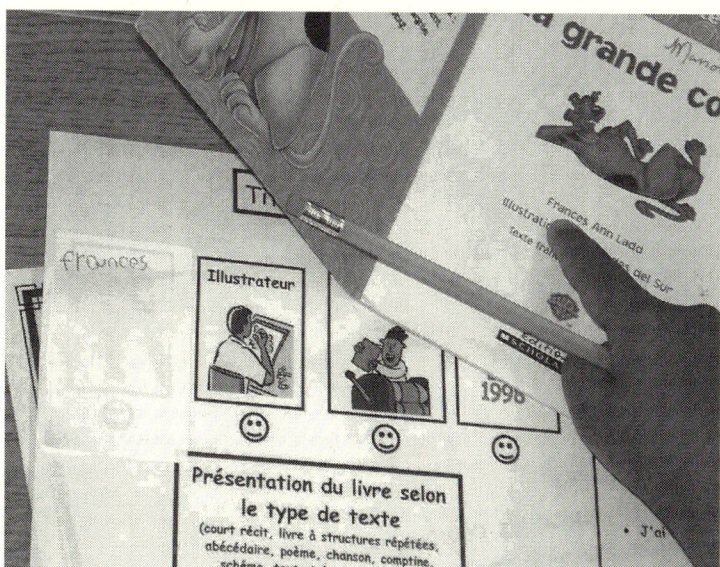

On voit ainsi que l'appropriation de techniques de présentation passe par une mise en application de critères rendus explicites (les informations à présenter ainsi que la façon de présenter l'information) et est aussi réinterprétée à travers le regard de l'autre, notamment dans la discussion de groupe à la suite de la présentation. L'accent sur la communication orale rappelle de nouveau le contexte minoritaire dans lequel évolue l'école de langue française, et par le fait même l'importance de multiplier les occasions de « performer en public » dans un environnement formatif et constructif.

Enfin, la réflexion de l'élève quant à ses apprentissages se trouve reflétée dans les pratiques d'évaluation. Il s'agit du troisième élément que nous avons évoqué par rapport à la pratique réflexive des élèves dans leur cheminement d'apprentissage. Ce dernier élément peut prendre plusieurs formes. Il peut s'agir d'objectifs d'apprentissage que se fixent les élèves (entrevue avec madame Nadia, 24 mai 2007). Il peut aussi s'agir de stratégies pour mieux reconnaître et gérer ses sentiments de frustration devant certaines difficultés, ce qu'acquièrent déjà de très jeunes élèves :

> *Tu lèves la main, mais quand tu as un travail et tu sais, tu sais pas faire ça et tu restes comme ça... Madame Adèle a dit, arrête de barbouiller toi-même, va dehors, respire et marche un peu, après viens dans la classe* (entrevue avec Luc, 6 ans, élève de 1re année, 29 mai 2007).

Ainsi, dans les objectifs à se fixer tout comme dans la gestion de ses frustrations, la prise en charge de l'apprentissage par l'élève est une valeur importante. Elle invite celui-ci à réfléchir (aux prochaines étapes, à la nécessité de se calmer dans l'immédiat) et à passer à l'action (« *après viens dans la classe* »).

Nous aimerions souligner la place prépondérante qu'occupe le principe d'autoévaluation dans la politique de l'éducation inclusive à l'école Le Pommier. L'autoévaluation, selon les rubriques, relevait d'une initiative du conseil du programme Comment et pourquoi évaluer ? (entrevue avec Marie-Line, 29 mai 2007). Selon une enseignante ressource, cette initiative donne aux élèves un rôle actif dans l'établissement des critères d'évaluation à l'intérieur des gabarits prévus dans les grilles d'évaluation. Elle permet de sensibiliser les élèves et les invite à l'introspection :

> *Et puis on a des tableaux en type que vous avez vus dans certaines classes peut-être, [...] on dit okay, on va collaborer en équipe. Qu'est-ce qu'on s'attend de voir, nous, et qu'est-ce qu'on s'attend d'entendre si vous collaborez ? Et les élèves ont donné leurs opinions [...] Donc, étant donné*

qu'on construit ça ensemble, ils [les élèves] *savent vraiment à quoi on s'attend. Parce que ce sont eux-mêmes qui l'ont écrit* (entrevue avec Marie-Line, une enseignante ressource, 29 mai 2007).

Ce dernier extrait fait ressortir de nouveau l'importance de rendre explicites les conditions menant à la réussite scolaire. Il devient aussi possible de s'approprier certaines attentes liées aux normes de performance (« *ce sont eux-mêmes qui l'ont écrit* »). De façon plus générale, l'exercice de l'autoévaluation constitue un outil puissant d'introspection et de réflexion critique. Il facilite la prise en charge par l'élève de son apprentissage en lui fournissant les outils d'analyse qui lui permettent de prendre du recul sur le travail réalisé.

La pratique réflexive permet ainsi à l'élève de développer des repères d'ensemble (normes scolaires, découpage des tâches et autoévaluation) qui le guideront et le motiveront dans la poursuite de son cheminement. Une telle démarche lui donne l'occasion d'objectiver les conditions de sa réussite, de mettre une distance entre le soi et son rôle en tant qu'élève. Une question qui reste toutefois sous silence dans ce discours de prise en charge de l'apprentissage est celle, inversement, de la responsabilisation de l'échec scolaire au sens bourdieusien de l'exercice d'une violence symbolique par l'établissement scolaire. Pour l'instant, l'ère est à l'optimisme, ce qui, de fait, recèle un plus grand potentiel transformateur que les discours pessimistes au sujet de populations scolaires dites « à risque » (van Zanten, 2001).

5. L'ART DE LA COMMUNICATION ET DE LA NÉGOCIATION

Nous avons cherché à comprendre dans cette deuxième section de chapitre à quoi ressemble l'expérience de l'élève dans le cadre de la mise en œuvre d'une politique d'éducation inclusive à l'école Le Pommier. Il a aussi été question du rapport que l'élève développe face à son apprentissage, dans une pédagogie centrée sur l'élève.

Nous aimerions revenir brièvement sur le contexte de vie de la salle de classe. Nous avons constaté que l'établissement d'un climat de classe favorable à la communication entre les élèves (autant pendant les activités scolaires que lors de jeux) était hautement valorisé par les enseignants et la direction de l'école. Lorsque nous évoquions les objectifs de notre étude, la question des rapports positifs entre élèves dans une pédagogie de l'inclusion se trouvait invariablement soulevée par les acteurs du milieu. En cas de conflit, la culture de l'école est telle que les enfants deviennent habiles à articuler leurs sentiments et à valoriser le respect et l'amitié (entrevue avec Adèle, 25 mai 2007). Plusieurs initiatives mises en œuvre au sein de l'établissement viennent mousser de telles valeurs, y compris le programme Vers le pacifique au sein de l'école et le conseil de coopération en salle de classe. Les élèves connaissent ces programmes dès la maternelle. Des anecdotes nous ont été racontées par de très jeunes enfants relatant des conflits dans la cour d'école et la volonté d'en discuter entre élèves. Par ailleurs, des jeunes avaient appris, en 1re année, une routine de collaboration, comme le raconte cette élève :

> Oui, on a besoin de notre recherche, et après on va faire notre plan, et après on va faire tous les affaires. Parce que je fais le crabe et Agathe va dessiner ses pieuvres. [...] Oui j'ai dit, oh, je veux faire ce crabe, mais Agathe a dit, je veux faire le crabe aussi ! Madame Adèle a dit, tu peux pas faire la même chose. So, elle a décidé, un crabe, non ! Pas un crabe, une pieuvre ! (entrevue avec Chantal, élève de 1re année, 29 mai 2007).

Il semble ici que ce soit l'enseignante qui ait réglé le conflit devant l'impasse citée mais pas avant qu'une discussion ait eu lieu au départ.

Le conseil de coopération, par ailleurs, est un autre dispositif qui offre un espace de discussion aux élèves, avec l'appui de l'enseignant :

> On a aussi quelque chose, il y a le conseil de coopération, qu'on organise dans la classe, parce que tu sais, entre enfants, des fois, ça peut frapper dur. Mais, on n'attend pas que les problèmes arrivent pour réagir, pour agir. On est plutôt proactif. Si tu regardes ici, il y a le conseil de coopération – c'est un système où l'élève qui se sent, euh, gêné, ou bien qui a n'importe laquelle douleur avec un autre, peut prendre une feuille, écrire quelque chose – chaque semaine, on réserve du temps pour le conseil. Et puis c'est entre eux (entrevue avec monsieur Albert, 25 mai 2007).

La plupart des enseignants nous ont parlé du conseil de coopération. D'autres enseignants ont souligné la tenue d'initiatives plus informelles ayant lieu en plus du conseil de coopération. À titre d'exemple, une enseignante organisait régulièrement un repas rencontre les midis avec les filles de 6ᵉ leur permettant de discuter de leurs préoccupations :

> *Mais les filles? Rendu en 6ᵉ année, c'est très sournois, ça se parle dans le dos puis tout ça, alors moi je trouve ça important – on se rencontre des fois sur l'heure du midi – c'est comme un dîner rencontre, […] qu'est-ce qui s'est passé cette semaine, est-ce qu'il y avait quelque chose qui t'avait dérangé?* (entrevue avec madame Nadia, 24 mai 2007).

Dans cet exemple, l'enseignante titulaire, qui connaissait très bien les élèves de la classe et qui avait établi un rapport de confiance avec eux, avait initié une démarche de conscientisation sur la question des relations de pouvoir et l'exclusion au sein des groupes d'adolescentes.

Dans l'ensemble, les enseignants cherchaient à encourager la communication et la collégialité, en classe comme à l'extérieur. En commentant les interactions en salle de classe, un enseignant prône le dialogue et la souplesse des échanges.

> *Ce n'est pas une classe rigide où c'est ça, c'est ça – non! Je ne fonctionne pas comme ça. Donc, c'est plus démocratique et ils le savent d'ailleurs. Même moi, des fois ils me rappellent à l'ordre – ils disent : Monsieur, on aimerait faire telle activité, […] Ah, Monsieur, si tu parles, si tu prends un vote… tu vas voir! Je dis, vraiment? Ah, Monsieur, la démocratie a parlé!* (entrevue avec monsieur Albert, 25 mai 2007).

L'école tentait ainsi d'encourager le développement de stratégies de communication et de résolution de problèmes entre élèves en laissant la parole aux jeunes. On retrouve certes une dimension disciplinaire dans une telle pratique mais, au-delà de cela, l'école voit dans l'établissement d'un climat de confiance *entre tous* une condition nécessaire à la réalisation d'une pédagogie de l'inclusion. La politique de l'inclusion à l'école Le Pommier a ainsi une connotation sociale, à l'instar des conditions ayant conduit à l'émergence de cette école au départ.

EN GUISE DE CONCLUSION... DES PRATIQUES EXEMPLAIRES...

Nous avons observé deux grandes traverses qui structurent la pédagogie de l'inclusion au sein de l'école Le Pommier, à savoir, d'une part, que dans un contexte d'inclusion, les difficultés d'apprentissage occupent un espace « temporaire » dans la trajectoire d'apprentissage de l'élève, et, d'autre part, que la référence (explicite ou non) à l'hétérogénéité du contexte scolaire devient une dimension structurante de l'action. En effet, devant la vaste gamme de contextes pédagogiques et sociaux dans lesquels les jeunes ont été formés, et devant l'orientation d'une pédagogie de l'inclusion centrée sur l'élève, l'arbitraire culturel des normes de réussite scolaire est plus fortement pressentie par les enseignants. Cette deuxième traverse vient appuyer la première au sens où les difficultés d'apprentissage représentent une situation d'autant plus transitoire et donc « surmontable » qu'elles sous-entendent le relativisme des systèmes scolaires et des contextes culturels.

Nous souhaitions, dans cet exposé, mettre en lumière les pratiques exemplaires d'une pédagogie de l'inclusion. Par exemplarité, nous cherchions à saisir un tel concept *in situ* en tenant compte des choix et des contraintes qui balisent l'action sociale. Nous avons cherché à souligner les discours et les pratiques enseignantes qui rendent possibles la transformation d'une culture scolaire dans l'élaboration et la réinterprétation pratique d'une politique de l'inclusion. Il a été question déjà des multiples stratégies pédagogiques recensées au sein de l'école. Parmi ces stratégies dans ce que le personnel enseignant a renommé la *méthode de l'inclusion*, l'apprentissage en groupes, par projets, revenait de façon prédominante. Les enseignants parlaient de « travailler par projets » en tant que synonyme de l'inclusion. Nous souhaiterions conclure notre exposé en évoquant un dernier enjeu qui illustre bien la complexité de la mise en pratique de l'inclusion *in situ*. Le travail en petits groupes est une méthode qui met en valeur la construction active des savoirs et l'apprentissage entre les pairs. Elle sous-tend la collaboration dans les activités scolaires. Le personnel de l'école était fort conscient du potentiel de cette stratégie dans la mise en valeur des compétences d'un élève et de l'importance du regard des pairs dans le cheminement scolaire. Il était aussi conscient de l'aspect à la fois prometteur et problématique du travail en petits groupes. De nombreux exemples nous ont été cités. Nous aimerions nous arrêter ici sur l'enjeu que représente la constitution des groupes de travail et qui comporte, certes, sa part non négligeable de complexité. L'objectif visé consiste bien sûr à mettre en commun les atouts des élèves dans leur complémentarité. Il correspond à l'idée de concevoir l'élève dans son entièreté avec ses forces, ses intérêts et en reconnaissant que certains aspects du programme d'étude lui échappent. L'intégration de certains savoirs est liée au cheminement individuel de l'élève, mais également au milieu minoritaire dans lequel évoluent l'école et la famille. L'extrait qui suit illustre bien une telle situation. Il est question de maîtrises différentes de compétences et, en contexte minoritaire, de la maîtrise du français venant parfois contrebalancer les écarts.

[...] *On a des enfants qui* [...] *peuvent avoir de la difficulté à lire et à écrire mais qui vont avoir un très bon français – justement parce qu'on a des enfants qui sont très forts au niveau académique, mais leur français oral est moins bon. On essaie de tenir tout ça en compte quand on fait nos équipes* (entrevue avec une enseignante ressource, Marie-Line, 29 mai 2007).

On voit alors, dans le jeu des forces complémentaires, une volonté de mettre en valeur l'individualité des élèves dans leur parcours scolaire (« *des enfants qui sont très forts au niveau académique* ») et communautaire (« *des enfants qui* [...] *vont avoir un très bon français* »). L'enseignante illustre ici la différenciation qui peut surgir entre la maîtrise d'un langage standard, plus près de l'écrit, et ses usages vernaculaires. En ce sens, il n'y a pas nécessairement correspondance entre la maîtrise d'une langue à l'oral et la reproduction de ses codes normatifs à l'écrit. Dans le cas d'une école en contexte minoritaire et plurilingue, il s'agit d'un moment où les politiques évoquées en début de chapitre, notamment la Politique de l'aménagement linguistique et les directives ministérielles sur l'enfance en difficulté, se rencontrent et se renforcent mutuellement dans le projet scolaire.

Toutefois, l'école ne peut se soustraire entièrement du contexte compétitif de l'évaluation du rendement des élèves, et cet enjeu se transpose dans les choix menant à la composition des petits groupes de travail. Les enseignants utilisent les petits groupes de façon stratégique, souvent pour que les « plus forts » puissent aider ceux qui sont considérés comme étant « les moins forts ». Les groupements semblent être temporaires et flexibles, mais il est difficile d'aller au-delà de ce modèle. Une telle dynamique, une fois réinterprétée par les élèves, également pris à l'intérieur d'une logique de rendement scolaire hiérarchisé, entraine des effets pervers, comme le fait remarquer l'enseignante titulaire dans l'extrait qui suit au sujet de son groupe classe.

> *Alors l'écart* [au sein du groupe classe] *évidemment est vraiment grand. Pour ça aussi, il* [...] *faut faire attention quand les écarts sont aussi grands, mais tu as souvent des élèves qui sont tellement forts* [...] *qui vont prendre tout le temps toute la place des autres.* [...] *Il faut vraiment réfléchir à la façon de bien séparer les groupes pour travailler – mais je continue toujours de travailler en coopération, de travailler ensemble, parce que je trouve que c'est la façon que les enfants apprennent le mieux* (entrevue avec une enseignante, Adèle, 25 mai 2007).

Dans cet extrait, l'enseignante fait ressortir les relations de pouvoir au sein du groupe des pairs et l'importance de s'assurer que, dans le travail en petits groupes, les élèves qui ont un meilleur contrôle de la tâche, un meilleur capital culturel, ne dominent pas le partage d'idées. Cette prise de conscience de la part de l'enseignante est fort importante. Plutôt que de remettre en question l'approche en petits groupes, elle porte attention à la sélection des participants et à la gestion de l'activité. Il s'agit d'une mesure d'équité (faire preuve de vigilance en tenant compte de sa position particulière d'enseignante au sein de la classe et de sa compréhension des rapports entre élèves) où la pédagogie de l'inclusion fait figure de compromis. Elle n'est pas parfaite et doit être comprise dans l'évaluation des retombées (ici positives) d'une telle démarche (« *les enfants apprennent* [...] *mieux* »).

La mise en œuvre de la politique de l'inclusion s'accomplit à cette école dans un contexte d'adaptation, de réforme, de maturation et d'épanouissement institutionnel. Elle mise sur l'insertion en salle de classe, le travail en équipe, la transparence des attentes et la diversification des stratégies d'enseignement et d'apprentissage. Nous voyons émerger à l'école Le Pommier une *culture de l'inclusion*. Grâce à l'établissement collectif et négocié des nouvelles modalités de l'éducation, il surgit un milieu de collaboration et un collectivisme, appuyé par le climat de rapprochement caractérisant cette école intime où chaque élève est suivi dans son parcours.

La culture de l'inclusion à l'école Le Pommier s'insère donc dans un nouvel équilibre entre le programme provincial standardisé, la valorisation de la langue française en milieu minoritaire, le rapprochement des familles et le soutien de la participation active de chaque élève comme acteur de son apprentissage et moteur d'avenir de son école et de son milieu.

ANNEXE
Stratégies pédagogiques pour une culture de l'inclusion

La liste qui suit résume les pratiques recensées à partir des observations en salle de classe et des entrevues individuelles.

Stratégies	Mises en pratique
L'établissement d'un climat de classe favorable à la communication entre les élèves	– établissement de rapports de confiance entre élèves et entre enseignants et élèves ; – activités collaboratives en classe et à l'école ; – emploi des (petits) groupes hétérogènes ; – occasions fréquentes de rétroaction (conseil de coopération, groupe d'appui pour adolescentes, etc.) ; – communication fréquente avec les parents (réussites et difficultés).
La mise en évidence des stratégies métacognitives	– encourager les élèves à se servir des stratégies métacognitives au début de tout projet : le SVA (ce que tu sais déjà, ce que tu veux savoir, comment tu vas y arriver) pour appuyer la révision des connaissances acquises antérieurement ; – appuyer le processus de réflexion critique chez l'enfant ; – l'emploi des feuilles de route, des organisateurs graphiques ; – l'emploi de la modélisation des tâches.
L'encouragement d'un processus d'apprentissage dirigé par l'élève	– l'autogestion et l'autoévaluation de l'apprentissage ; – la participation de chacun pour organiser l'espace physique de la salle de classe ainsi que ses ressources.

Adaptations pour encourager des approches centrées sur les élèves particuliers	– recours à une pédagogie différenciée pour permettre aux élèves de travailler à leur rythme ; – adaptation des activités des élèves plus ou moins avancés dans le cadre des activités communes ; – reconnaître les styles d'apprentissage variés ; – la création d'exceptions pour élèves en difficulté (exemptions pour évaluations provinciales) ; – suivi attentif des élèves.
Adaptations pour dédramatiser les difficultés	– dédramatiser les erreurs comme partie de l'apprentissage ; – l'utilisation de la technologie (ordinateurs portables) pour les élèves ayant de la difficulté avec le processus papier-crayon ; – l'instruction en grand groupe ; – l'instruction individuelle à retrait pendant de courtes périodes dans le but de faciliter la réinsertion en salle de classe.

RÉFÉRENCES BIBLIOGRAPHIQUES

Ainscow, M. (2005). Developing inclusive education systems: What are the levers for change? *Journal of Educational Change*, 6, p. 109-124.

Ainscow, M., Booth, T. et Dyson, A. (2006). *Improving schools, developing inclusion*. Londres : Routledge.

Bélanger, N. (2002). *De la psychologie scolaire à la politique de l'enfance inadaptée*. Paris : CTNERHI.

Beveridge, S. (2005). *Children, families and schools: Developing partnerships for inclusive education*. Londres : RoutledgeFalmer.

Booth, T, et Ainscow, M. (2002). *Index for Inclusion: Developing learning and participation in schools* (Bristol, Centre for Studies on Inclusive Education). <http://inclusion.uwe.ac.uk/csie/indexlaunch.htm> (consulté le 1ᵉʳ février 2009).

Conseil ontarien de directeurs de l'éducation (2007). *Projet d'éducation de l'enfance en difficulté du CODE, 2006-2007*. Oakville : CODE. <http://www.ontariodirectors.ca/pdf/CODE_SpEd_FinRpt06-07Fr.pdf> (consulté le 1ᵉʳ février 2009).

Corbeil, J-P., Grenier, C. et Lafrenière S., (2006). *Les minorités prennent la parole : résultats de l'Enquête sur la vitalité des minorités de langue officielle*. Ottawa : Statistique Canada.

Dei, G.S. *et al.* (2000). *Removing the margins: The challenges and possibilities of inclusive schooling*. Toronto : Canadian Scholars' Press.

Garmston, R.J. et Wellman, B.M. (1999). *The adaptive school: A sourcebook for developing collaborative groups*. Norwood, MA : Christopher-Gordon Publishers, Inc.

Fuchs, D. et Fuchs, L.S. (1994). Inclusive schools movement and the radicalization of special education reform. *Exceptional Children*, 60(4), p. 294-309.

Harper, H. (1997). Difference and diversity in Ontario schooling. *Canadian Journal of Education*, 22(2), p. 192-206.

Karim, K.H. (1993). Reconstructing the multicultural community in Canada: Discursive strategies of inclusion and exclusion. *International Journal of Politics, Culture and Society*, 7(2), p. 189-207.

Levin, B. (2001). *Reforming education: From origins to outcomes*. Londres : Routledge Falmer.

Loxley, A. et Thomas, G. (2001). Neo-conservatives, neo-liberals, the new left and inclusion: Stirring the pot. *Cambridge Journal of Education*, 31(3), p. 291-301.

McLeskey, J. et Pacchiano, D. (1994). Mainstreaming students with learning disabilities: Are we making progress ? *Exceptional Children*, 60(6), p. 508-517.

Mittler, P. (2000). *Working towards inclusive education. Social contexts.* Londres : David Fulton.

Ministère de l'Éducation de l'Ontario (2004). *Politique et aménagement linguistique.* Toronto : Gouvernement de l'Ontario.

Ministère de l'Éducation et de la Formation de l'Ontario (1994). *Aménagement linguistique en français : guide d'élaboration d'une politique d'aménagement linguistique.* Toronto : Imprimeur de la Reine.

Ministère de l'Éducation et de la Formation de l'Ontario (1993). *Antiracism and ethnocultural equity in school boards: Guidelines for policy development and implementation.* <http://www.edu.gov.on.ca/eng/document/curricul/antiraci/antire.pdf> (consulté le 31 janvier 2009).

Ministère de l'Éducation de l'Ontario (2008). *Tonifier l'éducation en Ontario : appuyer chaque élève.* Ontario : Ministère de l'éducation. <http://www.edu.gov.on.ca/fre/document/energize/energize.pdf> (consulté le 31 janvier 2009).

Nind, M., Sheehy, K. et Simmons, K. (dir.) (2003). *Inclusive education: Learners and learning contexts.* Londres : David Fulton.

Nind, M., Rix, J., Sheehy, K. et Simmons, K. (dir.). (2003). *Inclusive education: Diverses perspectives.* Londres : David Fulton.

Office des affaires francophones en Ontario (2005). *Profil statistique des francophones en Ontario.* Toronto : Gouvernement de l'Ontario.

Secrétariat de littératie et numératie (2007). *All children can achieve: A focus on equity of outcome* (DVD, anglais, mars).

Van Roosmalen, E. (2007). *Le projet CODE sur l'enfance en difficulté 2006-2007 : rapport final de recherche.* Octobre. Oakville : CODE.

Van Zanten, A. (2001). *L'école et la périphérie.* Paris : Presses universitaires de France.

Weber, M (1971). *Économie et société*, tome 1 : *Les catégories de la sociologie.* Paris : Plon.

NOTES

1   Ce chapitre s'inspire des données d'une étude ethnographique faisant
    état de discours et de pratiques de l'inclusion dans une école hétérogène,
    semi-urbaine de langue française en Ontario, Canada, que pour les fins
    de cette recherche nous avons nommée Le Pommier. Cette recherche a
    été élaborée à partir d'un cadre méthodologique comprenant l'analyse de
    documents ministériels et de documents produits ou mis en œuvre par le
    conseil scolaire responsable de l'école Le Pommier, l'observation prolongée
    de terrain et des entrevues. Cinq journées d'observation ont été menées en
    mai et juin 2007 par deux chercheures au sein d'une classe de 1re année, une
    classe de 1re/2e année (enfants de 6 et 7 ans) et une classe de 6e année, ce
    qui représente au total 70 heures d'observation. Des entrevues individuelles
    ont été menées avec huit élèves, la direction d'école, l'enseignante ALF/PDF,
    l'enseignante ressource, les titulaires de la classe de 1re année, de la classe
    de 1re/2e année et de la classe de 6e année, ainsi qu'avec deux parents (au
    total 12 entrevues).

2   Parmi les études ayant influencé ce mouvement, soulignons : Ainscow,
    2005 ; Ainscow, Booth et Dyson, 2006 ; Beveridge, 2005 ; Booth et Ainscow,
    2002 ; Dei *et al.*, 2000 ; Fuchs et Fuchs, 1994 ; Harper, 1997 ; Karim, 1993 ;
    Loxley et Thomas, 2001 ; McLeskey et Pacchiano, 1994 ; Mittler, 2000 ;
    Nind, Sheehly et Simmons, 2003 ; Nind, Rix et Sheehly, 2003 ; Secrétariat
    de littératie et numératie, 2007.

3   Les noms de personnes et d'établissements ont été changés pour préserver
    l'anonymat des participants.

4   ALF/PDF : actualisation du français/perfectionnement du français.

5   Voir le site du ministère de l'Éducation de l'Ontario : <http://www.edu.
    gov.on.ca/fre/document/nr/04.10/bg1026f.html>.

6   L'école Le Pommier a été sélectionnée pour monter un des 78 projets
    mis en œuvre en 2006-2007 (CODE, 2007, p. 2), ayant eu comme thème
    *Différenciation pédagogique auprès des élèves en difficulté de comportement
    et DA* (CODE, 2007, p. 22). Le Conseil ontarien des directeurs de
    l'éducation (CODE), un organisme consultatif composé des directeurs
    de chacun des 72 conseils de scolaires en Ontario (confessionnels et non
    confessionnels, anglophones et francophones), offre depuis quelques
    années des ressources pour l'élaboration de projets particuliers à l'appui de
    l'enfance en difficulté. Le rapport annuel de 2006-2007, l'année du travail
    de recherche dont s'inspire ce chapitre (<http://www.ontariodirectors.ca/
    pdf/CODE_SpEd_FinRpt06-07Fr.pdf>), explique :

En mai 2005 et encore en 2006, le ministère de l'Éducation a alloué 25 millions de dollars au Conseil ontarien des directeurs de l'éducation (CODE) pour préparer un plan donnant suite aux recommandations du rapport *L'Éducation pour tous : rapport de la table ronde des experts pour l'enseignement en matière de littératie et de numératie pour les élèves ayant des besoins particuliers de la maternelle à la 6ᵉ année* (2005).

Le CODE a répondu à l'appel du ministère de l'Éducation en mettant sur pied son Projet d'éducation de l'enfance en difficulté du CODE. Les projets CODE, Année 1 et Année 2, ont appuyé les conseils scolaires en soutenant l'analyse de données sur le rendement des élèves afin de concevoir l'instruction pour les enfants ayant des besoins particuliers. Les projets ont mené à une amélioration sur les plans de l'apprentissage chez les élèves, de la pratique d'enseignement et du leadership pédagogique. Le projet CODE contribue aussi au développement de réseaux professionnels provinciaux parmi les agents de supervision responsables de l'enfance en difficulté (CODE, 2007, p. 1).

7 Vers le Pacifique est un programme destiné aux enfants du cycle primaire de 4 ans et plus, développé par un organisme québécois, l'Institut pacifique, qui a comme but de « prévenir la violence par la promotion des conduites pacifiques ». Vers le Pacifique a été adopté par plusieurs écoles de langue française en milieu minoritaire en Ontario comme programme de prévention contre la violence. Le programme fournit aux enfants des stratégies pour reconnaître et interrompre la violence et l'intimidation selon des méthodes pacifiques de résolution de conflits. Pour plus de détails, veuillez consulter le site Internet de l'Institut : <http://www.institutpacifique.com/fr/vp_verslepacifique.php>.

Le cas d'une école privée catholique dans le 20ᵉ arrondissement de Paris : l'école Trinité

Éric Plaisance et Cornelia Schneider

INTRODUCTION – JUSTIFICATION DU CHOIX DE L'ÉCOLE[1]

Le mouvement en faveur de la scolarisation des enfants en situation de handicap a pris une nouvelle ampleur en France, notamment à partir de la nouvelle loi du 11 février 2005, intitulée *Pour l'égalité des droits et des chances, la participation et la citoyenneté des personnes handicapées.* La loi stipule que l'inscription de tout enfant dans l'établissement scolaire ordinaire du quartier (« le plus proche du domicile ») est de droit pour toutes les familles. L'établissement est déclaré, selon une qualification nouvelle, « établissement de référence[2] ». Cette « référence » perdure quel que soit le parcours de scolarisation réel de l'enfant, même s'il est amené à fréquenter un autre établissement, y compris un établissement dit « médicosocial », à gestion associative.

Pourtant, les obstacles sont encore nombreux, du point de vue des mentalités à changer et des méthodes à utiliser, mais aussi en fonction aussi des divergences culturelles qui subsistent entre le secteur scolaire et le secteur médicosocial, qui est le plus souvent encore attaché à la tradition de l'éducation « spéciale ».

Dans ce contexte difficile de transition, nous étions donc à la recherche d'une école qui ne se contenterait pas d'accueillir un enfant en situation de handicap « à titre d'essai », mais qui aurait déjà pleinement adopté une orientation « intégrative » depuis un certain temps. Il nous semblait intéressant d'en tirer des enseignements pour d'autres écoles qui se mettent lentement sur ce chemin, afin de définir à la fois les conditions favorables à l'intégration, mais aussi les obstacles qui ont pu être surmontés.

Nous avons eu un contact avec une enseignante « référente[3] » de l'est de Paris, qui avait été formée au niveau du master professionnel comme « cadre de l'aide spécialisée », plus précisément à l'Université Paris Descartes. Elle nous a conseillé de contacter l'école Trinité, qu'elle connaissait bien, d'autant qu'elle y suit plusieurs enfants. De ce fait, elle était familière avec l'équipe pédagogique et elle trouvait que cette école pouvait être un des meilleurs endroits pour faire ce genre d'enquête de terrain.

Il faut pourtant bien noter que cette école est une école privée catholique, sous contrat avec l'Éducation nationale, et par conséquent sous un autre régime que les écoles publiques laïques françaises. Nous avons pourtant décidé, tout en prenant en compte le caractère particulier de cette école, d'y faire nos observations, car les pratiques et les représentations de l'équipe éducative nous paraissaient bien représenter les enjeux actuels de la scolarisation des enfants en situation de handicap. Un tel choix était directement lié aux possibilités concrètes d'enquête de terrain, sans que l'on soit obligé d'affronter les tracasseries administratives et les lenteurs courantes dans le secteur public. Il ne signifie pas pour autant que les écoles publiques sont restées à l'écart des évolutions impulsées par les orientations nouvelles en faveur de la scolarisation des enfants handicapés, le plus possible dans le secteur scolaire ordinaire. Ce sont précisément ces orientations qui suscitent les inquiétudes des professeurs et les réalités d'accueil sont variables d'une école à l'autre, mais les indicateurs fournis par le ministère de l'Éducation nationale montrent que, globalement, les pratiques d'accueil en milieu ordinaire progressent, aussi bien dans le public que dans le privé[4].

Il n'existe pas, à notre connaissance, de recherches approfondies sur les écoles privées qui sont engagées dans la scolarisation de ces enfants. On connaît seulement quelques données statistiques brutes sur l'enseignement catholique de Paris pour l'année 2006-2007. Dans l'enseignement du premier degré, 213 enfants en situation de handicap sont accueillis en classes ordinaires et 155 en classes ou établissements spéciaux, soit un total de 368, qui donne un pourcentage de 1,33 % sur l'ensemble des élèves du premier degré catholique de Paris. Dans l'enseignement du second degré, 259 enfants en situation de handicap sont accueillis en classes ordinaires, 117 en classes ou établissements spéciaux et 100 autres (dits « dyslexiques sévères ») dans un collège précis, soit un total de 476, qui donne un pourcentage de 1 % sur l'ensemble des élèves du second degré catholique de Paris. De manière générale, on constate une augmentation, depuis le début des années 2000, du nombre des enfants handicapés accueillis en classes ordinaires dans l'enseignement catholique de Paris. Mais cela peut être dû aussi en partie à l'élargissement de l'enquête concernant des enfants dont la situation n'était pas connue par les instances officielles de reconnaissance du handicap, mais qui bénéficient d'aménagements pédagogiques importants.

1. DESCRIPTION DE L'ÉCOLE TRINITÉ

L'école Trinité est un établissement élémentaire qui se trouve sur les hauteurs du quartier de Belleville dans le 20ᵉ arrondissement de Paris. Ce quartier anciennement populaire, en rénovation urbaine depuis plusieurs années, a vu sa population changer avec l'augmentation de personnes appartenant à la classe moyenne qui se sont installées là (par exemple, ceux qu'on appelle les « bobo », les « bourgeois bohêmes »), en particulier du fait que les logements y sont moins chers que dans d'autres quartiers de Paris. Rappelons que Trinité est une école privée et sa scolarité, par conséquent payante, attire de toute façon une population financièrement plus aisée que les habitants traditionnels du quartier.

L'école est répartie en plusieurs bâtiments dans une petite rue piétonne : un bâtiment principal où se trouve l'administration, la salle des maîtres et des classes, et, de l'autre côté de cette rue, un bâtiment de trois étages avec d'autres classes, bâtiment qui a l'air d'une tour, car quand on monte dans les étages, il faut « grimper » des escaliers étroits ou un colimaçon. Comme le bâtiment principal se trouve sur une pente, on entre par un côté en rez-de-chaussée pour ensuite descendre un étage et arriver dans la cour de récréation qui donne

accès de l'extérieur à d'autres salles de classe ainsi qu'au gymnase.
La cour de récréation est également accessible par la rue, ce qui
donnerait la seule possibilité pour une personne en fauteuil roulant
d'accéder à l'école sans avoir à monter des marches ou des escaliers.
La directrice, madame Lenoir, admet que, de ce point de vue, l'école
n'est pas parfaitement accessible pour tous. L'école accueillait, à un
moment donné, un enfant en fauteuil roulant, mais celui-ci devait
rester dans les salles de classe accessibles par la cour seulement. On
peut supposer que cet accueil n'était pas forcément très satisfaisant
du fait que manquaient aussi des toilettes accessibles pour fauteuils
roulants. On peut également se demander si toutes les portes de l'école
seraient assez larges pour laisser passer un fauteuil électrique, plus
large que les fauteuils ordinaires.

Cette école élémentaire, qui est également entourée d'une
école maternelle et d'un collège privé (ils se partagent les mêmes
bâtiments), comporte 11 classes, soit deux classes de chaque niveau
de l'élémentaire, du cours préparatoire au cours moyen deuxième
année (première à la cinquième année de scolarité), et une classe
d'intégration scolaire (« CLIS[5] ») pour enfants autistes. La directrice,
madame Lenoir, gère à la fois la maternelle et l'élémentaire. L'école
compte environ 400 élèves, parmi lesquels douze sont concernés par
l'intégration en classes ordinaires et sept se trouvent dans la classe
d'intégration scolaire pour autistes, avec un enseignant en voie de
spécialisation, Thomas[6]. Certains enfants de cette classe viennent à
des heures déterminées dans les classes ordinaires pour un certain
nombre d'activités. Selon les propos de la directrice, il s'agit ici
d'une intégration « ponctuelle », alors que dans les autres cas il s'agit
d'une intégration « complète ». Au total, 19 enfants handicapés
sont accueillis dans cette école, ce qui correspond à un pourcentage
d'environ 5 % par rapport à l'effectif total des élèves. Les difficultés
présentées par ces enfants reconnus comme « handicapés » sont
évidemment variables. Néanmoins, comme cela vient d'être remarqué
précédemment, les handicaps moteurs sont pratiquement inexistants
car ils seraient accueillis dans des conditions difficiles, du fait de la
disposition des locaux de l'école et des nombreuses marches qui s'y
trouvent pour aller d'un endroit à l'autre. Il en est de même pour les
handicaps sensoriels, par exemple les problèmes de vision. On peut

noter que pour tous, à certains moments de la journée, les escaliers sont encombrés par un grand nombre d'enfants qui montent et qui descendent. De fait, ce sont donc des enfants en diverses difficultés d'apprentissage qui sont « intégrés », sans qu'un diagnostic précis ait été porté sur eux. On trouve aussi des enfants pour lesquels un diagnostic d'autisme a été posé et qui sont rattachés au dispositif de la classe d'intégration. Mais rappelons à nouveau que, dans ce dernier cas, les enfants sont aussi amenés à fréquenter des classes ordinaires de l'école. Dans notre enquête de terrain, nous n'avons pas cherché à approfondir la question du diagnostic posé sur les enfants. Une telle orientation, qui aurait pu être adoptée dans la perspective de mieux connaître les cas d'enfants, nous aurait semblée contraire à celle qui a consisté à porter l'accent sur les acteurs de terrain et leurs propres représentations. Pour le dire en bref, nous avons pris comme telles les désignations adoptées par les acteurs, en nous interrogeant plutôt sur ce que cela entraînait pour eux en termes de pratiques d'accueil et de pratiques pédagogiques. Si tels enfants sont reconnus « handicapés », qu'est-ce que cela signifie du point de vue de la politique d'établissement et du point de vue des actions concrètes à leur égard ?

De fait, quasiment chaque classe ordinaire accueille un enfant en situation de handicap. Ils sont suivis par une enseignante spécialisée, Annie, qui épaule les enseignantes, et qui travaille avec les enfants soit individuellement, soit en petit groupe, soit dans l'enceinte de la salle de classe d'appartenance. Elle est « itinérante » dans l'école. À côté des deux enseignants spécialisés déjà mentionnés, qui sont en charge de l'intégration à proprement parler, il y a également Corinne, une enseignante qui travaille à mi-temps à l'école et qui est en charge des enfants en difficulté. On observe que les délimitations des deux champs sont floues, car Annie travaille parfois avec des enfants qui relèvent du « champ » de Corinne, et Corinne va également aller travailler avec les « enfants d'Annie ».

2. MÉTHODOLOGIE

Pour cette recherche monographique, nous avons utilisé plusieurs approches de type qualitatif, essentiellement l'observation et l'entretien semi-directif, mais aussi le questionnaire sociométrique. Nous avons passé une vingtaine de jours pendant trois mois, en mars, avril et mai 2007, dans l'école, plus particulièrement dans quatre classes, soit deux classes de cours élémentaire première année, une de cours élémentaire deuxième année et la classe d'intégration scolaire.

Lors d'une première réunion de contact et de présentation avec l'équipe éducative, les trois enseignantes des classes ordinaires (Laura, Florence et Véronique) nous ont rapidement proposé de venir observer dans leurs classes. De même, Thomas a accepté sans aucune réticence que l'on vienne observer les situations dans la classe d'intégration scolaire. Nous avons également suivi l'enseignante spécialisée, Annie, dans son parcours entre les différents enfants intégrés.

Pendant ces observations, nous avons accompagné les différentes classes dans leurs différentes activités, que ce soit dans la salle de classe, à la piscine ou dans des sorties comme celle à la Cité de la musique. Les deux classes de cours élémentaire première année sont également parties en classe de découverte pendant cette période-là, mais, malheureusement, il n'a pas été possible de les suivre, car le séjour se déroulait dans le sud-ouest de la France, trop éloigné de Paris.

Dans une deuxième phase, nous avons effectué des entretiens avec plusieurs acteurs de l'intégration : les trois enseignantes des classes observées, Laura, Florence, Véronique ; madame Lenoir, la directrice ; Thomas et Annie, les deux enseignants spécialisés ; monsieur Isère, représentant des parents d'élèves ; madame Fournier, mère de Marion intégrée en cours élémentaire première année, et madame Hébert, mère de Constantin intégré en cours élémentaire deuxième année ; monsieur et madame Damon, parents de Damien, intégré en cours préparatoire. Nous avons aussi pu faire une interview collective avec les enseignants au cours d'une réunion à laquelle nous avions été sollicités de participer pour donner notre avis sur l'intégration. Il est à noter que Laura, une des enseignantes de cours élémentaire première année, est également mère de Frédéric, intégré à temps partiel en cours préparatoire et en classe d'intégration scolaire. Elle a donc une « double casquette » dans la perspective de l'intégration scolaire des enfants en situation de handicap. Les interviews ont été enregistrées, sauf lors de cas exceptionnels de non-fonctionnement de l'appareil et, dans ce cas, la prise de notes écrites a permis de pallier la défaillance technique.

Finalement, nous avons aussi effectué une enquête par questionnaire sociométrique parmi les élèves dans les trois classes observées, afin de mieux cerner le statut des enfants intégrés parmi leurs pairs.

3. ANALYSES

3.1 Une culture d'accueil

L'école Trinité a adopté une démarche volontariste depuis une dizaine d'années pour accueillir des enfants en situation de handicap. Cette culture d'accueil semble avoir pris son véritable essor quand la directrice actuelle, madame Lenoir, a pris ses fonctions, quasiment au même moment que l'enseignante spécialisée Annie, il y a environ dix ans.

La directrice a eu ici son premier poste de direction pour ce qu'elle appelle une « grosse école » (14 classes, dont une classe spécialisée). Elle est à la fois directrice de l'école primaire (qui comporte les niveaux maternelle et élémentaire) et coordinatrice de l'ensemble scolaire (qui comporte aussi le collège). Elle précise :

Je ne connaissais rien à l'autisme, c'était un avantage. À mon arrivée, cela faisait un peu « ghetto », « garderie », mais en même temps « carte de visite pour l'établissement », mais l'intégration ne voulait rien dire, je voulais faire évoluer, accueillir des enfants qu'on pouvait faire évoluer et faire un projet d'école.

L'enseignante spécialisée Annie témoigne de son arrivée dans l'école dans d'autres conditions, car elle avait acquis une formation spécialisée (formation dite E pour l'aide pédagogique aux enfants en difficulté), après une large expérience préalable en classes élémentaires ordinaires (surtout en cours préparatoire), et elle avait fait l'objet d'une proposition de nomination dans cette école, avec une demande d'aide de la part des enseignants. Elle s'exprime ainsi :

Quand je suis sortie de formation [formation spécialisée] *ce poste ouvrait et m'a été proposé, j'ai trouvé ça intéressant, c'était un poste à créer, tout était à inventer, ça venait d'une demande forte des enseignants, ça avait été réfléchi avant, c'est ça qui avait été une condition de la réussite du poste... la directrice précédente avait favorisé les intégrations individuelles, il y avait aussi la classe pour enfants autistes et l'enseignante s'essoufflait un peu et on demandait de l'aide, donc ils ont cadré une demande en équipe et la directrice a transmis cette demande à l'académie et au diocèse, et donc le poste a ouvert au départ à mi-temps, j'étais aussi sur une autre école sur un regroupement d'adaptation... et puis on s'est rendu compte, je me suis rendu compte que gérer deux postes en même temps, le travail était trop différent, et donc du coup, le poste est venu à plein temps ici, ça fait dix ans maintenant... je suis restée là, parce que dès qu'un élève est nouveau, le travail change complètement, c'est l'intérêt du poste, on change, on travaille avec d'autres personnes, il n'y a pas de monotonie ou de répétition sur ce poste-là, aucun risque,* [après une question sur la situation de l'école à l'époque] *la classe d'intégration scolaire existait déjà, il y avait quelques intégrations individuelles mais sans aide, les enseignants s'essoufflaient...*

3.1.1 Quelles démarches d'acceptation?

Les enfants en situation de handicap viennent de tous les arrondissements de Paris. Les parents ont connaissance de cette possibilité d'accueil dans cette école, d'une part par le réseau des écoles catholiques, d'autre part par les informations fournies par le réseau médical et paramédical qui suit des enfants, parfois depuis leur naissance : divers hôpitaux parisiens, les services d'éducation et d'aide spécialisés à domicile, etc.

La démarche pour accepter un enfant handicapé en intégration dans l'école est toujours la même : l'enfant est accueilli en « stage » dans l'école pendant une semaine afin qu'on puisse observer ses capacités à s'adapter aux situations scolaires. Si cette semaine se passe bien, il est par la suite accepté officiellement comme élève dans l'établissement, en lien également avec un service d'éducation spécialisée et de soins à domicile, qui donne des soutiens complémentaires en dehors et à l'intérieur de l'école. L'intégration se fait quasiment pour tous les enfants à temps plein, sauf pour un enfant qui fait un temps partiel et fréquente le reste du temps un institut médicopédagogique, et un autre enfant qui fréquente un hôpital de jour à temps partiel.

Les parents que nous avons pu interviewer évoquent ce moment des premières rencontres avec la directrice et l'acceptation de leur enfant dans l'école :

Madame Hébert (MH) :

Elle m'a fait parler de Constantin, ensuite, elle m'a expliqué, en effet, que... dans cette école, il y avait des enfants en intégration, euh... je crois, un par classe, une dizaine, et que ces enfants étaient plus particulièrement soutenus par... par un poste qui était quand même très rare à Paris, une institutrice spécialisée qui est Annie, et qui les aide de manière ponctuelle, enfin, en même temps, qui les aide et qui les suit dans leur intégration dans leur classe. Voilà, elle m'expliquait aussi qu'il y avait une classe d'intégration scolaire et que, du coup, ils étaient quand même très sensibilisés à la différence dans cette école. Donc, c'était pas seulement un poste, institutrice, moi, ce qui me paraissait important, c'est que c'était aussi une manière de voir les choses, une philosophie de l'école. Voilà. Qui était basée sur la différence. Et comme exemple, la première fois, j'entends des discours euh... j'ai vraiment aimé le discours.

Madame Fournier (MF) :

Euh, en fait, ça s'est pas passé comme ça, le jour de la rentrée, elle [l'enfant] a été... elle a été, comment dire, intégrée avant la rentrée scolaire au mois de mai de l'année précédente. Euh, madame Lenoir, après... après les avoir rencontrés, après avoir rencontré toute l'équipe et avoir soumis le dossier de parents, euh, ils nous avaient proposé de prendre Marion pendant une semaine en stage, c'est comme ça qu'elle utilise les termes, euh... Marion a passé sa semaine, en fait, avec les enfants, donc, elle était encore en grande section de maternelle, avec les enfants de la grande section de maternelle, avec qui elle serait en cours préparatoire. Donc, elle a passé sa semaine là-bas, moi, j'ai pas vu ce qui s'était passé, euh, et à la fin de la semaine, on avait de nouveau rendez-vous avec madame Lenoir qui nous a dit, bon, ben, voilà. La place du cours préparatoire, elle est pour Marion à la rentrée. On la prend, il y a pas de problème... ça s'est bien passé... voilà.

L'accueil pour un autre enfant, Frédéric, s'est fait d'une manière différente et a certainement été facilité par le fait que sa mère, Laura, est enseignante dans l'école. Laura s'est vu proposer l'intégration de son fils par la directrice et l'intégration s'est organisée sur deux demi-journées par semaine. Avant de devenir enseignante, elle dit qu'elle avait déjà essayé de scolariser Frédéric à l'école Trinité, mais que l'intégration ne s'était pas faite parce que le service d'éducation spécialisée et de soins à domicile de l'époque n'avait pas donné suite à sa demande et elle avait donc dû chercher d'abord une autre solution. Par contre, Frédéric ne peut rester que la demi-journée à l'école pour que l'Institut médicopédagogique ne perde pas le « prix de journée » attribué par la sécurité sociale pour l'accueil de Frédéric dans l'établissement. Il faut donc qu'il déjeûne à l'IMP pour que celui-ci puisse garder le financement.

D'une manière générale, la directrice justifie la procédure de l'essai avant l'acceptation définitive d'un enfant en situation de handicap. Pour elle, il s'agit d'expérimentation ou de stage, d'une démarche progressive, au cours de laquelle l'école peut apprécier si elle peut vraiment aider les enfants. L'enseignante spécialisée tient le même discours : « *Si nous on se sent capable, on répond, sinon on répond pas* » (sous-entendu : aux demandes des parents).

La directrice :

> *Les enfants font un stage d'une semaine d'expérimentation. Pour les parents, on dit que c'est pour un an renouvelable. Il est préférable de leur dire qu'on poursuit au-delà d'un an. On fait pierre après pierre, progressivement. Il y a une très grande demande, on choisit ceux avec lesquels on va travailler, mais on accueille plus de cas lourds maintenant...* [plus tard elle précise] *l'école voit les enfants en stage, puis on voit si on peut les aider. Éventuellement non, si les enfants ont de grands troubles du comportement. Pour les enfants de la classe d'intégration scolaire, qui sont sept, ce sont seulement des enfants avec qui on peut avoir des intégrations, auxquels on peut apporter quelque chose. Le stage, c'est à la fois le sport, le cognitif, les interactions avec les autres. On évite les autistes de bas niveau. Ceux qui entrent actuellement sont jeunes, il y en a deux qui ont 7 ans.*

3.1.2 Une culture de la différence dans un projet d'école

Le terme de « culture » est utilisé à plusieurs reprises dans les interviews. Il est utilisé spontanément par l'équipe de professeurs en réunion, il est plus élaboré en interview individuelle avec l'enseignante spécialisée. La directrice, quant à elle, insiste sur la dimension du projet d'école et sur la notion d'excellence.

En réunion, les enseignants cherchent à s'informer plus complètement auprès de la directrice ou de l'enseignante spécialisée sur les aides extérieures à l'école, par exemple sur le nouveau poste d'enseignant « référent ». Ils s'interrogent sur le regard que nous portons nous-mêmes, en tant que chercheurs, sur la réalité de cette école. Mais au cours du débat, parfois assez confus car les conversations se croisent, un accord s'établit (et même le calme !) sur l'importance de la pédagogie différenciée, qui se manifeste clairement avec l'accueil des enfants en situation de handicap. On est à la fois dans l'excellence de l'accueil et dans l'excellence scolaire et pédagogique. Une enseignante de classe ordinaire précise son point de vue qui est approuvé par les autres :

> *Plus on est dans une pédagogie différenciée – et le handicap c'est la caricature de l'enseignement différencié – et plus on est dans l'excellence scolaire. Si on est capable d'intégrer les enfants handicapés comme on le fait, on se pose beaucoup de questions, ça nous fait bouger, ça nous fait progresser, ça nous pousse à nous améliorer.*

En interview individuelle, Annie, l'enseignante spécialisée, évoque ses relations avec les enseignants des classes ordinaires et développe alors largement sa conception de la culture de la différence au sein de l'école :

> *Il faut être vigilant à ce qu'on dit, mais actuellement ça se passe bien, il y a une culture d'école qui s'est développée, qui s'est mise en place, donc s'il y a une nouvelle personne qui arrive, elle se rend compte assez vite comment ça se passe pour les autres, et elle se met dans le bain, ça se fait, on informe, j'ai des outils d'information [sur l'aide par les postes spécialisés]… il y a une culture qui s'est mise en place, des automatismes en place… un acquis dans l'école que un élève n'est pas obligé de faire*

tout ce que font les autres, c'est un acquis qu'une évaluation peut être différente pour un élève, c'est un acquis qu'on n'a pas besoin de rattraper ce qui est fait dans la classe, quand un élève sort de la classe, c'est la différenciation... ce qui est intéressant c'est que les nouvelles personnes qui arrivent se glissent dans cette culture, c'est devenu évident, chez nous ça ne pose plus de questions... c'est un projet d'école, c'est présenté aux gens quand ils viennent pour un poste... les gens acceptent la différence comme quelque chose d'évident... mais à quoi tient la stabilité de cette culture, l'avenir nous le dira... c'est sûr, là, il y a des questions à se poser, si c'est lié à des personnes, c'est quand même très lié à la personnalité de la directrice qui est ouverte à la question et c'est sans doute lié à ma personnalité à moi, c'est pourquoi je laisse des outils.

À un autre moment, elle évoque les avantages de la mixité intégrative pour les enfants eux-mêmes, le maître mot étant alors celui de « citoyenneté »:

Ils vont être davantage ouverts et tolérants, ces enfants, c'est aussi l'avantage de la situation... Au niveau de la citoyenneté, on peut espérer que tous ceux qui sont passés ici et avec des enfants intégrés dans leur classe, on peut espérer que ce soient des vrais citoyens.

La directrice pose la question centrale : comment faire vivre un projet d'école en y faisant vivre des enfants autistes et plus générale-ment des enfants en situation de handicap ? On comprend bien qu'en tant que responsable de l'école, elle veuille défendre la conciliation entre deux objectifs apparemment contradictoires : à la fois la réputation de son école en fonction de son bon niveau scolaire global et l'accueil d'enfants en situation de handicap. La directrice :

Il faut mener de front deux objectifs, le niveau scolaire et l'intégration, car finalement l'intégration améliore un certain niveau humain et, en conséquence, un niveau scolaire, c'est la confiance, le respect, le regard positif sur l'autre. Pour les enfants eux-mêmes, apprécier les progrès des enfants en difficulté, c'est un modèle pour eux, une dynamique pour tous [...] Il faut avoir à la fois un excellent niveau scolaire et être aussi dans l'excellence dans l'intégration, il faut veiller à cet équilibre, l'excellence des deux côtés et insérer l'accueil de la différence dans le projet d'école.

3.1.3 Et les parents ?

Comment l'ensemble des parents peuvent-ils adhérer à cette orientation à la fois humaniste et ambitieuse ? Toujours selon la directrice : « *Les parents viennent ici pour deux choses, pour l'anglais à partir de la moyenne section, et, en second, pour l'ouverture à la différence, les parents disent "On nous a dit que vous savez intégrer".* »

Pratiquement, les parents sont informés de l'existence de la classe spéciale et des intégrations : « *Leur enfant vivra pleinement l'intégration* », dit la directrice. Des réunions de parents sont organisées où les deux enseignants spécialisés expliquent leur rôle et où des films sur l'intégration sont parfois présentés. Un des enseignants spécialisés présente ainsi ses rapports aux parents :

Il faut anticiper les problèmes qui pourraient se poser, j'attache beaucoup d'importance à me présenter aux réunions de parents en début d'année, à dire ce que je fais […] On essaie d'éviter les malentendus, on n'a pas du tout de problèmes avec les parents, il y en a même qui viennent me dire : « Ah c'est bien que mon enfant soit dans cette école, comme ça, ça l'ouvre à la différence », on sent aussi qu'il y a une certaine solidarité qui se met en place dans certaines classes, il y a des parents qui invitent aux anniversaires par choix, par désir d'ouverture.

Comme cette culture d'accueil est mise en place depuis une bonne dizaine d'années, elle fait partie intégrante du fonctionnement de l'école. Les parents d'enfants en situation de handicap reconnaissent cet avantage de l'école Trinité par rapport à des expériences malheureuses qu'ils ont connues auparavant. L'école est alors pour eux un nouveau point d'ancrage, qui contraste avec les difficultés qu'ils ont rencontrées. Le cas d'un couple de parents, monsieur et madame Damon, est très illustratif de cette situation et mérite d'être présenté de manière assez détaillée.

M. et Mme Damon, rencontrés à leur domicile

Tranche d'âge : environ 50 ans.

Emploi père : cadre dans une entreprise de bâtiment – travaux publics, responsable des services généraux d'un groupe de gestion des autoroutes.

Emploi mère : comptable dans le même groupe que son mari, après avoir changé de métier. Elle occupait auparavant un métier à responsabilité qui lui « prenait énormément de temps » et qu'elle a abandonné pour avoir des horaires plus réduits qui lui permettent de s'occuper de son fils.

L'enfant, sous surveillance médicale depuis sa naissance, a fréquenté l'école maternelle publique du quartier à l'âge de 3 ans. Mais les parents témoignent d'une expérience négative d'intégration scolaire. Ce que rapporte la mère :

La première année a été une année d'intégration, il était heureux d'y être, avec des enfants de son âge, mais avec des différences... il ne parlait pas, pas de motricité fine, il ne comprenait pas les règles, il y a eu une forme de rejet. Frustration aussi, il n'arrivait pas à découper. Il avait des crises. On a été obligé de le sortir de la classe, il se roulait par terre, il ne savait pas dire un mot.

Le père met ensuite directement en cause la compétence de l'équipe enseignante :

Or l'équipe en place n'avait ni les compétences ni la volonté de traiter [les difficultés ou la différence, comme il le dit ensuite] *Ensuite, deuxième année de maternelle... Elle se passe très très mal, avec un autre enseignant, encore moins capable de traiter la différence et une équipe d'encadrement, la directrice, encore moins compétente en la matière.*

Les parents se sont alors mis à la recherche d'une autre solution pour leur fils, tout en étant convaincus qu'il fallait « *tirer leur enfant vers le haut* » et non vers le bas, parce que, dit le père, « *une grande partie des structures d'accueil existantes sont des structures qui noient les handicaps sans vraiment les traiter* ». Et la mère précise : « *On s'est dit : on va pas le cataloguer direct-handicap, on a essayé de faire en sorte qu'il puisse intégrer au maximum le standard.* » Dans cette démarche, ils sont aidés par l'équipe médicale qui suit l'enfant et qui a des contacts avec une école qui peut offrir un accueil. C'est l'école Trinité. L'enfant a fait un essai, un « parcours d'essai d'intégration », pour être finalement accepté. De fait, les parents sont sensibles en priorité au travail mené conjointement par l'équipe soignante et l'équipe pédagogique. C'est bien entendu grâce à cette liaison qu'ils ont pu accéder à cet accueil dans l'école Trinité, mais la réalisation de l'intégration elle-même repose sur cette entente. C'est ce qu'ils formulent à propos de difficultés passagères rencontrées par l'enseignante de leur fils mais qui ont été estompées, précisément par la collaboration interprofessionnelle, comme l'exprime le père :

> *Dans le traitement du handicap, la cassure entre l'équipe enseignante et l'équipe soignante est quelque chose qui est extrêmement préjudiciable aux enfants, c'est un point très important de la réussite de l'intégration. Dans la réussite de notre projet, le fait que l'orthophoniste, le psychomotricien et le pédopsychiatre se respectent et arrivent à se parler, à se comprendre, est un point qui est essentiel. Tous les aspects de la vie de cet enfant peuvent être intégrés et une synthèse peut en sortir… S'il n'y avait pas cet échange, on ne saurait pas mesurer où il en est.*

Leur avis sur l'ensemble de l'école valorise de nouveau la culture de la différence et, pour eux, cette école est à la fois « financièrement accessible et intellectuellement ouverte ». Ils mettent aussi l'accent sur les relations entre les enfants.

> Le père :
> *Les enfants face à un handicap, un handicap expliqué, ont des réactions beaucoup plus normales que les adultes, même si les réactions entre enfants ne sont pas toujours tendres, c'est complexe, ce sont des êtres qui se structurent, mais globalement, dans cette école, le respect de la différence, c'est une notion qui est enseignée et qui est acquise.*
> La mère ajoute :
> *Le respect en général.*

Le père :

> *L'équipe enseignante est dans cette logique, les enfants aussi, à leur niveau bien entendu. Notre enfant n'est pas systématiquement montré du doigt.* [À propos d'un spectacle de fin d'année] *Il a participé... les enfants lui expliquaient, là il faut que tu t'assoies.*

C'est alors qu'ils évoquent la dimension de l'apprentissage social, « *l'intégration véritablement sociale* » qu'ils jugent essentielle au-delà des apprentissages, non seulement de manière générale, mais surtout en fonction des difficultés de leur enfant. Ainsi, selon le père :

> *L'apprentissage scolaire est un point qui est important mais il n'y a pas que ça, il faut apprendre la vie, notre enfant a encore des difficultés à ajuster ses relations sociales, il se trouve en décalage et vit une forme de frustration.*

Les parents sont alors à la recherche de structures d'accueil complémentaires à l'école qui permettraient de nouveau à l'enfant de se trouver dans un milieu mixte et d'expérimenter les relations avec les autres. C'est ce qu'exprime le père, qui fait alors une critique des structures d'État, jugées à la fois insuffisantes mais aussi dans l'incapacité d'être attentives aux dimensions individuelles, du fait de leur investissement dans la gestion de masse :

> *Là-dessus on a trouvé une association qui s'appelle LoisirsP., d'initiative privée, avec aide municipale. Le traitement du handicap, c'est toujours de l'initiative individuelle, une forme privée, car la structure éducative d'État n'est pas capable d'intégrer cette différence, du fait de son traitement de masse et du fait qu'elle a peu de moyens pour y arriver, ou que ses moyens elle les spécialise dans un certain nombre de choses. Cette association accueille 50 % d'enfants handicapés et 50 % d'enfants autres, il y a un mixte, il* [l'enfant] *va se trouver avec des éducateurs, il y a des jeux et une socialisation.*

Pour autant, ce type d'analyse, bien ancré dans l'expérience personnelle des parents d'un enfant handicapé, trouve-t-elle écho chez d'autres parents ? Le représentant des parents d'élèves, monsieur Isère, adopte un avis plus nuancé. Pour lui, la culture d'accueil des enfants en situation de handicap fait partie de l'école depuis qu'il la côtoie. La politique d'intégration appartient à la spécificité de l'école, mais ce n'est pas forcément une priorité derrière laquelle se rangeraient toutes les autres caractéristiques de l'école. Les parents sont au courant, mais ils ne sont pas forcément tous partie prenante de cette culture, certains sont plutôt dans une utilisation « consumériste » de l'école :

[…] *en ce qui concerne les parents qui donc… oui, on parle effectivement, on est amené de parler, je dirais, de l'établissement en général, enfin, des qualités reconnues dans l'établissement, et particulièrement au niveau du primaire, enfin, suite à la présence de madame Lenoir depuis de nombreuses années, euh, généralement, il y a une continuité et une richesse développées au primaire qui se poursuit ensuite au collège, euh, qui est importante et qui est vraiment reconnue au travers des parents. Alors, après, pour être tout à fait… enfin… honnête dans ma pensée et dans ce que je… ce que je perçois, il faut faire le tri, c'est comme ça qu'on peut le dire de manière un peu crue, entre, entre les parents qui, que je qualifie de consuméristes parce que… qui mettent leurs enfants à Trinité, parce que, ben… bon, allez, ils sont à Trinité, donc, ils payent pour être à Trinité, euh… et ils achètent en même temps une tranquillité, en disant, ben, ils vont suivre un bon enseignement, ils vont pas être embêtés, ils vont pas se retrouver dans une structure où il peut y avoir des dérives, et ils vont être encadrés […] Donc, les enfants handicapés dans tout ça, je pense que, clairement, c'est pas leur problème. Leur problème, c'est leur fils ou leur fille, de manière très égocentrique, très égoïste, euh… et puis que, qu'on leur fiche la paix quoi. Parce que… c'est très clair et net. Voilà, bon. Mais ça, on le sait, c'est la diversité de la société, c'est comme ça, on fera avec, faut faire avec, mais au-delà de ça, il y a a quand même une proportion de parents qui s'intéressent plus à l'établissement et qui, eux, par contre, ont pris en compte cette dimension. On peut pas avoir l'unanimité, c'est pas possible.*

3.2 L'évolution des représentations sur le handicap : l'intégration comme une expérience évolutive au sein de l'équipe éducative

Bien que Trinité ne soit pas une école « débutante » par rapport aux pratiques intégratives, on peut néanmoins clairement observer que l'école, et surtout les membres de l'équipe éducative, se trouvent à des étapes différentes de sensibilisation et d'acceptation d'enfants en situation de handicap. Lors de la première réunion de contact avec l'ensemble de l'équipe, madame Lenoir demande aux enseignants de s'exprimer sur leur expérience et leurs impressions concernant l'intégration au sein de l'école. Les réactions de différentes enseignantes ont été très intéressantes, car elles ont montré un continuum dans l'acceptation et la dédramatisation du handicap. Les dernières arrivées dans l'école sont impressionnées par la démarche d'intégration (« *audacieuse* »), mais une d'entre elles insiste sur le fait qu'elle n'a pas la formation, qu'elle ne connaît pas la bonne méthode et qu'elle n'est pas sûre de pouvoir faire face à un enfant en situation de handicap. Elle a peur de ne pas savoir comment s'y prendre, ce qui fait rire certains de ses collègues qui disent que, de toute façon, elles ne le savent jamais non plus. La discussion qui s'engage par la suite est surtout menée par Annie, l'enseignante spécialisée, et par Laura, enseignante et mère de Frédéric, qui réagissent à ces propos et qui disent que ce n'est pas uniquement une question de formation mais aussi de regard. Selon Laura : « *Être mère d'un enfant handicapé, ça s'apprend pas non plus.* » D'autres enseignantes disent qu'elles trouvent que la présence d'un enfant en situation de handicap peut aussi rendre l'ambiance plus dynamique et qu'on voit bien l'enfant progresser dans le cadre scolaire. On peut y rajouter également le témoignage de Véronique, deux mois plus tard, lors d'un entretien individuel, qui était d'abord très sceptique sur son « utilité » par rapport à l'intégration :

Moi, j'ai démarré ici en me disant, ça sert à rien. J'ai des enfants toute la journée, alors, j'en ai un, j'en ai 26 autres qui me demandent beaucoup, et finalement, je me... à chaque réunion, je me... les autres pourront te le dire, enfin, ceux qui sont là depuis que je suis moi-même ici, je passais mon temps à dire que, de toute façon, je ne sers à rien. Pour ces enfants-là, je ne sers à rien. Je n'ai pas assez de temps avec eux. Il y a, parfois, il reste une heure le nez au vent, et je leur rapporte rien, j'ai pas assez de temps, il m'en faudrait plus, je suis inutile. Voilà, c'était mon discours. Et aujourd'hui, mon discours a changé... justement, parce que j'ai suivi Daniel pendant deux ans et qu'en une année, avec des enfants comme ça, je pense qu'on se rend pas forcément compte de ce qu'on leur apporte, mais en deux ans, on s'en rend compte. Et je... je crois que j'avais vraiment besoin de deux ans avec un enfant intégré pour me rendre compte que je suis pas aussi inutile que je le pensais.

On peut donc bien distinguer les membres de l'équipe qui ont déjà « l'habitude » du handicap et ceux qui commencent à se familiariser avec la question. Les personnes qui dédramatisent le plus et essayent de convaincre les autres de la nécessité d'intégrer sont celles qui ont des expériences à la fois personnelles et professionnelles avec le handicap : Annie, l'enseignante spécialisée, qui a également une sœur en situation de handicap, et Laura, enseignante et mère d'un enfant intégré dans cette école. De leur côté, les « anciens » de l'équipe sont entrés dans la pratique intégrative, dont la directrice, madame Lenoir, alors qu'ils n'en avaient ni l'expérience préalable ni la formation. Enfin, les enseignants qui viennent d'arriver dans l'équipe de Trinité se trouvent tout au début de leur expérience intégrative. On pourrait dire que le processus d'intégration se fait ici aussi pour les enseignants, c'est-à-dire l'intégration professionnelle dans une culture scolaire différente de ce qu'ils ont connu auparavant.

Mais ce qui semble central dans cette école est le partage des expériences au sein de l'équipe. Formellement, des réunions sont organisées par la directrice au cours de l'année : deux fois deux heures à propos de la classe pour enfants autistes, deux fois deux heures à propos des autres enfants intégrés dans les classes ordinaires. Mais ces dispositions ne préjugent en rien des autres échanges informels à tout moment entre les enseignants et entre les enseignants et les deux « spécialisés » dans l'école. Selon Annie, enseignante spécialisée :

« *Un travail d'équipe... ça marche parce que on communique, on se parle, on essaie de se mettre d'accord, c'est vrai à l'intérieur de l'école, c'est vrai aussi à l'extérieur, avec le service d'éducation spécialisée et de soins à domicile, c'est vrai globalement...* »

3.3 Les pratiques au sein de la classe ; la place de la formation des enseignants

Ce caractère évolutif, on peut également le saisir directement et concrètement au sein des trois classes observées, et on peut également faire un lien avec la formation des enseignants observés. On a pu assister aux cours de trois enseignantes qui accueillent chacune un enfant en situation de handicap au sein de leur classe, parfois même un deuxième en provenance de la classe d'intégration scolaire qui vient dans la classe pour certaines activités. Les trois enseignantes, Florence, Véronique et Laura, nous ont volontiers ouvert les portes de leurs salles de classe. On peut distinguer trois pratiques de classe différentes qu'on pourrait également situer sur un continuum :

A) Florence : enseignante de classe de cours élémentaire, deuxième année à l'école Trinité.

Depuis une dizaine d'années, elle est arrivée comme jeune débutante dans l'enseignement au cours de la même année que la directrice. Dans sa classe, on peut observer que son style d'enseignement est très « classique », c'est-à-dire un enseignement frontal, où elle fait la classe devant les élèves, assis en rangs. Il y a très peu de diversification de méthodes, tous les élèves sont centrés sur l'enseignante qui donne les instructions à suivre. Lors de notre présence dans la classe, nous n'avons pas observé de travail entre pairs ou des méthodes de différenciation. Constantin, l'enfant intégré au sein de la classe, est assis au premier rang tout à gauche et l'enseignante s'occupe de lui individuellement, lui fait faire des exercices et surveille son travail. Lors de l'entretien individuel, elle dit qu'elle n'a pas vraiment eu de formation concernant le handicap au centre de formation pédagogique[7].

B) Véronique : enseignante de classe de cours élémentaire première année, elle est à Trinité depuis six ans.

Elle a fait sa formation il y a une dizaine d'années, comme Florence, et elle dit aussi qu'elle n'a pas eu de formation en rapport au handicap au centre de formation pédagogique. Par contre, dans sa classe, on peut observer, chaque jour en début de matinée, une phase d'ateliers d'environ une heure, où les enfants peuvent choisir librement le matériel avec lequel ils veulent travailler. Il y a deux jours d'ateliers de mathématiques et deux jours d'ateliers de français. Elle dit qu'elle a appris cette méthode par des collègues d'école où elle était avant d'arriver à Trinité :

C'est mon parcours professionnel après ma formation. C'est d'être allée dans une école, de vivre ma vie d'instit, et puis, de rencontrer d'autres, d'autres instits et se rendre compte qu'on peut travailler autrement que de façon traditionnelle, qu'on peut faire des ateliers, voilà comment ça se passe. Montessori, on nous en a parlé, mais concrètement, on n'a jamais vu comment ça marchait, et là, sur le terrain, on rencontre des gens qui ont cette formation, qui nous expliquent comment ils font, qui sont prêts à partager, euh… donc, quand ça nous intéresse, ben, on prend ce qui nous intéresse, et puis après, ben, voilà, moi, je suis tombée dans cette école où j'ai eu la chance de travailler avec des enfants intégrés, et de me rendre compte que, finalement, c'était bien.

Lors des observations, on constate néanmoins qu'elle utilise ces ateliers encore de manière homogène pour tous les enfants, car les objectifs d'apprentissage sont les mêmes pour tous. Lors de l'entretien, on voit qu'elle a fait un « saut » dans sa réflexion et qu'elle commence également à diversifier les niveaux d'apprentissage, car elle s'est rendue compte que Daniel (enfant hémiplégique) avait besoin d'un niveau moins élevé pour les maths que les autres, pendant qu'un autre garçon de la classe semble être précoce par rapport aux autres et réclame des exercices plus difficiles. À part ces phases d'atelier, on n'a pas pu observer d'autres méthodes qui seraient basées sur la coopération ou la diversification, le reste des cours se déroulant d'une façon relativement traditionnelle, centré sur l'enseignante. Les tables dans la salle ne sont pas en rangées ni tout à fait par rangs ni vraiment par groupes.

De fait, une observation de Daniel dans la classe révèle que celui-ci aurait besoin d'une sollicitation fréquente de la part de l'institutrice, car sans cette sollicitation, il préfère attendre calmement mais en ne faisant rien. Il est pourtant installé à une petite table accolée au bureau de l'institutrice qui lui dit par exemple, au cours de l'exercice de maths : « *Il faut me demander, j'ai tous les autres* » (sous-entendu : tous les autres élèves), ou encore : « *Tu sais faire, il faut un peu de concentration.* » On perçoit ici une sorte de tension entre les activités collectives menées pour l'ensemble de la classe qui comporte 25 élèves et la nécessité de l'aide individualisée à un enfant.

C) Laura : Comme nous l'avons déjà mentionné, elle est présente dans cette école à double titre, car elle est d'abord enseignante, mais également la mère de Frédéric, intégré à temps partiel dans l'école.

Elle a donc un regard particulier sur l'intégration, du fait d'être mère d'un enfant en situation de handicap, mais aussi du fait qu'elle a un parcours professionnel atypique pour l'enseignement. Avant de commencer comme enseignante, elle a travaillé dans une grande entreprise comme directrice des ressources humaines. Elle est donc enseignante débutante à 46 ans, dans sa deuxième année de pratique seulement. Dans sa classe, on observe qu'elle fait des ateliers (qu'elle dit avoir « copié » sur Véronique), beaucoup de travail en groupe, des activités de coopération entre les enfants. L'élève Marion tient une place particulière, mais elle est toujours impliquée dans les différentes activités de la classe avec ses pairs. Les enfants ne sont pas assis en rang, mais les tables sont majoritairement rangées en groupes. Elle considère que la formation qu'elle vient de terminer lui a apporté des éléments pour faire face à l'intégration des enfants en difficultés ou en situation de handicap :

Moi, j'ai tendance à dire que, plus qu'une formation, une formation, c'est important ! Mais... une formation peut t'aider peut-être à modifier un regard, c'est d'abord un regard quoi. Parce qu'en fait, qu'est-ce qu'on te demande ? Enfin, moi, c'est ce que j'ai compris, peut-être que j'ai rien compris, mais... on me demande d'adapter ce que je fais aux capacités d'un enfant. Soit qu'il est handicapé, mais quand j'ai un enfant en difficultés, c'est la même chose. Donc, si tu veux, la formation, normalement, je dois l'avoir parce que les enfants en difficultés, j'en ai dans les classes. Et c'est pas de connaître, moi,

mais ça, c'est ma vision, parce que... moi, je me suis trouvée en plus
devant un enfant qui n'a pas de diagnostic, donc, il a fallu que je
fasse avec. Mais un enfant, si tu veux, quel qu'il soit, t'as pas besoin
de connaître son handicap, qu'est-ce que ça peut représenter, tout ça,
parce que, de toute façon, un enfant hyperactif, c'est pas un handicap,
ça, mais, euh... par exemple, Vincent, tu vois, qui est hyperactif,
Constantin, il prend le même médicament que Vincent, quand tu
vois Vincent et Constantin, c'est deux enfants qui sont à l'opposé!
Bon, c'est pas parce que tu... bon... et pourtant, ils ont quelque chose
là, tu vois, en commun.

La particularité du travail pédagogique de Laura, c'est aussi qu'elle accueille non seulement en permanence Marion dans sa classe, mais aussi à temps partiel Nicolas, enfant autiste, qui est à d'autres moments dans la classe pour enfant autistes. Dans notre observation, certes ponctuelle, Nicolas bénéficie de l'aide d'une stagiaire qui est présente à côté de lui dans la classe de Laura. C'est donc de manière privilégiée avec la stagiaire que Nicolas interagit, mais au cours d'un exercice de présentation du château fort au Moyen Âge, il est directement sollicité par la titulaire de la classe, Laura, pour montrer au tableau devant toute la classe ce qu'est une « muraille ». Il s'en acquitte fort bien, nullement décontenancé par cette prestation devant tout le monde et retourne à sa place, près de la stagiaire, puis observe ce qui se passe autour de lui.

En fonction de ces trois styles d'enseignement différents, on constate que chacune des enseignantes se trouve à un stade différent en regard de la reconnaissance de la diversité dans la classe. On peut voir que les deux dernières, du fait notamment d'une autoréflexion sur leurs propres pratiques, ont su trouver un certain nombre de solutions qui font que l'enfant en situation de handicap trouve son compte dans la salle de classe avec les autres enfants, tandis que Florence a du mal à gérer l'intégration de Constantin ; elle dit que c'est parfois un peu *frustrant* ». Au cours de nos observations, il est évident qu'elle se heurte à plusieurs reprises aux limites de ses pratiques par rapport à la diversité, car Constantin n'arrive pas à remplir les travaux qui lui sont demandés comme aux autres. Le cheminement des deux autres enseignantes est davantage adapté à l'hétérogénéité et on voit très bien qu'il y a du « mouvement » par rapport aux pratiques, même si le laps de temps de notre enquête était extrêmement court (en tout trois mois). De Florence à Laura, on peut observer que les objectifs de l'intégration ne sont plus les mêmes et que l'approche de la classe est différente, ce qui provient de l'histoire personnelle des personnes, mais aussi en partie de la formation. Laura a accueilli Constantin en cours élémentaire première année, avant qu'il passe dans la classe de Florence et, à l'époque, elle n'était pas frustrée par cet accueil. Elle évoque ainsi la présence actuelle de Marion dans sa classe, puis rappelle celle de Constantin, l'an passé :

> *Elle bénéficie toujours du voisinage, tu vois, du tutorat, si tu fais du tutorat, euh, de ce qui se passe dans la classe, même si elle, elle va pas tout... elle va pas tout prendre. Je parle pour Marion, mais je parlais aussi pour Constantin. Et puis, surtout, du bien-être que ça peut représenter d'être considéré comme tout le monde. Et pour moi, c'est ça, le principal. C'est ma vision.*

Pour Laura, la priorité ne se situe donc pas seulement dans l'apprentissage scolaire, pourtant très préconisé dans cette école, mais dans le fait de faire partie de la communauté scolaire. Ce glissement d'objectifs semble être un aspect très important dans l'accueil des enfants en situation de handicap au sein de l'école Trinité.

3.4 Le rôle des « garants » institutionnels

Dans toutes les observations et surtout dans les entretiens, on remarque la présence forte de deux personnes sans lesquelles on peut se demander si l'intégration aurait vraiment lieu à l'école Trinité : la directrice et l'enseignante spécialisée Annie sont en quelque sorte les piliers de l'intégration. Elles garantissent le bon déroulement et la continuité de l'intégration à l'intérieur de l'école à deux niveaux différents. À un tel point qu'Annie se demande si, à son départ et à l'éventualité d'un départ de la directrice il y aurait vraiment une continuité de la politique d'intégration. D'un côté, la directrice de Trinité garantit et défend cette politique à l'extérieur de l'école et devant les parents. Elle est citée maintes fois dans les entretiens effectués avec les parents (madame Fournier, madame Hébert, monsieur Isère, monsieur et madame Damon, ainsi que l'enseignante/parent d'élève Laura), bien plus souvent qu'Annie, l'enseignante spécialisée, pourtant en contact plus direct avec leurs enfants. Le rôle de la directrice dans le secteur privé comme chef d'établissement dépasse clairement le rôle d'un directeur d'une école publique ; elle a plus de pouvoir pour définir le projet de l'école et pour donner des impulsions là où elle le sent nécessaire. Du coup, on retrouve l'accueil des enfants différents défini dans le projet d'école, avec la création de la classe d'intégration scolaire et le poste d'enseignante spécialisée d'Annie, ce qui est également une particularité, à la fois dans le secteur public et privé, car une enseignante spécialisée attachée à une seule école pour suivre les enfants en intégration fait exception dans le paysage scolaire.

D'un autre côté, Annie, l'enseignante spécialisée, suit réellement les enfants intégrés et les prend aussi elle-même en activités ponctuelles hors de la classe. Mais elle considère que l'essentiel de son rôle est de mettre en place, en concertation avec les enseignantes, « *des activités qui favorisent la participation en classe* » des enfants intégrés. Son nom revient fréquemment dans les entretiens avec les enseignantes (notamment Florence). Sa présence rassure les enseignantes par rapport à leurs propres pratiques et les échanges permettent de construire un projet adapté à l'enfant en question. Son rôle est cependant reconnu de manière différente. Si Laura apprécie beaucoup les échanges et l'aide individualisée qu'elle peut apporter à Marion dans sa classe ou à son propre fils, Frédéric, elle est, pour Véronique, un soutien important et elle souhaiterait davantage de temps pour échanger sur les enfants et le travail. Plus fortement encore, Florence exprime qu'elle ne ferait pas d'intégration si elle n'avait pas le soutien d'Annie. Pour elle, Annie est le « *fil rouge* » de l'intégration, car elle suit les enfants sur plusieurs années. Elle est la « *personne ressource* » sur laquelle elle compte (« *heureusement qu'Annie est là* », cette phrase revient plusieurs fois pendant l'entretien individuel) et Annie semble la soulager de temps en temps quand elle se sent frustrée de son travail. On peut se demander si cette présence que nous considérons comme nécessaire et utile n'a pas mené certains enseignants à trop se reposer sur Annie au lieu de parfois chercher des solutions à l'intérieur de la classe, en mettant en pratique des méthodes tenant compte de l'hétérogénéité, comme nous l'avons noté pour Florence.

Peut-être pourrait-on suggérer une étape suivante dans un processus d'intégration, puisque les moyens humains sont en principe assurés par l'institution ? Il faudrait maintenant se tourner davantage vers une rénovation pédagogique qui tiendrait compte de l'hétérogénéité des élèves, et donc progresser vers un système davantage inclusif qui profiterait à tous (Hinz, 2002 ; Plaisance *et al.*, 2007).

3.5 Le statut des enfants parmi les pairs

Selon nos observations dans les salles de classe et dans la cour de récréation, nous avons eu l'impression que les enfants en situation de handicap font partie de la communauté scolaire et ne sont plus autant « exotiques » qu'ils peuvent l'être dans d'autres écoles. Le fait qu'ils soient présents dans cette école en grand nombre et qu'ils aient une scolarité aussi continue que leurs camarades sans handicap semble contribuer à cette « normalité » qui s'est installée à Trinité. Les enseignantes interviewées portent aussi un regard très positif sur les liens sociaux, par exemple Laura :

Ah bon, Marion, ça fait plusieurs années qu'ils sont avec elle. C'est la classe, tu sais, elle est passée du cours préparatoire au cours élémentaire première année, telle quelle. Donc, ils connaissent Marion, ils connaissent ses limites, donc, ils l'acceptent en fait comme telle. Telle quelle. Il y en a qui l'acceptent moins. Par exemple, un enfant comme Arnaud qui est assez jaloux, en fait de la relation que je peux avoir avec Marion parce que je suis obligée de l'aider, là, c'est plus difficile à gérer. Mais, moi, je trouve qu'ils sont quand même très solidaires, je l'ai vu d'ailleurs en classe de découverte, ils l'aident, en fait, spontanément.

Pour Véronique, Daniel est le « *bon vivant* » de la classe qui est bien accepté et qui fait partie de l'ensemble. C'est la même chose pour Constantin, selon Florence, qui remarque néanmoins qu'il y a un risque qu'il devienne la « *mascotte* » de la classe :

Tu vois, c'est cette année-là, je m'aperçois qu'avec Constantin, euh, il est un peu comme une mascotte. Donc, ça aussi, c'est un danger, il faut pas que

ce soit une mascotte, Constantin en joue un peu, et par exemple, quand
Constantin dit une bonne réponse, ils applaudissent.

Les enseignantes – l'enseignante de classe et Annie – essaient de prévenir ce genre de situation en discutant avec l'ensemble de la classe sur le comportement en regard à la différence et au handicap. La mère de Constantin a bien saisi cette tendance de la classe, car elle rapporte :

Moi, l'impression que j'ai... c'est qu'il était intégré dans la classe... sans
avoir vraiment d'amis, c'est-à-dire qu'il a été bien accepté dans la classe
avec sa différence, mais du coup, il est forcément perçu comme quelqu'un
de différent, donc... donc, il y a pas vraiment de relations d'amitié.
Il y a plus de... des relations de protection qui se sont formées avec
certains.

Il y a aussi des petits moments intéressants et intenses qu'on a pu observer à l'école Trinité, comme une sortie à la piscine avec la classe de Marion. Au moment de l'entrée à la piscine municipale, qui est à 15 minutes de l'école, la classe a croisé les enfants de la classe d'intégration scolaire qui venaient de sortir de la piscine. L'enfant le plus emblématique de la classe d'intégration scolaire, Nicolas, et un des enfants de la classe de Laura se regardent, se touchent aux bras, se disent bonjour mutuellement et continuent leur chemin. Il nous semble que ce genre de routine est inscrit dans la culture de l'école et favorise aussi l'intégration sociale des enfants en situation de handicap.

Comme nous l'avions mentionné, nous avons également donné des questionnaires sociométriques aux enfants des trois classes observées. Le but était de les interroger directement sur leurs liens amicaux au sein de la classe, outre nos propres observations et celles des trois enseignantes de classe. Les questions qui leur étaient posées ont permis de détecter les meilleurs amis, les préférences et les voisins non souhaités parmi les pairs au sein de ces trois classes. Nous avons analysé ces questionnaires de différentes manières en nous concentrant particulièrement sur les trois enfants intégrés. Voici les résultats les plus importants résumés dans un tableau :

	Daniel (classe de Véronique; COURS ÉLÉMENTAIRE PREMIÈRE ANNÉE)	Constantin (classe de Florence; COURS ÉLÉMENTAIRE DEUXIÈME ANNÉE)	Marion (classe de Laura; COURS ÉLÉMENTAIRE PREMIÈRE ANNÉE)
Considéré comme ami par ?	3 enfants	1 enfant	aucun
Considère combien d'enfants comme ses amis ?	3 amis	6 amis	3 amis
Réciprocité avec	2 enfants	aucun	aucun
Combien d'enfants ne veulent pas être son voisin ?	aucun	1 enfant	7 enfants
Statut de choix[8]	0,96 (moyen par rapport au reste de la classe)	0,82 (moyen, mais bas)	0,49 (très bas par rapport au reste de la classe)
Statut de rejet[9]	1,03 (moyen par rapport au reste de la classe)	0,98 (moyen)	1,21 (haut par rapport au reste de la classe)
Voit combien d'enfants après l'école ?	1-2 enfants	aucun	aucun
Serait invité pour des fêtes d'anniversaire par ?	5 enfants	4 enfants	1 enfant
Inviterait combien d'enfants à sa fête d'anniversaire ?	2 enfants	4 enfants (2 réciproquement)	2 enfants

Comme le montre ce tableau, les liens amicaux sont très différents d'un enfant à l'autre. Daniel semble avoir le réseau d'amitié le plus stable et le plus proche de la moyenne des trois enfants ; il voit également des enfants en dehors de l'école du fait qu'il habite le quartier, ce qui n'est pas le cas pour Marion et Constantin. Du fait qu'il est le « *bon vivant* » de sa classe semble lui donner une grande reconnaissance et de l'affection de la part de ses camarades. Les choses sont plus compliquées pour Constantin et Marion, notamment, qui ne trouvent pas la même reconnaissance parmi leurs pairs, voire sont rejetés, comme c'est le cas surtout pour Marion. Il semble que Marion est la fille la plus éloignée de la norme. Pendant que Constantin et Daniel sont capables de mieux se « fondre dans la masse » parmi leurs camarades, Marion ne semble pas être autant capable de dissimuler sa différence. On peut se demander si, dans son cas, une « intégration collective » (voir Herrou et Korff-Sausse, 1999) ne serait pas plus sensée, pour retrouver des enfants semblables et des enfants différents autour d'elle. Pour le moment, elle est seule dans sa différence par rapport aux autres et il nous semble que cette solitude ressort dans les résultats des sociogrammes de sa classe.

Les mères des enfants intégrés regrettent que l'éloignement géographique de l'école (ni Marion ni Constantin n'habitent le quartier) empêche de voir des camarades de classe en dehors de l'école, que les déplacements seraient trop difficiles et longs pour les parents pour amener et venir chercher leurs enfants. Cet éloignement empêche par ailleurs l'échange entre parents. Ainsi, une mère (MH) témoigne :

C'est aussi parce que... on habite loin [rire]. *Donc, du coup, les parents, je les vois très peu, euh... le seul moment où je peux avoir des contacts, c'est... quand Constantin a fêté son anniversaire, j'avais invité un certain nombre d'enfants de la classe... pour qu'il s'intègre aussi ! C'est vrai, pour Constantin, l'intégration est pas non plus forcément très simple, euh... Il a été invité à quelques anniversaires, donc, j'ai un peu croisé les parents, mais c'est... il y a pas du tout de liens qui se sont créés... et ceci parce que je les vois très peu et...*

L'enquête fait à ce moment ressortir deux aspects à considérer davantage dans l'intégration : la nécessité d'intégrer dans l'école du quartier pour que des liens sociaux puissent se créer aussi en dehors de l'école, et l'ouverture à davantage de diversité pour que la différence d'un seul enfant (ici illustrée par Marion) ne soit pas autant dramatisée et pour qu'un tel enfant puisse avoir davantage de liens amicaux dans l'école.

4. LES PROBLÈMES SOULEVÉS PAR LES PRATIQUES INTÉGRATIVES

En guise de conclusion, nous voudrions insister à la fois sur les conditions qui paraissent avoir favorisé les pratiques intégratives dans cette école et sur les difficultés qui subsistent pour les développer encore plus. Nous nous appuierons à nouveau sur les avis et témoignages recueillis, ainsi que sur nos observations de terrain, même si nous tenterons aussi d'élargir le débat au-delà de ce cas particulier.

Les conditions de recrutement des enfants en situation de handicap dans cette école sont clairement annoncées par la directrice. Les enfants dont les parents demandent l'inscription fréquentent l'école durant une période d'essai qui permet de savoir si « *on peut leur apporter quelque chose* ». La directrice, qui est la première responsable de cette manière de procéder par « essai » ou « stage » (au maximum une semaine), revendique une position très pragmatique. Puisque la politique de l'établissement est de favoriser les intégrations, on ne peut, dit-elle, accueillir pour l'instant les enfants autistes de bas niveau. Il s'agit de choisir, en réponse à une très grande demande, les enfants avec lesquels elle pense pouvoir travailler avec son équipe. Vis-à-vis des parents des enfants accueillis, elle agit aussi de manière pragmatique et prudente : progressivement et « *pierre par pierre* », par exemple en leur disant que l'enfant en situation de handicap est accueilli pour un an renouvelable. Plus globalement, selon ses propos, il s'agit de combiner l'objectif d'excellence scolaire (au sens des résultats obtenus par les enfants en général) et celui d'intégration d'enfants en situation de handicap. Apparemment opposés, ces deux objectifs sont au contraire vus dans leur liaison étroite : le côté humaniste de l'accueil est un facteur dynamique global qui permet de développer le niveau scolaire lui-même.

On pourrait considérer cette position comme peu compatible avec une politique d'inclusion, mais elle est explicitement justifiée au nom de l'intégration, en tenant compte des capacités disponibles de l'équipe et avec le souci de ne pas leurrer les parents concernés. De plus, en fonction de l'expérience acquise, ce sont des « *cas plus lourds*[10] » qui sont accueillis. Quant aux autres parents, ils sont informés de l'existence de la classe pour autistes et des pratiques d'intégration en classe ordinaires (« *leur enfant vivra pleinement l'intégration* »), et des réunions sont organisées pour expliquer le rôle des enseignants spécialisés. De leur côté, les enseignants sont volontaires pour être nommés dans cette école, en étant informés de sa politique et de la nécessité d'accueillir dans leur classe des enfants en situation de handicap. Cela signifie donc non pas une imposition *a posteriori* de cette présence, mais un accord de principe sur le projet intégratif de l'établissement. Ce qui est nommé « culture d'accueil » des différences fait donc partie de cet engagement de base. Une telle situation est radicalement différente des cas où, selon les orientations législatives actuelles en France, un enseignant se trouverait quasiment contraint d'accueillir dans sa classe un enfant handicapé, alors qu'il n'y a pas engagement préalable de sa part lorsqu'il arrive dans ladite école.

La présence des enseignants spécialisés dans l'école Trinité est un autre facteur considéré comme favorable par les enseignants des classes ordinaires. Parmi les deux enseignants spécialisés, l'une (Annie) joue le rôle de professeur itinérant, l'autre (Thomas) est le responsable de la classe pour enfants autistes, dite classe d'intégration scolaire. De plus, un éducateur spécialisé (qui n'a pas le statut de professeur des écoles) a été embauché par l'école et joue le rôle d'auxiliaire de vie scolaire pour cette classe. Pour cette même classe, divers stagiaires fournissent ponctuellement un appui. Pour les pratiques intégratives dans l'école et pour les collaborations avec les centres spécialisés extérieurs, la place du professeur spécialisé itinérant est essentielle. Comme son titre l'indique, elle est en mesure de se déplacer de classe en classe pour fournir des points d'appui à l'intégration, sans chercher à se substituer aux titulaires des classes concernées. Son objectif principal est de permettre la mise en place d'activités qui favorisent la participation dans la classe des enfants intégrés. Mais elle pratique aussi des activités particulières avec certains enfants, soit individuellement, soit en petits groupes, et cela dans un petit local dédié dans les murs de l'école. Enfin, c'est elle qui assure la liaison avec les professionnels d'un service indépendant dit « d'éducation spécialisée et de soins à domicile », dont certains interviennent dans l'école elle-même, par exemple une orthophoniste et une ergothérapeute.

Il est donc évident que, dans cette école, les enseignants des classes ordinaires ne sont pas isolés : non seulement une culture de l'accueil englobe l'ensemble de l'établissement, particulièrement dynamisée par la directrice et l'enseignante itinérante, mais, de plus, de nombreux appuis à l'intégration sont développés à différents niveaux. Loin de s'opposer, les intégrations en classes ordinaires, la place d'une classe spécifique pour autistes et les mesures d'aide pour certains enfants forment un ensemble qui s'articule dans le fonctionnement institutionnel global.

Mais peut-on dire que toutes les difficultés sont résolues ? Comment aller plus loin, voire comment faire mieux dès maintenant ? Des revendications sont alors énoncées :

– Adapter les lieux, par exemple pour l'accueil de handicaps moteurs, car l'école est située sur deux niveaux et comporte de nombreuses marches d'escalier. L'accessibilité, objectif officiel des pouvoirs publics, et un des emblèmes de la loi de 2005, est donc loin d'être réalisée dans cette école.

– Obtenir des professionnels supplémentaires internes à l'école et non comme personnels d'appoint dont la venue serait seulement occasionnelle : un psychologue, un auxiliaire de vie scolaire qui serait adjoint à la classe pour autistes (dans le vocabulaire administratif : un AVS-Co, c'est-à-dire un auxiliaire de vie scolaire pour un collectif-classe). Mais une demande n'est pas exprimée pour un auxiliaire de vie scolaire qui serait uniquement adjoint à un enfant particulier (un AVS-I, c'est-à-dire un auxiliaire de vie scolaire affecté à l'aide d'un individu-enfant). Au contraire, ce sont plutôt des réticences qui s'expriment à cet égard, car la directrice et l'enseignante spécialisée pensent que cette aide individualisée peut mettre en péril l'acquisition progressive de l'autonomie chez certains enfants.

- Accueillir complètement dans les locaux mêmes de l'école l'équipe du service d'éducation spécialisée et de soins à domicile qui intervient déjà auprès de certains enfants, et permettre ainsi une meilleure cohésion d'action avec l'équipe éducative.
- Augmenter progressivement le temps de présence dans les classes ordinaires des enfants autistes : objectif posé par la directrice et les enseignants spécialisés.

Nous ignorons si ce dernier objectif est ou non partagé par les enseignants des classes ordinaires, qui émettraient peut-être des réserves ou formuleraient des conditions en fonction de leurs conditions de travail. Pour aller plus loin, il s'agit sans aucun doute d'adopter une stratégie pragmatique qui est bien formulée par Thomas, l'enseignant de la classe pour enfants autistes, qui s'appuie sur son expérience dans le système éducatif mais aussi sur sa culture acquise en psychologie :

> *Il faut faire attention pour que les classes n'aient pas trop d'élèves venant de classe d'intégration scolaire, car ces classes ont déjà des enfants intégrés qui sont suivis par Annie. De fait, les enfants de classe d'intégration scolaire ne sont pas toujours présents dans cette classe, car ils vont dans d'autres classes et certains aussi en hôpital de jour. L'inclusion totale ? Oui, certains enfants pourraient rester toute la journée en classes ordinaires et donc il y a la possibilité de basculer de l'intégration à l'inclusion, mais il faut d'abord passer par l'intégration pour aboutir à l'inclusion. La nécessité, c'est l'accord de l'équipe et de la direction de l'établissement. L'inverse semble se passer dans le public pour les classes d'intégration scolaire, c'est encore le modèle de l'éducation spécialisée.*

Mais l'unanimité de l'ensemble de l'équipe est totale pour fortement dénoncer l'absence de continuité d'action entre l'école et le collège pour l'accueil des élèves en situation de handicap. De fait, les enfants en difficulté qui sortent de l'école se trouvent dirigés soit vers d'autres établissements secondaires spécialisés du réseau catholique (et plus éloignés) tels que des unités pédagogiques d'intégration, des sections d'enseignement général et professionnels adapté, des classes pour dyslexiques, soit, pour les enfants en plus grandes difficultés, vers des établissements spécialisés comme les instituts médicoéducatifs, etc.

Dans cette école, les enseignants sont partie prenante d'une culture intégratrice, d'une culture de la différence ou encore du handicap, selon les diverses expressions que les uns et les autres utilisent spontanément. Le collège, pourtant situé dans le même ensemble architectural, est montré du doigt par l'équipe de l'école élémentaire, comme actuellement incapable de procéder à cet accueil. Plusieurs raisons en sont données : le manque d'une équipe « performante », « dynamique », sous la responsabilité d'un chef d'établissement lui-même dynamique ; l'absence de pédagogie différenciée, jugée nécessaire à l'intégration ; le poids des évaluations traditionnelles données par les professeurs sous forme de notes régulières, etc.

Une telle dénonciation n'est certes pas exceptionnelle et elle est partagée par les parents qui s'expriment souvent en évoquant leur « parcours du combattant » dès lors qu'ils veulent assurer à leur enfant une scolarisation la plus proche possible des établissements ordinaires. Mais elle traduit bien une des difficultés majeures d'une politique et d'une mise en pratique de mesures intégratives dans le système scolaire. Les obstacles à la continuité de la scolarisation des enfants en situation de handicap dévoilent bien qu'il ne s'agit pas seulement d'ouvrir plus largement l'accueil scolaire à un premier niveau, par exemple à l'école maternelle souvent plus « accueillante », mais d'assurer une transformation bien plus radicale qui englobe tous les niveaux du système et l'ensemble de ses acteurs. Une telle transformation réclame sans doute en partie des moyens humains et matériels, en termes de personnels d'aide ou d'accompagnement, ou en termes de mesures pratiques favorisant l'accessibilité, mais elle engage aussi, et peut-être surtout, des mutations dans les manières de penser et d'envisager les enfants en situation de handicap : non plus comme des êtres à part mais comme des personnes qui ont droit à leur présence active dans les lieux ordinaires de scolarisation. C'est cette appartenance et ce partage qui pourraient le mieux définir l'objectif d'inclusion.

RÉFÉRENCES BIBLIOGRAPHIQUES

Armstrong, F. (1998). Curricula, management and special and inclusive education. Dans P. Clough (dir.). *Managing inclusive education: From policy to experience*, Londres : Paul Chapman, p. 48-63.

Belmont, B., Plaisance, E. et Vérillon, A. (2006). Accompagnement et intégration scolaire. Politique, pratiques et acteurs, *Contraste. Enfance et handicap*, 24 (spécial : Accompagnement), p. 247-266.

Belmont, B. et Verillon, A. (dir.) (2003). *Diversité et handicap à l'école. Quelles pratiques éducatives pour tous?* Paris : CTNERHI – INRP.

Chauvière, M. et Plaisance, E. (dir.) (2000). *L'école face aux handicaps. Éducation spéciale ou éducation intégrative?* Paris : Presses universitaires de France.

Chauvière, M. et Plaisance, E. (2003). L'éducation spécialisée contre l'éducation scolaire? Entre dynamiques formelles et enjeux cognitifs. Dans G. Chatelanat et G. Pelgrims (dir.). *Éducation et enseignements spécialisés : ruptures et intégrations*. Bruxelles : De Boeck, p. 29-55.

Chevalier, R.-M. (dir.) (2006). *Pour une école inclusive... quelle formation des enseignants?* Champigny : Centre régional de documentation pédagogique de l'Académie de Créteil.

Gardou, C. (2005). *Fragments sur le handicap et la vulnérabilité. Pour une révolution de la pensée et de l'action*. Toulouse : Erès.

Gossot, B. (2005). La France vers un système inclusif? *Reliance*, 16, p. 31-33.

Herrou, C. et Korff-Sausse, S. (2007, 1ʳᵉ éd. 1999). *Intégration collective des jeunes enfants handicapés. Semblables et différents*. Toulouse : Erès.

Hinz, A. (2002). Von der Integration zur Inklusion – terminologisches Spiel oder konzeptionelle Weiterentwicklung? *Zeitschrift für Heilpädagogik*, 9, p. 354-361.

Plaisance, E. (2007). The integration of « disabled » children in ordinary schools in France: A new challenge. Dans L. Barton et F. Armstrong (dir.). *Policy, experience and change: Cross cultural reflection on inclusive education*. Dordrecht Springer, p. 37-51.

Plaisance, E. (2009). Conférence de consensus 2008. Scolariser les élèves en situation de handicap : pistes pour la formation. *Recherche et formation*, 61 (spécial : Former à accueillir les élèves en situation de handicap), p. 11-40.

Plaisance, E. et Gardou, C. (dir.) (2001). Situations de handicap et institution scolaire. *Revue française de pédagogie*, 134 (dossier spécial).

Plaisance, E., Bouve, C. et Schneider, C. (2006). Petite enfance et handicap. Quelles réponses aux besoins d'accueil? *Recherches et prévisions* (CNAF), 84, p. 53-66.

Plaisance E., Belmont B., Vérillon A. et Schneider C. (2007). Intégration ou inclusion? Éléments pour contribuer au débat. *La nouvelle revue de l'adaptation et de la scolarisation*, n° 37, 159-164.

Plaisance, E. et Schneider, C. (2009). Inclusion : le concept et le terrain. *La nouvelle revue de l'adaptation et de la scolarisation*, Hors série 5 (spécial : L'éducation inclusive en France et dans le monde), p. 25-34.

Ravaud, J.-F. et Stiker, H.-J. (2000). Les modèles de l'inclusion et de l'exclusion à l'épreuve du handicap 1re et 2e partie. *Handicap. Revue de sciences humaines et sociales*, 86, p. 1-18, 87, p. 1-17.

Schneider, C. (2000). Intégration préscolaire en France et en Allemagne : à la recherche d'un tissu social. *Handicap. Revue des sciences humaines et sociales*, 87, p. 55-77.

Schneider, C. (2007). Être intégré, être en marge, être reconnu? L'enfant en situation de handicap et son statut social dans une classe ordinaire. *Éducation et Sociétés*, 2(20), p. 149-166.

Zaffran, J. (2007) *Quelle école pour les élèves handicapés?* Paris : La Découverte.

NOTES

[1] Tous les noms ont été modifiés, qu'il s'agisse de l'école elle-même ou des noms des personnes (enfants et adultes).

[2] Nous employons le terme « intégration » au lieu du terme « inclusion » d'une part parce que ce dernier terme commence seulement à être utilisé dans ce domaine en France, d'autre part parce qu'il nous semble plus adapté aux réalités observées dans cette école.

[3] Le statut des enseignants « référents » a été créé depuis la loi de 2005 dans le but de veiller à l'application et à la continuité du projet personnalisé de scolarisation d'un enfant en situation de handicap, en étant l'interlocuteur privilégié de l'ensemble des acteurs concernés (parents, enseignants, spécialistes divers, etc.).

[4] Les estimations fournies par le ministère de l'Éducation pour 2008-2009 mentionnent 170 000 enfants et adolescents scolarisés dans les établissements scolaires ordinaires, publics et privés, et, parmi eux, 110 800 en classes ordinaires, soit environ 65 %. Ce dernier pourcentage est en augmentation sensible (il était de 63 % en 2005-2006), mais il mêle de manière indistincte les scolarisations à temps plein et les scolarisations à temps partiel, ce qui a suscité les protestations de nombreuses associations mais aussi de la Commission nationale consultative des droits de l'homme

qui nomme « scolarisations perlées » les scolarisations partielles en milieu ordinaire (avis adopté le 6 novembre 2008).

5   Les classes « d'intégration scolaire » sont devenues officiellement dénommées « classes pour l'inclusion scolaire » depuis août 2009.

6   Pendant les mois où nous étions présents dans l'école, Thomas était en train de finir son diplôme de spécialisation (certificat d'aptitude professionnelle pour les aides spécialisées, les enseignements adaptés et la scolarisation des élèves en situation de handicap CAPA-SH) en rédigeant son mémoire sur l'éducation des enfants autistes.

7   Les centres de formation pédagogique (CFP) de l'enseignement catholique correspondent aux Instituts universitaires de la formation des maîtres (IUFM) dans l'enseignement public. Ces derniers sont intégrés à l'université depuis 2009.

8   Voir Petillon (1980). Question : Donne-moi les noms de tes meilleurs amis dans la classe !

Statut de choix = 1 + nombre de nominations positives – moyenne de choix du groupe maximum de nominations possibles

9   Voir Petillon (1980). Question : À côté de qui tu ne voudrais pas du tout être assis ?

Statut de rejet = 1 + nombre de nominations négatives – moyenne de rejet du groupe maximum de nominations possibles

10 Ce sont des enfants dont l'intégration ne semblait pas du tout évidente à cause de leur handicap. Maintenant, avec le cumul d'expérience, on ose davantage accepter ce genre d'enfants.

France : doit encore mieux faire

Denis Poizat, Charles Gardou et Carine Moiroud

INTRODUCTION

Depuis l'adoption, en février 2005[1], d'une nouvelle mesure législative en remplacement d'un texte adopté en 1975, l'État français doit affronter la réalité de ses engagements. La nouvelle norme est applicable sur l'ensemble du territoire français depuis le 1er janvier 2006. Elle fait obligation à l'État d'assurer la continuité du service public d'éducation et ne devrait donc pas, en théorie, laisser cours aux difficultés d'accès à l'éducation scolaire pour les enfants et les adolescents en situation de handicap. Elle tente d'associer les parents, plus que cela ne se faisait par le passé, à la décision d'orientation de leur enfant aux différentes étapes de son Projet personnalisé de scolarisation (PPS)[2]. Elle exige de l'État qu'il garantisse l'égalité des chances entre les candidats en situation de handicap et les autres en donnant une base légale à l'aménagement des conditions d'examen[3].

On ne peut isoler le cas de l'école d'un contexte de société plus général. La création, il y a peu, de la Haute Autorité de lutte contre les discriminations (HALDE), autorité indépendante, témoigne d'une volonté de combattre toute dérive discriminatoire. C'est donc dans un contexte plus ample qu'il nous faut entrevoir les avancées de l'école française en matière d'ouverture à la diversité.

Comme cela est souvent le cas dans les démocraties encore largement centralisées, on a recours à l'adoption de nouveaux textes déclinés dans l'ensemble de la hiérarchie des normes (loi, décret, règlement). La tradition juridique française, très largement inspirée du droit germano-romain, déduit rarement la règle du cas particulier, mais pense plutôt la règle générale et l'applique ensuite aux cas particuliers, s'appuyant en cela sur les mesures compensatoires qu'exige une équité de traitement. Cela est fort différent des États sous le régime de la common law, où la jurisprudence joue un rôle puissant. Cela explique aussi en partie que la France semble procéder par soubresauts avec des périodes de fort ralentissement, voire d'immobilisme. Elle vit aujourd'hui l'amorce d'une transformation.

L'État a ainsi publié un ensemble de nouvelles normes qui, si elles ne se sont pas encore inscrites dans les faits, devraient aboutir à un renouvellement des pratiques et des dispositifs. L'on peut soupçonner dans tous les régimes politiques les effets d'annonce et les *auto satisfecit*. Ainsi, le ministère de l'Éducation nationale annonçait au printemps 2007 que le nombre d'enfants en situation de handicap scolarisés a progressé de 70 % : 160 000 élèves aujourd'hui, contre 89 000 il y a quatre ans ; 20 000 élèves handicapés bénéficient d'un accompagnement individuel contre 7 400. En juin 2007, 111 000 élèves en situation de handicap sont scolarisés dans le premier degré – dont 7 % dans l'enseignement privé – et 44 500 dans le second degré. L'effectif des élèves accueillis a progressé de plus de 16 % par rapport à l'année scolaire 2004-2005.

Entre 2003 et 2004, indique le ministère de l'Éducation nationale, la France a observé une augmentation du nombre d'élèves scolarisés individuellement dans le premier degré de 46 % – pour les mêmes années, l'augmentation dans le second degré a été de 37 % –, et nous voyons aujourd'hui leur arrivée de plus en plus nombreuse dans l'enseignement supérieur. En 2004, l'Éducation nationale a accueilli 133 800 élèves handicapés, contre 96 000 en 2001, et 8 000 étudiants contre 7 000 en 2001, dont 6 000 à l'université.

Ces chiffres du Ministère sont à mettre en parallèle avec d'autres données, faute de quoi leur valeur brute est minime. La prévalence du handicap – tous types confondus – liée à l'amélioration des plateaux techniques de néonatalogie, aux grossesses tardives liées à une évolution sociétale bien connue, à la baisse du nombre de morts dans les accidents de la route faisant que plus de jeunes sont « tirés d'affaire » mais vivent avec parfois une lourde déficience, ne nous dit pas, en effet, si les progrès bien réels observés dans le domaine de l'intégration scolaire accompagnent l'accroissement de l'incidence et de la prévalence du handicap. Pour cette raison, il convient d'être prudent sur les valeurs exprimées par ce type de données.

En matière d'insertion professionnelle des personnes en situation de handicap, le chantier reste ouvert. Même si, à l'Éducation nationale, plus de 40 000 personnes handicapées travaillent, dont 22 000 dans l'enseignement, avec un ajustement physique des locaux et la mise à disposition, parfois, d'un assistant ou l'adaptation des emplois du temps, à l'échelle de l'État, ces efforts, certes louables, sont à améliorer.

Aussi, l'on peut recenser un certain nombre d'initiatives qui nous semblent aller dans le bon sens. L'heure n'est plus seulement à la dénonciation de la non-prise en compte du handicap et à l'annonce des aubes inclusives. L'heure est à la mise en actes. Dans ce domaine, les annonces ministérielles se révèlent essentiellement pragmatiques. Par exemple, l'adoption de normes, de standards de qualité pour la passation des examens avec les dispositifs appropriés semble vouloir respecter un cahier des charges exigeant.

En France, l'obligation scolaire (à l'école ou au domicile sous condition qu'un agrément soit donné par les autorités scolaires) n'étant effective qu'à partir de 6 ans, l'inclusion ne peut avoir, de fait, un caractère obligatoire à l'école maternelle. Toutefois, les enfants atteints d'une déficience peuvent, à partir de 3 ans, être scolarisés à l'école maternelle dans le secteur de résidence de l'enfant.

Cela implique nécessairement un dispositif d'accompagnement individualisé, décidé par la Commission des droits et de l'autonomie[4] (CDA). Les décisions relatives aux besoins des enfants en situation de handicap relèvent de cette commission, qui prend place au sein de la Maison départementale des personnes handicapées (MDPH), créée à l'issue de l'adoption de la loi de février 2005[5]. Chaque département français dispose d'une MDPH, qui se veut être le guichet unique pour l'ensemble des démarches et des dispositifs liés au handicap. Toutefois, leur fonctionnement donne lieu à bien des critiques : difficultés de mise en place, manque de préparation, lourdeur administrative, etc.

L'individualisation de l'intégration (le terme d'inclusion n'étant que marginalement adopté dans le sabir législatif) peut être poursuivie à l'école élémentaire, quoique des dispositifs d'intégration collective continuent d'être mis en œuvre.

Le problème de l'individualisation de l'enseignement au premier degré (qu'on nomme en France école élémentaire) se pose à deux niveaux. Le ministère de l'Éducation présente en effet la scolarisation individualisée d'enfants en situation de handicap en termes de dispositifs plus qu'en termes de pédagogie adaptée pour chaque enfant, affecté ou non d'une déficience. Lorsque l'État présente un enseignement individualisé, c'est essentiellement dans l'optique d'un dispositif d'accueil d'enfants en situation de handicap au sein d'une classe ordinaire. Au cours de sa carrière, l'enseignant, à quelque niveau qu'il se trouve, enseignera potentiellement à des enfants en situation de handicap. Il lui faudra donc adapter son enseignement en fonction de l'hétérogénéité des publics. Des outils ont été mis en place dans ce but. Il s'agit, par exemple, des PPS. Leur but consiste à organiser la scolarité de l'élève handicapé en veillant à la qualité des accompagnements et des aides nécessaires à partir d'une évaluation de sa situation et de ses besoins : accompagnement thérapeutique ou rééducatif, attribution d'une personne auxiliaire de vie scolaire (AVS, chargée de contribuer à l'amélioration des conditions d'apprentissage des enfants en situation de handicap) ou de matériels pédagogiques adaptés, aide aux équipes pédagogiques par un emploi de vie scolaire. D'autres dispositifs sont en cours de mise en œuvre depuis la rentrée 2007, mais cela est jugé trop timide par les enseignants et les associations de parents, qui regrettent le caractère expérimental de l'enseignement de la langue des signes française (LSF) dans seulement quelques lycées auprès d'élèves « entendants » volontaires.

Dans tous les cas, c'est l'option de l'individualisation qui est prioritairement recherchée. Ce type de dispositif se double d'une autre nuance qui n'est pas sans poser quelques problèmes. En effet, la scolarisation individualisée, c'est-à-dire en classe ordinaire, peut être à temps plein ou à temps partiel. La scolarisation à temps plein ou à temps partiel en classe ordinaire est généralement adossée à des dispositifs d'accompagnement plus ou moins parallèles à l'école. Le problème souvent évoqué réside dans le caractère parfois administratif de l'inscription de l'enfant dans l'établissement public ou privé de son secteur de résidence, la scolarisation à temps partiel devenant quelquefois purement formelle lorsque les dispositifs connexes sont en réalité ceux qui offrent les ressources éducatives réelles.

Toutefois, la création de la fonction d'auxiliaire de vie scolaire[6] a permis quelques avancées. Bien que recrutés massivement et à la hâte, sans véritable formation, ces auxiliaires font partie des dispositifs d'accompagnement à la scolarisation individualisée. Il reste que le devenir professionnel de ces auxiliaires de vie scolaire semble toujours indexé à une forte précarité et la formation donnée à ces agents n'est pas encore totalement satisfaisante. En complément de la scolarité, différents professionnels d'un service d'éducation spéciale et de soins à domicile (SESSAD) peuvent intervenir auprès de l'enfant, de sa famille et des enseignants.

Nous indiquions que le problème de l'individualisation de l'enseignement peut être posé selon deux plans, celui des dispositifs, plus général, et celui, particulier, de la pédagogie mise en œuvre pour tous les élèves par les enseignants. Il va de soi que, depuis les années 1980, le discours pédagogique n'a jamais cessé de promouvoir l'individualisation. Cette recommandation n'est pas directement superposable à la notion d'individualisation des dispositifs pour les enfants à besoins éducatifs particuliers. L'appellation BES est d'ailleurs parfois remise en cause par la *doxa* pédagogique, qui y voit plus une proposition générale qu'une recommandation uniquement adressée aux enfants et adolescents en situation de handicap.

S'agissant des dispositifs collectifs, leur maintien se justifie, aux yeux du ministre de l'Éducation nationale, par la nécessité de conserver des classes spécialisées, à faible effectif, pour des enfants à besoins éducatifs particuliers. Mais, là encore, le panachage des dispositifs empêche d'avoir une vision tranchée de la situation. En effet, l'accueil d'enfants à l'école élémentaire en classe d'intégration scolaire (CLIS) est parfois doublé d'un autre accueil dans des classes ordinaires du même établissement.

Les dispositifs collectifs de l'enseignement secondaire, nommés unités pédagogiques d'intégration (UPI), accueillant des élèves de

12 à 16 ans, sont conçus dans un esprit comparable aux CLIS : participation des élèves d'UPI aux activités des autres classes de l'établissement secondaire (collège ou lycée) avec les élèves du même âge. Deux cents UPI ont été créées à la rentrée 2007 avec une répartition en nid d'abeille (tenant compte des contraintes de transport des élèves). La répartition territoriale ne manque pas d'être critiquée par les parents, qui se plaignent d'une carence en ce domaine qui, si elle n'est pas compensée rapidement, sera plus grande encore lorsque les flux d'élèves quittant l'enseignement primaire rejoindront ceux du premier degré de l'enseignement secondaire.

Quel que soit le mode d'approche de l'inclusion, individuelle ou collective, à temps plein ou partiel, chaque établissement est doté depuis la rentrée scolaire 2006 d'un enseignant référent. Naturellement, on doit s'interroger sur les modalités de la formation et les compétences des différents acteurs de l'inclusion : auxiliaires de vie scolaire, enseignants, chefs d'établissement. Pour l'heure, la carence demeure préoccupante. Elle n'atteint d'ailleurs pas les seuls secteurs de l'enseignement ; tous les secteurs de la société française souffrent d'un déficit dans ce domaine. Mais s'agissant du secteur éducatif à proprement parler, les formations initiale et continue des enseignants sont insuffisantes. Le Ministère tente d'apporter une réponse à ce problème, mais il apparaît néanmoins que l'ampleur de la tâche dans le plus important ministère de la France exigera de longues années de travail.

Lorsque l'autorité scolaire, les familles ou les décisions médicales doivent statuer sur l'orientation d'enfants en situation de handicap, on observe fréquemment des désaccords. Ils sont compréhensibles tant l'enjeu de ces décisions est grand. L'État français a maintenu des établissements spécialisés, relevant du secteur médicosocial. Ces établissements tentent d'apporter à ces enfants une prise en charge scolaire, éducative et thérapeutique. L'orientation des enfants dans semblables structures n'est pas sans poser des problèmes d'importance. D'abord, la « filiarisation » du secteur médicosocial, qui apparaît comme une filière parallèle au système national d'éducation, témoigne d'une rupture entre des cultures professionnelles encore fort disparates : les enseignants du secteur ordinaire, d'une part, généralement démunis, et les professionnels du secteur médicosocial, de l'autre, avec des référents pédagogiques et disciplinaires souvent différents. Ensuite, le manque de places dans ces établissements, qui oblige encore aujourd'hui des familles entières à déménager parce qu'elles n'ont pas trouvé de disponibilité dans un établissement, est la cause de tourments qui devraient être évités. Enfin, il arrive que les décisions d'orientation soient sujettes à discussion et le recours, en cas de désaccord, est rendu pénible du fait de la lourdeur des procédures et par le fait que la *class action*, comme elle se pratique aux États-Unis par exemple, n'est pas possible en France pour d'autres motifs que commerciaux.

Il convient également de signaler que la France propose les services depuis de nombreuses années, notamment aux enfants et adolescents dans l'incapacité de se déplacer, d'un Centre national d'enseignement à distance (CNED) permettant la mise à disposition d'un soutien pédagogique à domicile apporté par un enseignant. Au registre des aides à la scolarisation, les allocations versées aux familles, sous forme de *voucher*, consistent pour la plupart en une allocation mensuelle d'éducation pour enfant handicapé (AEEH). Elle peut être corrigée en fonction de la présence ou non d'une tierce personne et consiste, dans tous les cas, à compenser les frais supplémentaires qu'entraîne l'éducation d'un enfant ou d'un adolescent en situation de handicap. L'évaluation des besoins, fixés par une instance *ad hoc* de la MDPH, fixe également les taux d'incapacité desquels dépendent les allocations de transport individuel qui peuvent être mises en place pour la durée de l'année scolaire.

1. ENQUÊTE AU SEIN D'UNE ÉCOLE EN FRANCE

Les observations suivantes, réalisées en novembre 2006 par l'une d'entre nous, Carine Moiroud, reflètent certains des aspects de la situation française. Les données sont présentées suivant les neuf thèmes retenus (voir l'introduction de cet ouvrage) : le projet d'établissement de l'école, l'aménagement de l'école, la gestion du temps, les méthodes d'enseignement, la vie scolaire, la coopération et le « vivre ensemble » des élèves, l'implication des parents, l'organisation des récréations et des déplacements et les ressources humaines et matérielles.

1.1 Description de l'école et son projet d'établissement

L'école primaire Édouard Herriot du 8ᵉ arrondissement de Lyon est composée de 14 classes : 11 classes dites ordinaires et trois CLIS (classes d'intégration scolaire accueillant des élèves handicapés moteur), mises en place en 1989. Elle accueille depuis 1950 des élèves atteints d'un handicap moteur. Elle est située dans un quartier populaire et prend place au sein du réseau d'éducation prioritaire (REP) Mermoz, comptant 16 établissements. Chacun d'eux veut favoriser avec des partenaires locaux la réussite scolaire et l'épanouissement personnel des élèves dans un environnement familial, social et culturel souvent difficile. L'école n'accueille pas les enfants « primo arrivants », qui sont scolarisés dans une classe d'initiation, spécialisée pour les enfants non francophones, à proximité. La directrice de l'école primaire, nouvellement nommée à la rentrée 2006, coordonne l'intervention de divers partenaires, parmi lesquels figurent notamment des professionnels de trois SESSAD et un réseau d'aides spécialisés aux élèves en difficulté (RASED). Parmi les 25 enfants en situation de handicap scolarisés en CLIS, certains sont atteints du syndrome de Prader-Willi, d'autres du syndrome de William Buren, et d'autres encore sont hémiplégiques ou infirmes moteurs cérébraux.

Le projet d'école, prévu pour quatre ans (2004-2008) et éventuellement modifiable par l'équipe, se présente sous la forme d'un document composé de six volets et de deux annexes rédigés par les enseignants et la directrice. Intitulé *Se situer comme élève*, il veut faciliter la communication entre les enseignants et avec les différents partenaires de l'école. Il porte notamment sur les points suivants :

Les conclusions du constat de situation initiale concernant les résultats des élèves, leurs comportements et le travail de l'équipe en cycles pédagogiques.

Les axes prioritaires retenus pour améliorer la réussite des élèves et les indicateurs pour leur évaluation.

La déclinaison des axes prioritaires pour les cycles 2 et 3[7].

Les modalités de communication sur le projet.

Les objectifs de formation de l'équipe.

Les élèves à besoins particuliers avec les stratégies d'aide arrêtées par le conseil de cycle, les modalités de coopération avec le RASED et, enfin, les stratégies retenues pour l'intégration individuelle et collective.

Parmi les axes prioritaires retenus dans ce projet pour l'amélioration de la réussite de tous les élèves, figurent trois éléments contribuant à améliorer les conditions d'apprentissage :

- Établir un rapport de plaisir avec le savoir.
- Répondre prioritairement aux besoins particuliers.
- Apprendre ensemble.

S'il est perceptible que la réponse aux besoins particuliers est placée au centre de ce projet, on ne peut cependant lire de stratégie explicite concernant la valorisation des élèves.

Par rapport aux comportements des élèves, le projet fait clairement apparaître que le travail autour de l'éducation civique et du *vivre ensemble* constitue une priorité dans cette école. Cela se traduit par la poursuite des objectifs suivants :

- Poursuivre le travail sur la citoyenneté, source de cohésion de l'action éducative.
- Améliorer la connaissance de soi-même en tant qu'élève[8].
- Travailler sur la construction de l'autonomie, à l'intégration et au respect des règles.

Quant à l'identification et à l'élimination des barrières à l'inclusion (barrières architecturales, discrimination institutionnelle, lutte contre le racisme, le sexisme), aucune préoccupation explicite n'apparaît dans le document. En revanche, au sujet de la relation avec les parents, l'école veut s'attacher, parmi les besoins prioritaires retenus, à « établir une bonne communication avec les familles, en particulier, avec celles des enfants en difficulté ». Cependant, rien n'est écrit sur l'encouragement des initiatives visant à favoriser la participation des parents et des membres de la communauté éducative.

S'agissant des éléments « observables » en relation avec les objectifs et les stratégies présentés dans le plan de l'école, voici quelques exemples issus de l'observation.

Lors d'un entretien avec le maître E^9 du RASED, l'enseignante indique qu'elle travaille de manière approfondie avec les élèves en difficulté sur la notion de « se situer comme élève ». Elle s'est aperçu, après de nombreuses années d'expérience, que les enfants ne donnaient pas de sens à leur présence à l'école et que, bien qu'ils aient envie d'apprendre, ils ne comprenaient pas ce qu'on leur demandait de faire ou ne savaient pas s'y prendre. Elle oriente ainsi son travail sur l'apprentissage de l'autonomie, sur le fait de se responsabiliser par rapport à la tâche à effectuer, et tente de leur donner des outils pour les aider à réfléchir. Elle essaie aussi de les rassurer, de leur montrer que ce qu'on leur demande n'est pas insurmontable. Pour y parvenir, elle les envoie en « mission » afin de repérer où est le maître, ce qu'il dit et ce qu'il fait (« Quand il dit "attention", là il faut écouter ! »). Elle étudie avec l'enfant les conséquences de son comportement.

Pour la valorisation des élèves et en complément du travail qu'effectue le maître G^{10}, cette enseignante spécialisée met en place un travail sur les représentations qu'ils ont d'eux-mêmes (« je serai toujours un élève en difficulté »). Elle essaie de les valoriser en leur montrant que les choses peuvent évoluer s'ils tentent de renvoyer à l'enseignant une image positive d'eux-mêmes.

Concernant le code de conduite, un « livret de comportement », mis en place dans plusieurs classes, où sont détaillés les critères de sanction, telle la perte de points[11], entraîne l'obtention de « feux de comportement » et rapporte la fréquence des sanctions. Les critères sont les suivants : prise de parole, attitude en classe, attitude envers le travail à la maison, attitude en classe et en dehors, attitude envers le maître ou autre adulte, respect du matériel.

Concernant la mise en œuvre concrète de ces mesures prises pour l'amélioration de la réussite des élèves, le Projet personnalisé de réussite éducative (PPRE), qui remplace le Programme personnalisé d'aide et de progrès (PPAP), a été institué par la *Loi d'orientation et de programme pour l'avenir de l'école* du 23 avril 2005. Ce dispositif est mis en place à la suite d'une réunion entre l'enseignant de la classe, la directrice, les enseignants du cycle, ceux du RASED et, éventuellement, un membre de la Direction de la prévention santé enfant (DPSE). Il est soumis aux parents avant acceptation. De la même manière, le PPS a été mis en place pour les élèves en situation de handicap scolarisés en CLIS.

Pour conclure, et pour montrer que l'intégration scolaire semble être au cœur des préoccupations de cette école, signalons que l'école est abonnée à la *Nouvelle Revue de l'adaptation et de l'intégration scolaire*, publiée par le Centre national d'études et de formation pour l'enfance inadaptée (CNEFEI), remplacé récemment par l'Institut national supérieur de formation et de recherche pour l'éducation des jeunes handicapés et les enseignements adaptés (INSHEA).

1.2 Aménagement de l'école

S'agissant de l'aménagement intérieur, l'école Édouard Herriot est composée de trois étages et dispose de vastes locaux, tous accessibles par un ascenseur : toilettes et douches à chaque étage, une bibliothèque, un gymnase au dernier étage, des petites salles pour les professionnels du SESSAD et du RASED, des salles pour le personnel médical, une grande salle au rez-de-chaussée pour les grandes réunions avec les parents ou pour le temps calme après la cantine.

En termes d'accessibilité, trois entrées de l'école donnent directement dans les cours. Une entrée avec plan incliné est essentielle aux enfants en situation de handicap. La plupart des élèves de cette école sont amenés en taxis spéciaux financés par le Département. Une entrée est réservée pour les élèves de cycle 2, et une autre pour ceux du cycle 3. Comme les cours de récréation ne sont pas très grandes, on a décidé d'y répartir les enfants par cycle. Les portes d'entrée ou de sortie vers la cour de récréation sont difficiles à manœuvrer par les élèves en fauteuils. La cantine est accessible par un plan incliné.

L'accès aux salles de classe s'effectue, pour les élèves en fauteuil, par l'ascenseur. Les toilettes sont bien accessibles, mais l'entrée plus étroite des douches pose problème. Elles ne sont pas non plus équipées de sièges pour asseoir les élèves qu'il faut laver s'ils n'en sont pas capables à cause de problèmes liés à leur handicap. Il existe aussi un lève-personne pour les enfants myopathes.

S'agissant de la répartition des classes selon les étages, l'équipe éducative a fait le choix de placer les CLIS en fonction des projets d'intégration des élèves. La CLIS des grands est ainsi rattachée au cycle 3. L'objectif est très clair et s'inscrit pleinement dans le projet de construction d'une école inclusive : faire vivre aux élèves de CLIS des interactions avec des élèves de leur âge, même si leurs niveaux scolaires peuvent être très différents. Le fait d'être au même étage permet donc aux élèves intégrés individuellement en classe ordinaire de se déplacer de façon autonome d'une classe à une autre sans l'aide d'un adulte.

Les CLIS sont équipées de bureaux et de chaises ergonomiques bien adaptés réglables en hauteur pour que l'élève puisse avancer son fauteuil sans difficulté. Les bureaux peuvent également s'incliner pour faciliter le travail de lecture. L'espace classe est pensé pour qu'il y ait suffisamment de place entre chaque bureau pour assurer les déplacements de chacun.

Dans les trois CLIS, les casiers normalement fixés sous les bureaux ont été escamotés, car la plupart de ces élèves, du fait de leur handicap, peinent à s'organiser. Pour leur apporter davantage de repères visuels, l'enseignant a conçu des casiers en bois accrochés au mur pour ranger les cahiers. De couleurs différentes pour les différencier, ils sont toujours rangés de la même façon (par exemple, cahier de maths devant, puis de français, etc.). Pour ses documents plus personnels, chaque élève dispose également d'une boîte à son nom. Tout autre matériel scolaire dont peut avoir besoin l'élève (règle, colle) est placé à un endroit accessible dans la classe, proche des élèves, pour éviter la fatigue liée à des déplacements multiples et pour ne pas perdre de temps. On voit bien que l'enseignant cherche à rendre les élèves autonomes, mais en les guidant un peu plus que d'autres élèves.

Concernant l'apparence générale des classes, elles sont plus ou moins en ordre selon leur taille. Dans certaines classes, les enseignants disposent d'assez peu de possibilité pour ranger leur matériel pédagogique. Les couloirs sont très larges et les escaliers bien dégagés. Notons également que chaque étage est doté d'un téléphone pour que les enseignants puissent joindre à tout moment l'infirmière, la directrice ou tout autre personnel de l'école. Devant chaque classe est également accroché un grand casier qui facilite la circulation des informations entre élèves et enseignants. Ces derniers détails d'organisation interne montrent une réelle volonté de communication.

L'organisation des aires de travail et de repos des élèves n'a pas donné lieu à des espaces réservés. Le travail en sous-groupe s'effectue au sein même des classes.

La décoration et l'affichage diffèrent selon les classes. Dans certaines, on trouve des affiches classiques de type pédagogique (les nombres, les différents sons, les mois de l'année, une carte de la France, etc.). Dans d'autres, telle que la classe de CLIS des grands où a été mené un grand projet de voyage au Sahara l'an passé, plusieurs photos avec les enfants sont mises en valeur. Dans le couloir près de la salle des maîtres, on peut trouver une affiche à l'intention des nouveaux enseignants en début de carrière, présentant les lieux ressources pour des outils pédagogiques. On peut lire enfin, sur une dernière affiche en lien avec le handicap, que le CNED propose aux enseignants du premier degré la préparation au diplôme pour devenir enseignant spécialisé (le CAPASH). Ce certificat d'aptitude professionnelle pour les aides spécialisées, les enseignements adaptés et la scolarisation des élèves en situation de handicap (CAPASH) remplace en effet le certificat d'aptitude aux actions pédagogiques spécialisées d'adaptation et d'intégration scolaires (CAPSAIS). Ce diplôme comporte plusieurs options correspondant à différentes spécialisations d'enseignement : Option A, auprès des enfants et des adolescents handicapés auditifs ; Option B, auprès des enfants et des adolescents handicapés visuels ou aveugles ; Option C, auprès des enfants et des adolescents malades somatiques, déficients physiques, handicapés moteurs ; Option D, auprès des enfants et des adolescents présentant des troubles importants à dominante psychologique ; Option E, auprès des enfants en difficulté à l'école préélémentaire et élémentaire ; Option F, auprès des adolescents ou des jeunes en difficulté ; Option G, destinée à la rééducation.

Les trois classes de CLIS sont dotées d'un poste informatique par élève. La demande a été acceptée afin de faciliter le travail des élèves atteints notamment de troubles neurovisuels ou ayant des difficultés d'écriture. Pour les autres classes, une salle informatique équipée de postes est mise à disposition.

1.3 Gestion du temps

Les horaires des CLIS sont définis et l'enseignant s'efforce de ne pas changer l'emploi du temps, car l'on considère que ces élèves ont besoin de stabilité. L'emploi du temps est affiché sur la porte d'entrée. Tout changement imprévu risque de perturber sérieusement certains élèves de CLIS, comme en témoigne l'exemple suivant : lors de nos observations, un cours de musique prévu un matin fut annulé, l'intervenante étant malade. Il a fallu que l'enseignant improvise une autre activité. Certains élèves ont alors éprouvé certaines difficultés pour s'impliquer dans la séquence de français proposée en remplacement.

Durant les temps de transition entre les activités, les consignes concernant les tâches à réaliser sont assez claires. Seuls les élèves de service, à qui l'on a confié diverses petites tâches collectives (distribution de matériel, par exemple), ont le droit d'être debout. Si ce n'est pas le cas, l'enseignant rappelle les règles à l'élève dissipé ou à celui qui ne semble pas avoir compris les consignes.

Notons que les élèves en situation de handicap ont les mêmes horaires scolaires que les autres élèves, bien que nombre d'entre eux doivent suivre des soins particuliers donnés par les professionnels du SESSAD (voir la section sur les ressources humaines et matérielles). Dans le PPS, pour de nombreux enfants, les soins sont inclus dans le temps de classe pour ne pas alourdir les journées. Pour les enseignants de CLIS, ce PPS est au cœur de l'aménagement de leur emploi du temps.

Lors des activités physiques, par exemple, le temps est aménagé en fonction des capacités de chaque élève et de leur fatigabilité. Pour gérer cette double contrainte, il peut être proposé à l'élève, lors d'une même activité, des rôles différents (rôle d'observateur) pour qu'il se repose et effectue une autre tâche.

1.4 Méthodes d'enseignement

Les méthodes d'enseignement varient selon les enseignants. Certains ont avoué qu'ils aimeraient faire participer davantage leurs élèves en les faisant travailler plus en petits groupes. Il leur manquait visiblement de l'expérience. D'autres enseignants réussissaient plus facilement à alterner les types de séances « frontales » et les séances de résolution de problèmes, où ils jouaient davantage un rôle de guide ou de facilitateur. On peut constater une certaine diversité des pédagogies mises en place par les enseignants : la pédagogie par projets, la pédagogie de la découverte et la pédagogie différenciée.

Chaque année, l'enseignant de CLIS des grands monte un projet ambitieux avec sa classe. L'an passé, en collaboration avec les classes de CM1 et CM2, 60 élèves ont découvert le Sahara tunisien en randonnée et escalade. Les élèves de CLIS et de CM1 ont également travaillé tout au long de l'année sur un projet d'éducation à l'image en réalisant un film intitulé *Vivre ensemble le handicap*. Dans d'autres classes, les projets peuvent être à plus court terme, par exemple, travailler autour de plusieurs albums pour l'apprentissage de la lecture.

La pédagogie de la découverte s'observe dans la CLIS des grands par l'activité d'escalade proposée dans le cadre de l'éducation physique et sportive avec l'aide d'un éducateur sportif. Elle permet aux élèves en situation de handicap de découvrir leur corps d'une manière différente et de leur prouver qu'ils sont capables, comme tous les autres enfants, de grimper en haut d'une paroi.

En termes de pédagogie différenciée, la plupart des enseignants essaient d'adapter leur enseignement en fonction des capacités de chaque élève, notamment en classe de CE1. En effet, après avoir effectué la nouvelle évaluation de début de CE1 exigée depuis la rentrée 2006, l'enseignante a constaté que parmi ses 25 élèves, dix n'étaient pas lecteurs. Elle a donc décidé, en lien avec l'autre enseignante de CE1, de constituer une classe avec 15 élèves, dont les dix non lecteurs, et une autre de 25, afin de mettre l'accent sur l'apprentissage de la lecture. Le maître E est également intervenu deux fois une heure par semaine pour tenter de faire rattraper le retard pris par ses élèves. Il semblerait que ce dispositif particulier ait porté ses fruits : les deux classes sont actuellement recomposées normalement. Certains enfants restent cependant toujours en difficulté et, pour cinq d'entre eux, des PRPE ont été mis en place.

Par ailleurs, dans une des deux classes de CP, l'enseignante divise sa classe en deux groupes. Un premier se dirige en bibliothèques centres documentaires (BCD) et l'autre en salle informatique. Ce deuxième groupe est ensuite encore divisé en deux sous-groupes. Une moitié d'élèves doit répondre à des questions proposées par l'ordinateur, et l'autre partie travaille avec l'enseignante en lecture à l'aide de fichiers Freinet. Le but est de faire trouver aux élèves des indices pour le déchiffrage d'une phrase à partir du sens des images. L'objectif pédagogique sous-jacent est que les élèves donnent un sens à leur lecture. L'apprentissage par la méthode syllabique n'étant pas suffisant d'après cette enseignante, il faut diversifier les supports.

Dans cette même classe de CP, les élèves utilisent une méthode particulière en mathématiques. Les enseignantes de CP et la maîtresse de CLIS des moyens ont contribué à son élaboration. Cette méthode, « En avant les maths », est accompagnée d'un cédérom traitant tout le programme de CP. D'après l'enseignante, cette méthode semble assez innovante pour deux raisons. Elle vise, d'une part, l'autonomie de chaque élève au travail. L'enfant évolue à son rythme en disposant d'un « classeur outils » avec des exercices de « remédiation », d'approfondissement et d'évaluation[12]. Elle permet, d'autre part, d'obtenir une fois par mois un bilan écrit où l'enseignante note les résultats des enfants. Cette année, les mêmes enseignantes participent à l'élaboration d'une méthode de lecture qui vise également à apporter à l'élève un soutien différencié.

En outre, dans la classe de CLIS des grands, l'enseignant tente d'adapter son activité de poésie aux particularités des élèves. Il demande ainsi à un de ses élèves qui refuse de parler en classe de s'enregistrer chez lui à la maison. Le lendemain, s'il donne son accord, la cassette est lue devant toute la classe. Sinon, le maître l'écoute chez lui et peut évaluer sa récitation. À travers cet étayage, l'enseignant tente de ne pas stigmatiser l'élève et de lui donner confiance pour que, progressivement, il se sente en sécurité dans l'expression au sein de la classe.

Concernant les devoirs à la maison, on peut remarquer différentes manières de procéder selon les niveaux de classe. Une dictée de mots préparés à la maison est faite en classe régulièrement, par exemple, pour vérifier les connaissances des élèves de CP et CE1. Dans une autre classe, le maître a ramassé les exercices de mathématiques donnés en devoirs à la maison. Il semble que peu d'élèves ne les avaient pas faits. Notons que le maître ne s'est pas attardé pour savoir pourquoi un ou deux élèves n'avaient pas effectué leurs devoirs ; il leur a seulement demandé de les lui apporter le lendemain. Les élèves paraissaient rassurés de ne pas s'être fait réprimander devant toute la classe. Après le cours, l'enseignant me confia qu'il pouvait réagir de cette manière non répressive car, cette année, il avait réussi à instaurer un climat de confiance et de respect avec les élèves, ce qui n'était pas le cas chaque année.

Par rapport à la variété de groupements des élèves dans les classes, il est intéressant de pointer le choix pédagogique effectué par les trois enseignants de CLIS. En effet, la répartition des élèves a été faite en fonction de leur âge et non de leur niveau scolaire, afin qu'ils vivent des situations qui correspondent davantage à leur maturité. L'on peut constater qu'en cours de mathématiques, certains élèves de la CLIS des grands travaillent sur des opérations à deux chiffres, alors que leurs camarades en sont aux millions. Mais il faut rappeler que seulement huit élèves sont inscrits dans cette CLIS et qu'une telle différenciation pédagogique est plus difficile à mettre en place dans une classe de 30 élèves !

Certains élèves de CLIS bénéficient d'une assistante de vie scolaire pour l'explication des consignes et amorcer leur participation aux diverses activités.

Pour conclure, on peut souligner qu'une stratégie commune vis-à-vis de la conduite des élèves en classe a été adoptée par tous les enseignants. Ils se sont mis d'accord pour pratiquer le système des feux de comportement décrit précédemment. Cette volonté d'homogénéité sur la discipline est importante pour que tous les élèves aient le même rapport à la loi dans l'école.

1.5 Vie scolaire

Pour prendre une part active aux prises de décisions qui affectent la qualité de vie dans l'école, un débat hebdomadaire qui dure environ 30 minutes a été mis en place dans chaque classe (surtout en cycle 3). L'objectif est d'instaurer un dialogue constructif entre les élèves. Ce débat doit être entièrement géré par eux ; un président de séance est nommé à chaque débat. Son rôle est de donner la parole à chacun et de la faire respecter.

Dans l'une des CLIS, les élèves ont à leur disposition une « boîte à mots » où ils peuvent déposer librement leurs suggestions et remarques pour l'ordre du jour du prochain débat. Un enseignant rapporte à cet égard un fait qui démontre bien que l'intégration des élèves en situation de handicap n'est pas chose facile : un des élèves de CLIS s'est fait traiter d'« handicapé » dans la cour de récréation. Lors du débat, l'enseignant est revenu sur ce fait et a tenté de les faire s'exprimer sur leur vécu d'« enfant handicapé ». Sans nier leur différence, il a tenté de leur apprendre à être critique par rapport à ce qu'ils peuvent entendre et à chercher à prendre du recul. Visiblement, ce n'est pas acquis pour tous les enfants, qui ont bien conscience de leur différence.

Dans la classe également, les enseignants accordent beaucoup d'importance au développement de l'esprit critique. Ils poussent les enfants à réfléchir pour qu'ils ne se laissent pas influencer par la réaction ou les opinions de leurs camarades : « *Ça, c'est sa manière de voir les choses, mais toi qu'en penses-tu ?* » Les élèves sont encouragés à s'exprimer librement et à demander de l'aide s'ils n'ont pas compris un exercice.

Sur le plan collectif, il existe trois conseils particuliers dans cet établissement : le grand conseil, le conseil de classe et le conseil d'école. Au sein du grand conseil siègent deux élèves représentants élus de chaque classe, soit 28 élèves, deux représentants des enseignants qui sont désignés par leurs pairs et enfin les représentants élus des parents d'élèves. Ce grand conseil se réunit environ quatre fois par an. Il est présidé par la directrice de l'école. Le conseil de classe désigne par vote démocratique les deux représentants de la classe pour le grand conseil. Il est présidé par un élève de la classe. Tous les élèves de la classe y participent avec leur enseignant. Les projets de classe ainsi que les éventuels problèmes rencontrés dans la semaine y sont abordés. Les enseignants font le point sur le comportement des élèves. Au sein du conseil d'école siègent tous les enseignants de l'école, des représentants élus de parents d'élèves, un représentant de la mairie, ainsi que le personnel technique de la ville de Lyon. Il est présidé par la directrice et se réunit trois fois par an. Il expose les différents projets réalisés dans l'école et propose au vote les projets à venir.

1.6 Coopération et « vivre ensemble » des élèves

Les interactions entre élèves ont lieu en classe surtout lors des séances de travail en sous-groupes. En sport, une initiative est à souligner dans la classe de CM2 : pour leur camarade handicapé, des élèves ont mis en place un système de « compensation » afin qu'il ne soit pas tenu à l'écart de la classe et qu'il puisse participer à la course sans que cela ne soit pénalisant pour leur équipe. Les élèves se sont mis d'accord entre eux pour que cet élève ayant des difficultés motrices parte avant l'équipe adverse.

En salle de classe, les élèves sont encouragés par leur maître à coopérer chaque fois que cela est possible. Il semble que les élèves (surtout les plus petits) aiment être mis en situation de responsabilité. Ils s'inscrivent, par exemple, spontanément dans le tableau des services où les tâches sont multiples (distribution des manuels, responsable du silence, de la propreté de la classe, etc.).

Dans cette école, on observe que certains élèves plus avancés dans leur travail se proposent spontanément pour aller aider leurs camarades qui ne l'ont pas terminé. C'est ainsi que, dans une classe de CM2, l'on peut trouver un outil intéressant permettant la valorisation de chaque élève. Il s'agit d'un « tableau d'entraide » à double entrée avec d'un côté le nom des élèves et de l'autre les disciplines scolaires de l'emploi du temps. Chaque élève vient s'inscrire en face de la ou des matières dans lesquelles il se sent le plus à l'aise. Le principe est alors simple : chaque élève sait qu'il peut compter sur un ou plusieurs camarades pour l'aider dans la matière où il se sent le plus faible. Ce système permet aux élèves dits « en difficulté » de se mettre en valeur en se prouvant à eux-mêmes et aux autres qu'ils sont, eux aussi, plus forts dans certaines matières, en éducation physique et sportive (EPS) par exemple. Il existe aussi des programmes d'interactions et de partage informels. Les élèves de CP se rendent par exemple en maternelle et vont lire une histoire à leurs camarades qui ne savent pas encore lire.

En ce qui concerne l'organisation du travail en classe de CM2, l'enseignant place les élèves en petits groupes hétérogènes de trois ou quatre élèves au sein desquels ces derniers se mettent d'accord pour élire un secrétaire et un rapporteur.

1.7 Implication des parents

Pour pouvoir connaître le degré d'implication des parents dans cette école, une demande écrite a été envoyée aux familles dont les enfants sont scolarisés en CLIS des grands et aux représentants de parents d'élèves. Sept des huit parents ont répondu favorablement.

Les parents sont informés de la vie de l'école par le cahier de liaison que l'élève rapporte chaque soir dans son cartable. Le lien se fait également lors des réunions d'information de début d'année ou lors des réunions avec toute l'équipe éducative pour aborder la question de l'orientation et du projet éducatif de l'enfant. La difficulté des parents à s'impliquer individuellement dans la vie de l'école provient du fait que la plupart des parents des élèves de CLIS habitent souvent très loin de l'école. Il n'existait pas de « CLIS handicap moteur » plus près de chez eux et, par conséquent, ne venant pas accompagner leurs enfants à l'école (un taxi financé par le conseil général prend en charge, matin et soir, le transport de leur enfant), ils n'ont pas l'occasion d'échanger avec les autres parents. Les familles ont toutefois pu contribuer à l'organisation de sorties et de voyages scolaires, notamment grâce à des collectes de fonds.

En ce qui concerne le projet éducatif particulier de leur enfant, les parents ne semblent pas bien connaître les dispositifs administratifs tels que le PPS. Lors de la réunion éducative de début d'année sur l'élaboration et la mise en œuvre du projet éducatif pour les enfants en situation de handicap, les parents et l'équipe éducative fixent des objectifs à atteindre pour leur enfant. Un suivi de scolarisation leur est ensuite proposé plusieurs fois par an. Cependant, même si les parents participent à l'élaboration du projet éducatif, on sent une certaine frustration de leur part au niveau de l'information sur les différentes orientations possibles proposées en milieu d'année. Certains parents ont le sentiment qu'ils ne connaissent pas toutes les structures qui pourraient accueillir leur enfant et craignent qu'on leur impose plus ou moins certains établissements. Malgré eux, ils font alors souvent confiance aux recommandations de l'enseignant. Pour que les choses évoluent, certains parents suggèrent que l'Inspection académique ou d'autres institutions leur fournissent un dossier présentant toutes les possibilités d'orientation pour leur enfant souffrant d'un handicap moteur. Ils souhaiteraient aussi être mieux informés sur les démarches administratives à accomplir pour obtenir par exemple une AVS.

À la suite de deux entretiens avec des parents, il semble que, selon leur niveau socioculturel, la scolarisation de leurs enfants est appréhendée de manière différente. Les parents qui ont un certain niveau de qualification se repèrent plus facilement dans le processus d'intégration de leur enfant. Les parents ont le sentiment que le système scolaire ne tient pas compte des besoins de chaque enfant. Nonobstant un certain nombre de difficultés, la communication parents-école semble être très bonne d'après la majorité des parents interviewés. Ils savent que la porte de l'école leur est toujours ouverte, le lien avec les enseignants s'effectue très aisément, soit par l'entremise du cahier de liaison ou, selon l'urgence, directement par téléphone. Il est possible de ressentir clairement cette ouverture de la part de la directrice et des enseignants, qui ont d'ailleurs très bien accueilli notre démarche d'observation qui pouvait être ressentie comme une intrusion dans les pratiques ou l'éthique de l'établissement. Il n'est pas sûr que pareille attitude puisse se rencontrer partout.

1.8 Organisation des récréations et des déplacements

L'organisation des récréations et des déplacements des élèves dans l'école est bien réglementée. Ces règles de conduite ont fait l'objet de discussions entre élèves en présence de l'enseignant en début d'année lors des débats hebdomadaires. Ce sont des règles valables pour tous les moments passés dans l'école. Pour faire respecter ce code de conduite, tous les enseignants ont mis en place un carnet de comportement avec un bilan effectué chaque fin de semaine et à faire signer par les parents.

Les récréations des élèves sont alternées pour des raisons d'encombrement et de possibles bousculades : les élèves du cycle 2 sortent en premier dans la cour et laissent ensuite la place aux élèves du cycle 3. On peut effectivement constater que ce dispositif ne permet pas aux élèves de différents niveaux scolaires et d'habiletés différentes de se rencontrer et d'interagir entre eux. Ainsi, les enfants en situation de handicap jouent rarement avec leurs camarades. Un jour de pluie, ces élèves se sont même retrouvés seuls dans une salle donnant sur la cour, « *pour éviter qu'ils ne se fassent bousculer* ». Telle était la justification donnée par un enseignant. Il a fallu demander à cet enseignant s'il avait pensé à proposer aux autres élèves d'aller jouer avec leurs camarades restés dans la salle. À la suite de cette suggestion, il est allé exposer la situation à un élève qui a bien voulu entrer dans la salle. On perçoit bien ici que l'interaction n'a pas été spontanée. Cependant, on ne peut tirer de conclusion hâtive. On peut, à l'inverse, parfois assister à des moments d'entraide et d'amitié entre deux élèves pendant le temps de classe. En effet, Félix (l'élève en situation de handicap intégré à plein temps dans une classe de CM2) est arrivé en retard un matin. Comme il met beaucoup de temps à sortir ses affaires de son cartable, un camarade est venu alors spontanément l'aider.

1.9 Ressources humaines et matérielles

Comme nous l'avons déjà souligné, le développement de l'autonomie des élèves fait partie de l'un des axes prioritaires du projet d'école, et l'importance des aides matérielles et humaines dont dispose cet établissement est considérable.

Concernant le matériel pédagogique, on l'a vu, certaines classes disposent de manuels qui permettent d'accommoder divers niveaux de compréhension et styles d'apprentissage (« En avant les maths » en CP, méthode expérimentale). Par rapport à l'accès à une variété de livres et de périodiques d'accompagnement ou d'enrichissement pour les élèves, la classe de CM2 dispose d'un périodique conçu pour les enfants (*Mon petit quotidien*). Les enseignants de CP ont également aménagé un « coin bibliothèque » au fond de la classe en libre accès pour permettre aux enfants d'aller prendre un livre quand ils ont terminé leur travail.

L'école est dotée d'une salle informatique avec 15 ordinateurs branchés en réseau et deux imprimantes. Rappelons que tous les élèves de cycle 3 et les collégiens doivent désormais passer le brevet informatique et Internet, qui a pour objectif de « spécifier un nombre de compétences signifiantes dans le domaine des technologies de l'information et de la communication et d'attester leur maîtrise par les élèves. Ces compétences devront être acquises par l'élève dans le cadre des activités quotidiennes de la classe » (Bulletin officiel n° 42 de l'Éducation nationale du 23 novembre 2000). La CLIS des grands dispose d'équipements audiovisuels tels qu'une caméra, des micros et du matériel spécialisé qui ont permis la réalisation du film sur lequel les élèves ont travaillé l'an passé dans le cadre d'un projet d'éducation à l'image. Dans les CLIS, certains élèves disposent aussi de claviers adaptés, de logiciels de traitement de texte avec un *feedback* sonore grâce à une synthèse vocale ou d'un logiciel pour la lecture « *pictup* »). La classe dispose également de logiciels en géométrie et de tableurs pour aider les élèves à poser des opérations en mathématiques sous forme de colonnes. Des règles antidérapantes sont aussi fournies aux élèves dyspraxiques. Certains élèves en intégration dans des classes ordinaires sont équipés d'un ordinateur portable.

Pour les enseignants, il est clair que la technologie permet d'augmenter le temps d'attention à la tâche et la motivation des élèves. De plus, on l'a vu avec le logiciel en mathématiques, elle facilite la prise en charge par l'élève de sa progression (contrôle du rythme et du niveau de difficulté de la tâche). En outre, elle rend l'élève plus autonome et exige peu de travail de supervision supplémentaire de la part de l'enseignante.

Soulignons cependant que, par rapport à l'acquisition de cet équipement informatique adapté, les enseignants de CLIS déplorent le fait que soit plutôt adoptée une « logique individuelle » au détriment d'une « logique collective d'établissement ». Une priorité est clairement donnée à l'individu par rapport au collectif. En conséquence, les enseignants se voient contraints de contourner les dispositifs en effectuant des demandes à titre individuel, mais en les attribuant finalement à la classe dans son ensemble.

Pour conclure sur le matériel adapté, les enfants en fauteuil ont également la possibilité d'utiliser un « verticalisateur » leur permettant de se tenir debout et de renforcer la musculature de leurs jambes.

L'école Édouard Herriot dispose d'un grand nombre de ressources humaines étant donné, notamment, l'existence des trois CLIS dans cette école « ordinaire ». Plusieurs types de soutien sont proposés. Certains élèves, dont Félix intégré à plein temps en CM2, bénéficient d'une auxiliaire de vie scolaire individuelle (AVSI). Elle apporte un soutien à un seul élève handicapé et a pour mission de l'épauler dans les situations d'apprentissage (aide à la concentration, au repérage dans l'espace de sa feuille, etc.). Il existe également deux AVS « collectives » qui sont rattachées à la classe. Elles sont chargées d'aider l'enseignant ou les élèves en situation de handicap selon les besoins.

Deux autres types de professionnels interviennent également dans l'école pour apporter un soutien spécialisé dans la classe ou en individuel : le RASED et le SESSAD.

Le RASED est composé d'un enseignant appelé maître E et d'un enseignant rééducateur appelé maître G qui travaillent avec les élèves sur le plan de leur comportement, et d'une psychologue scolaire. Ce réseau intervient au sein de l'école sur demande des enseignants et s'adresse aux élèves en difficultés scolaires. Le maître E est contacté par les enseignants qui lui signalent des élèves en grandes difficultés d'apprentissage. Son rôle est de fixer des objectifs de scolarité et de prévoir des aides pédagogiques adaptées en fonction des besoins de chaque élève. Ces objectifs sont fixés lors d'une réunion de synthèse à laquelle participent les autres membres du réseau, l'enseignant, la directrice et le personnel médicosocial. Lors d'un entretien avec cette enseignante maître E, celle-ci a insisté sur le fait que, dans cette école, contrairement à d'autres, tous les partenaires étaient présents à cette réunion, ce qui permettait d'avoir un regard croisé sur la situation de l'enfant. Cette enseignante partage son temps de travail entre quatre écoles : deux journées dans trois écoles du quartier et deux jours entiers à l'école Édouard Herriot, où les besoins sont plus importants.

Elle propose par exemple des ateliers de conscience phonologique en petit groupe dans la classe. Lors de ses interventions individualisées, elle travaille beaucoup sur les représentations des élèves et sur l'explicitation (« *comment tu as fait, comment tu vas t'y prendre ?* »). Son objectif est de valoriser et de redonner confiance aux élèves qui ont conscience de leurs difficultés. Lors de l'entretien, elle a néanmoins pointé le manque de moyens financiers dont elle dispose pour acquérir notamment tous les outils pédagogiques adaptés dont elle aurait besoin. Le SESSAD est composé d'une orthophoniste, d'une ergothérapeute, de kinésithérapeutes, d'éducateurs spécialisés, d'une psychomotricienne et d'une orthoptiste (pour les problèmes de vue). Deux de ces professionnels ont été interviewés. L'orthophoniste travaille à l'école auprès des élèves concernés par un PPS. Avec certains élèves en situation de handicap, elle utilise notamment le Makaton[13]. Pour que cette méthode de langage fonctionne, il a fallu que les enseignants et les parents des élèves concernés se forment aussi, comme les orthophonistes. Le travail de l'ergothérapeute consiste à rendre l'enfant le plus autonome possible grâce, notamment, à l'apprentissage de l'informatique adaptée qui aide les enfants en situation de handicap ayant des difficultés d'écriture. En CLIS handicap moteur, où de nombreux élèves sont dyspraxiques, elle les aide également à automatiser leurs gestes pour l'acquisition de l'écriture. Pour éviter de mettre en échec l'enfant, elle doit souvent passer par l'oral avant d'accomplir le geste. Mais son principal objectif consiste à rassurer les élèves, et à assurer la progression des apprentissages, de telle sorte que l'enfant prenne confiance en lui et réussisse.

Le SESSAD se veut d'être un lieu d'accueil et d'écoute pour les familles, et il semblerait que les parents s'y impliquent davantage qu'à l'école du fait qu'ils sont présents pour y accompagner leurs enfants les mercredis ou parfois à des sorties proposées par les éducatrices spécialisées « référentes » pour leur enfant.

L'école dispose d'une infirmière présente deux jours par semaine, d'une assistante sociale, présente également deux jours, et d'un médecin scolaire, qui intervient une journée. Pour favoriser la réussite des élèves en plus grande difficulté, l'assistante sociale peut proposer aux familles, par exemple, un soutien scolaire en dehors de l'école, en lien avec la maison de la jeunesse et de la culture près de l'école. Des aides provenant de la mairie sont aussi présentes. Selon un enseignant de CLIS, ces personnes lui apportent un réel soutien : il peut travailler avec ces élèves de manière plus efficace et sereine que s'il devait s'absenter pour aller accompagner, par exemple, un élève aux toilettes, laissant ses autres élèves sans surveillance. De plus, il se crée une certaine intimité avec les élèves que peuvent difficilement avoir les enseignants, car certains enfants se confient plus facilement à ces personnes lors de moments informels, loin du grand groupe d'enfants. Elles peuvent parfois jouer un rôle de médiateur entre les élèves et leur enseignant.

Dans le prolongement de la Loi du 10 février 2005 sur l'égalité des droits et des chances, la participation et la citoyenneté des personnes handicapées, des enseignants référents ont d'une part été nommés depuis la rentrée 2006 dans chaque circonscription. Leur rôle est de siéger à la MDPH pour défendre l'intérêt des élèves en situation de handicap. Ils devraient constituer les rouages essentiels de la mise en œuvre des PPS conçus pour les élèves handicapés et être en mesure d'apporter pleinement leur contribution aux travaux des équipes pluridisciplinaires d'évaluation de la MDPH, en lien constant avec les équipes éducatives de suivi de la scolarisation. Néanmoins, malgré ce dispositif, il semble, d'après l'entretien réalisé avec l'un des parents d'élèves, que cette initiative n'a pas été encore bien relayée auprès des parents, qui n'ont pas connaissance de son existence. D'autre part, l'Académie a lancé un plan de formation des « enseignants ressources handicap ». L'objectif à moyen terme serait de former pour chaque école un enseignant ressource. Cependant, cette formation dure actuellement une semaine. On peut se demander si ce temps restreint suffit à former des personnes réellement compétentes.

On a pu constater que l'école dispose d'aides matérielles et humaines assez importantes. Cependant, il convient de rapporter le point de vue de la directrice, qui considère que cette école est difficile à gérer du fait de la diversité du personnel qui gravite autour des classes et, surtout, du fait du fonctionnement particulier de l'adaptation et de la scolarisation des élèves handicapés (ASH), qui requiert une bonne connaissance de toutes les procédures administratives.

CONCLUSION

L'observation des pratiques inclusives dans les classes et lors des moments informels de la récréation ou de la cantine fait apparaître que le fonctionnement de cette école va bien dans le sens de l'inclusion de tous les élèves, en situation de handicap ou en difficulté d'adaptation ou d'apprentissage. Néanmoins, on l'a souligné, il semble que les interactions entre élèves soient encore trop peu fréquentes, lors des récréations par exemple.

Il semblerait également que la mise en place des dispositifs autour de la scolarisation des élèves en situation de handicap n'est pas perçue comme un processus simple, ni pour les parents ni pour l'équipe éducative. Pourtant, l'école accueille depuis longtemps dans des classes désignées des élèves à besoins particuliers, mais cela exige de bien connaître tous les partenaires et la logique de fonctionnement des différentes institutions.

Par ailleurs, comme le précise la directrice, il faudrait que dans les écoles et les collèges se construise une véritable culture du handicap et de l'inclusion. Avec la Loi de 2005, le nombre d'enfants en situation de handicap scolarisés en milieu ordinaire ira croissant, et cette culture devrait se construire petit à petit. Pour construire ou renforcer cette culture de l'inclusion, il semble nécessaire de porter l'accent sur la formation et la sensibilisation au handicap de tous les professionnels. Lors des entretiens, ce problème a souvent été pointé. L'enseignante qui occupe le poste de CLIS des petits considérait, par exemple, que sa formation en cours pour préparer le certificat d'aptitude profes-sionnelle pour les aides spécialisées, les enseignements adaptés et la scolarisation des élèves en situation de handicap (CAPASH) n'était pas vraiment adaptée à ses besoins. Cette formation était trop axée sur la connaissance physique du handicap et elle souhaitait être davantage armée au plan pédagogique.

On ressent bien que l'école semble avoir la capacité de se mouvoir rapidement pour tenter de répondre au plus près aux besoins particuliers des élèves. Le regroupement des trois CLIS dans un même établissement ordinaire a provoqué une dynamique de l'inclusion au sein de toute l'équipe éducative.

RÉFÉRENCES BIBLIOGRAPHIQUES

Bulletin officiel du ministère de l'Éducation Nationale et du ministère de la Recherche, n° 42 du 23 novembre 2000. Brevet informatique et internet (B2i), école-collège. [En ligne]. <http://www.education.gouv.fr/bo/2000/42/encart.htm> (Consulté le 26 avril 2010).

La loi n° 2005-102 du 11 février 2005 pour l'égalité des droits et des chances, la participation et la citoyenneté des personnes handicapées comprend des dispositions exigeant de nombreux ajustements réglementaires dans le domaine de la scolarisation des élèves handicapés.

Pour permettre la mise en application de ces dispositions
Le décret n° 90-788 du 6 septembre 1990 relatif à l'organisation et au fonctionnement des écoles maternelles et élémentaires a été modifié par le décret n° 2005-1014 du 24 août 2005.

Le décret n° 96-465 du 29 mai 1996 relatif à l'organisation de la formation au collège a été modifié par le décret n° 2005-1013 du 24 août 2005.

Trois décrets concernant l'enseignement scolaire
Le décret n° 2005-1752 du 30 décembre 2005 relatif au parcours de formation des élèves présentant un handicap (application des articles L.112-1, L.112-2, L.112-2-1, L.351-1 du Code de l'éducation). Il précise les dispositions qui permettent d'assurer la continuité du parcours de formation de l'élève présentant un handicap, y compris lorsque ce dernier est amené à poursuivre sa scolarité dans un établissement de santé ou dans un établissement médicosocial, ou lorsqu'il doit bénéficier d'un enseignement à distance. Il prévoit en particulier que tout élève handicapé a désormais un référent, chargé de réunir et d'animer les équipes de suivi de la scolarisation prévue par la loi pour chacun des enfants ou adolescents dont il est le référent. Sa mise en œuvre est complétée par un arrêté relatif aux missions et au secteur d'intervention de l'enseignant référent et par une circulaire. <http://www.legifrance.gouv.fr/affichTexte.do?cidTexte=JORF TEXT000000456016&dateTexte=>.
Le décret n° 2006-509 du 3 mai 2006 relatif à l'éducation et au parcours scolaire des jeunes sourds (application de l'article L.112-2-2 du Code de l'éducation). Il a pour objet de préciser les conditions dans lesquelles s'exerce, pour les jeunes sourds et leurs familles, le choix du mode de communication retenu pour leur éducation et leur parcours scolaire. <http://www.legifrance.gouv.fr/affichTexte.do?cidTexte=JORFTEXT000 000816538&dateTexte=>.
Le décret n° 2005-1617 du 21 décembre 2005 relatif aux aménagements des examens et concours de l'enseignement scolaire (codifié aux articles D.351-27 à D.351-32 du Code de l'éducation) et de l'enseignement supérieur pour les candidats présentant un handicap (application de l'article L.112-4 du Code de l'éducation). Il donne une base juridique plus solide aux conditions d'aménagement prévues par la circulaire n° 2003-100 du 25 juin 2003. Par ailleurs, outre les aménagements explicitement prévus dans cette circulaire et par la loi du 11 février 2005, il prévoit la possibilité de conserver pendant cinq ans les notes des épreuves ou des unités obtenues aux examens, ou d'étaler, sur plusieurs sessions, des preuves d'un examen. Il est entré en vigueur au 1er janvier 2006, à l'exception de certaines dispositions relatives à la possibilité d'étalement des épreuves et de conservation des notes sur plusieurs sessions prévues la session 2007 des examens et concours. <http://www.legifrance.gouv.fr/affichTexte.do?cid Texte=JORFTEXT000000456607&dateTexte=>.
La circulaire n° 2006-215 du 26 décembre 2006 apporte des précisions sur sa mise en œuvre. <http://www.education.gouv.fr/bo/2007/1/ MENE0603102C.htm>.

Arrêté relatif aux enseignants référents et à leur secteur d'intervention – Arrêté du 17 août 2006. <http://www.legifrance.gouv.fr/affichTexte.do?cidTexte= JORFTEXT000000788369&dateTexte=>.

Les enseignants référents et leurs secteurs d'intervention – Circulaire relative à la mise en œuvre et au suivi personnalisé de scolarisation. <http://www. education.gouv.fr/bo/2006/32/MENE0601976A.htm>.

Scolarisation des élèves handicapés : préparation de la rentrée 2006 – Circulaire interministérielle relative à la scolarisation des élèves handicapés. <http://www.education.gouv.fr/bo/2006/31/MENE0601960C. htm>.

Préparation de la rentrée 2007 – Circulaire du 9 janvier 2007 : préparation de la rentrée 2007 : paragraphe sur l'égalité des chances pour les élèves handicapés. <http://www.education.gouv.fr/bo/2007/3/MENE0700047C. htm>.

NOTES

[1] Loi du 11 février 2005 pour l'égalité des droits et des chances, la participation et la citoyenneté des personnes handicapées.

[2] Institué par le décret n° 2005-1752 du 30 décembre 2005.

[3] Décret n° 2005-1617 du 21 décembre 2005.

[4] Commission créée, à la suite du Rapport n° 3161 de M. Jean-François Chossy sur la mise en application de la loi n° 2005-102, par décret n° 2005-1589 du 19 décembre 2005.

[5] Décret n° 2005-1587 du 19 décembre 2005.

[6] Au 30 juin 2007, 4 827 assistants d'éducation-AVSi (individuel) et 1 626 assistants d'éducation-AVSco (collectif) étaient en fonction. Pour compléter leur intervention, du personnel a été recruté sur des contrats d'accompagnement dans l'emploi (CAE) ou sur des contrats d'avenir (CAV) pour assurer l'aide à la scolarisation des élèves handicapés (ASEH), plus particulièrement dans les écoles maternelles. Plus de 7 185 personnes ont été recrutées à cet effet. Source : MEN, 2007.

[7] Cycle 1 : correspond aux trois classes de maternelle ; cycle 2 : grande section de maternelle, cours préparatoire (CP), cours élémentaire 1 (CE1) ; cycle 3 : CE2, CM1 (cours moyen 1), CM2.

[8] Rappelons que « se situer comme élève » est le thème principal de ce projet d'école.

[9] Enseignants spécialisés chargés de l'enseignement et de l'aide pédagogique auprès des enfants en difficulté à l'école préélémentaire et élémentaire.

¹⁰ Enseignants spécialisés chargés de rééducation qui travaillent sur le comportement des élèves.

¹¹ En page couverture de ce livret sont précisées les conditions pour obtenir ces « feux de comportement »: « Si je me suis bien comporté(e) et si j'ai perdu moins de 5 points, j'obtiendrai un feu vert [...] si j'ai deux feux rouges consécutifs, je suis privé(e) de la prochaine sortie scolaire. »

¹² Ce cédérom propose aux enfants, de manière très ludique, de réécouter la consigne, de se la faire expliquer s'ils n'ont pas compris la première fois. Ils ont aussi la possibilité de revenir sur leurs erreurs et d'essayer de les corriger. Avec un système de feu rouge, l'enfant est renvoyé automatiquement en arrière et est amené à revoir ainsi les bases pour qu'il puisse progresser.

¹³ Le programme Makaton a été mis au point en 1973-1974 par Margaret Walker, orthophoniste britannique, pour répondre aux besoins d'un public d'enfants et d'adultes souffrant de troubles d'apprentissage et de la communication. C'est un programme d'éducation au langage, constitué d'un vocabulaire fonctionnel utilisé avec la parole, les signes et/ou les pictogrammes. Il a pour objectifs d'améliorer la compréhension et de favoriser l'« oralisation » ainsi que de structurer le langage oral et le langage écrit. Il doit aussi permettre de meilleurs échanges au quotidien et d'optimiser l'intégration sociale.

Pratiques exemplaires en inclusion scolaire au Nouveau-Brunswick francophone : d'une politique d'intégration scolaire à l'implantation d'une pédagogie de l'inclusion

Raymond Vienneau

Le Nouveau-Brunswick est perçu aujourd'hui « comme un leader dans le domaine de l'inclusion scolaire, tant au plan national qu'international. Les différents intervenants en éducation et la population en général appuient le principe de l'inclusion et personne ne veut retourner en arrière » (Dumas, 2006, p. 8). De plus, certaines écoles « ont su démontrer qu'il était possible d'atteindre l'excellence en éducation tout en pratiquant l'inclusion ». Comment ? « Ces différents milieux ont centré leurs énergies sur la pédagogie, sur la formation continue de leur personnel, sur la collaboration entre les différents intervenants et sur la croyance que tous les élèves peuvent réussir. » Enfin, « les administrateurs de ces écoles et de ces districts avaient la ferme conviction qu'ils pouvaient réussir » (l'inclusion scolaire) « et ont consacré toutes leurs ressources et énergies à cet objectif » (Dumas, 2006, p. 8).

Le Nouveau-Brunswick a effectivement raison d'être fier de son rôle de « pionnier de l'inclusion scolaire » (Mackay, 2006, p. 12), rôle attesté entre autres par l'Organisation de coopération et de développement économiques (OCDE) qui, dès sa première étude consacrée à *L'intégration scolaire des élèves à besoins particuliers* (OCDE, 1995), reconnaissait que le Nouveau-Brunswick avait joué un rôle moteur dans l'intégration scolaire au cours de la décennie précédente (1985-1995), si bien que parmi les pays membres de l'OCDE, seul « l'Italie est celui qui a réussi une intégration d'ampleur comparable à l'échelle du pays » (OCDE, 1999, p. 93).

Or qu'en est-il au juste ? Bien que l'auteur d'un rapport de l'étude sur l'inclusion scolaire au Nouveau-Brunswick considère « exagéré » de prétendre que le système d'éducation de la province soit en état de crise (MacKay, 2006), il n'en reconnaît pas moins que ce système « est soumis à un stress considérable et qu'il en est à un tournant important » (MacKay, 2006, p. 13). Dans son mémoire soumis dans le cadre de cette même étude, l'Association des enseignantes et des enseignants francophones du Nouveau-Brunswick (AEFNB) rappelle que la présence en classe ordinaire des élèves dits exceptionnels et des autres élèves à besoins particuliers « augmente considérablement la tâche de l'enseignante ou de l'enseignant qui doit faire face à une dynamique particulière entourant la composition de sa salle de classe », et conclut en l'urgence d'entamer des actions concrètes « afin d'appuyer ce qui va bien et supprimer ou atténuer les irritants afin de faire progresser l'inclusion scolaire dans nos écoles francophones du Nouveau-Brunswick, tout en améliorant les chances de réussite de tous les élèves » (AEFNB, 2005, p. 14).

En fait, on pourrait tenter de résumer le défi actuel du système scolaire de cette province canadienne comme étant celui de passer d'une politique d'intégration scolaire à une pédagogie de l'inclusion (Ainscow, 2000 ; Clark, Dyson, Millward et Robson, 1999 ; Downing et Eichinger, 2003). L'inclusion scolaire, implantée en tant que modèle pédagogique, dont le but serait de répondre aux besoins particuliers de tous les élèves de la classe ordinaire, qu'ils soient ou non handicapés ou en difficulté, serait alors bénéfique à l'apprentissage et au développement social de tous les élèves de la classe ordinaire (Baker, Wang et Walberg, 1994-1995 ; Lipsky et Gardner, 1996 ; Wang, 1997).

Cela dit, la pédagogie de l'inclusion est-elle la réalité vécue dans chaque classe ordinaire de chaque école primaire et secondaire du Nouveau-Brunswick ? Probablement pas. L'inclusion accompagnée de son corollaire pédagogique, la pédagogie de l'inclusion, est-elle aujourd'hui implantée dans certaines écoles du Nouveau-Brunswick ? L'objectif du présent rapport est précisément d'illustrer cette implantation, même imparfaite à certains égards, d'une pédagogie de l'inclusion scolaire dans une école francophone du Nouveau-Brunswick, soit une école secondaire en milieu urbain (école recevant des élèves de la 9e à la 12e année).

Avant de procéder à la présentation de ces pratiques exemplaires en inclusion scolaire, nous présenterons dans un premier temps le contexte général à l'intérieur duquel se déroule cette expérience d'inclusion, soit plus précisément le contexte social (organisation scolaire et structure de gouverne en éducation au Nouveau-Brunswick), le contexte historique (étapes ayant mené au modèle actuel pour la livraison des services en adaptation scolaire), le contexte légal (articles de la *Loi sur l'éducation* relatifs aux services éducatifs destinés aux élèves dits « exceptionnels ») et, enfin, le contexte pédagogique à l'intérieur duquel s'insère ce projet d'inclusion scolaire (efforts de renouvellement pédagogique et introduction d'une pédagogie différenciée).

Dans la seconde partie de ce texte, nous procéderons à une présentation des résultats d'une recherche effectuée au cours de l'année scolaire 2006-2007, étude visant à illustrer certaines de ces pratiques exemplaires vécues dans le domaine de l'inclusion scolaire au Nouveau-Brunswick francophone. Une première section présentera brièvement le contexte de la recherche (méthodologie utilisée et démarches du chercheur) ; suivront ensuite les principaux résultats de l'étude, regroupés sous les six thèmes suivants : plans éducatifs du district et de l'école ; installations scolaires, aménagement et accessibilité ; ressources humaines et matérielles pour l'apprentissage ; gestion du temps d'apprentissage et stratégies d'enseignement ; vie scolaire et entraide entre les élèves ; et, enfin, implication des parents. Une conclusion générale sera proposée dans la troisième et dernière partie de ce texte.

1. CONTEXTE GÉNÉRAL DE L'INCLUSION SCOLAIRE AU NOUVEAU-BRUNSWICK

1.1 Organisation scolaire et structure de gouverne en éducation au Nouveau-Brunswick

La province du Nouveau-Brunswick compte actuellement 14 districts scolaires, dont cinq districts scolaires francophones. Les effectifs scolaires totaux des 99 écoles du secteur francophone s'élevaient pour l'année scolaire 2006-2007 à 32 353 élèves, soit 28,8 % des effectifs scolaires provinciaux (MÉNB, 2007a). L'ordre d'enseignement du primaire comprend neuf années ou classes, soit celles de la maternelle à la 8ᵉ année, alors que l'ordre du secondaire en comporte quatre, soit celles de la 9ᵉ à la 12ᵉ année. La structure de gouverne actuelle (MÉNB, 2004) établit trois niveaux de responsabilités : le ministre de l'Éducation en poste, les conseils d'éducation de district (CED) élus localement et la direction générale (DG) embauchée par le CED. Plusieurs de ces responsabilités correspondent dans les faits à des rôles partagés entre le ministère de l'Éducation et la direction générale du district, dont les décisions « sont prises au nom du CED » et « sont assujetties à toutes les directives du CED » (MÉNB, 2004, p. 9). Par exemple, en ce qui concerne le placement des élèves, le ministre doit veiller à l'application des normes de base établies pour l'ensemble de la province, telles que définies dans la *Loi sur l'éducation*, alors qu'« il revient à la direction générale d'évaluer les capacités des élèves et de déterminer le niveau scolaire, le groupe d'élèves, le programme, les services et le placement scolaire appropriés, selon les besoins des élèves et les ressources du district scolaire » (MÉNB, 2004, p. 3). Nous reviendrons sur les conséquences de ces rôles partagés en ce qui a trait aux variations observées dans l'application de certains articles de la *Loi sur l'éducation*.

1.2 Contexte historique de l'inclusion scolaire au Nouveau-Brunswick

La *Loi sur l'enseignement spécial*, adoptée en 1957, attribuait au ministère de l'Éducation la responsabilité d'offrir des services éducatifs aux élèves formellement identifiés comme ayant une déficience intellectuelle ou un handicap physique sévère (p. ex.: paralysie cérébrale). Ces services étaient offerts dans des écoles ou des centres d'éducation spéciale par l'entremise d'une société commanditaire, en l'occurrence les sections locales de l'Association canadienne pour la déficience mentale, devenue depuis l'Association canadienne pour l'intégration communautaire. Au moins deux conditions devaient être rencontrées pour l'ouverture de ces classes spéciales : la présence d'au moins cinq élèves dûment diagnostiqués et le parrainage d'une société commanditaire. Aussi, « les élèves de certaines régions ne reçoivent pas de services parce que cette association n'est pas présente partout au Nouveau-Brunswick » (Dumas, 2006, p. 1).

De nombreux rapports prépareront le terrain au cours des années 1970 pour mener à l'adoption d'une politique scolaire davantage « inclusive » au Nouveau-Brunswick. Le rapport signé par MacLeod et Pinet (1973) se montrera particulièrement audacieux en préconisant l'intégration du système d'éducation spéciale au système scolaire public et en recommandant

> que le ministère de l'Éducation finance l'éducation de tous les enfants incluant ceux ayant un handicap intellectuel sévère, que les élèves exceptionnels fréquentent les cours réguliers en autant que possible, que l'identification des élèves et les diagnostics soient plus précis et que tous les ministères du gouvernement travaillent ensemble pour répondre aux besoins des élèves exceptionnels (Dumas, 2006, p. 2).

Le processus menant à l'intégration scolaire de tous les élèves avec handicaps ou en difficulté d'adaptation ou d'apprentissage (EHDAA), c'est-à-dire vers l'inclusion scolaire au Nouveau-Brunswick[1], se poursuivra et s'intensifiera au courant des années 1980. En septembre 1983, Claire Correia, directrice générale adjointe du district scolaire de Saint-John, et Léonard Goguen, professeur à l'Université de Moncton, soumettent leur Rapport final de l'étude concernant la Loi sur l'enseignement spécial du Nouveau-Brunswick. Le rapport Correia-Goguen, qui est « certainement le rapport le plus important dans la petite histoire de l'intégration [...] au Nouveau-Brunswick » (Dumas, 2006, p. 12), recommande que les enfants ayant des besoins d'apprentissage particuliers soient « assurés de recevoir les services appropriés prévus par la *Loi scolaire du Nouveau-Brunswick* » (Correia et Goguen, 1983, p. 25).

Le 18 juin 1986 constitue une date importante dans l'histoire de l'éducation publique au Nouveau-Brunswick, puisque c'est à cette date que l'Assemblée législative de cette province adopte le projet de Loi 85, qui modifiait sensiblement la loi scolaire existante et qui, surtout,

abrogeait la *Loi sur l'enseignement spécial* de 1957. Avec l'adoption de
la nouvelle *Loi scolaire* (1986), devenue depuis la *Loi sur l'éducation*
du Nouveau-Brunswick (1997), une seule loi régira désormais les
programmes et les services éducatifs de la très grande majorité des
élèves de la province, exception faite de deux catégories d'élèves à
besoins particuliers à incidence peu élevée, soit celles des élèves avec
un handicap visuel et des élèves avec un handicap auditif, services qui
étaient alors régis par la *Loi sur l'enseignement aux handicapés de l'ouïe
et de la vue* et qui desservait les élèves handicapés sensoriels des quatre
provinces de l'Atlantique. Cette exception sera corrigée dès l'année
suivante, lorsque le secteur francophone choisira de rapatrier l'administration de ces services spécialisés. Ainsi, depuis 1987, les services
éducatifs de tous les enfants et de tous les jeunes d'âge scolaire sont
régis par une seule loi au Nouveau-Brunswick : la *Loi sur l'éducation*.
L'intégration administrative[2] est ainsi complétée.

1.3 Contexte légal de l'inclusion scolaire au Nouveau-Brunswick

L'article 45 (2.1) de la première *Loi scolaire* (1986) qui intégrait les
services destinés aux élèves avec handicaps intellectuels et aux élèves
avec handicaps physique graves, dénommés « élèves exceptionnels »
au Nouveau-Brunswick, stipulait qu'« un conseil scolaire doit placer
les élèves exceptionnels pour qu'ils suivent et reçoivent respectivement
des programmes et services d'adaptation scolaire conjointement avec
des élèves non exceptionnels dans des salles de classe régulières, dans
la mesure où le conseil scolaire tient compte des besoins éducatifs de
tous les élèves ».

En 1988, le secteur francophone du ministère de l'Éducation du
Nouveau-Brunswick publie son *Énoncé de principe sur l'intégration
scolaire*, alors que le secteur anglophone publie pour sa part son
document d'orientation intitulé *Working Guidelines on Integration*. Ces
deux documents officiels « abordent la question de l'intégration des
élèves exceptionnels de façon différente et proposent des approches
distinctes » (Dumas, 2006, p. 5).

Du côté francophone, on soutient alors que « si l'on accepte que
le placement d'un élève n'est jamais définitif et que plus d'un milieu

est nécessaire pour répondre aux besoins de l'ensemble des élèves exceptionnels » (MÉNB, 1988, p. 15), il convient de retenir diverses options éducatives, allant de l'inclusion totale (première des huit options retenues) à celle d'un enseignement à domicile (8ᵉ option) ou d'un placement dans une école spécialisée (7ᵉ option), placement qu'on doit cependant éviter « à moins de circonstances exceptionnelles » (MÉNB, 1988, p. 18). Ce choix d'options éducatives, qui s'inspire du célèbre « système en cascade » (Trépanier, 2005), va évidemment à l'encontre de l'esprit de l'article 45.

Le secteur francophone rectifiera le tir quelques années plus tard lors de la publication d'un guide administratif à l'intention des conseils scolaires, intitulé *L'éducation des élèves exceptionnels* (MÉNB, 1991). Ce guide rappelle en effet que l'éducation des élèves exceptionnels doit se faire « dans des salles de classes ordinaires avec des élèves non exceptionnels » et que « les conseils scolaires et leur personnel doivent mettre en œuvre les mécanismes nécessaires à l'atteinte de cet objectif pour l'ensemble des élèves exceptionnels » (MÉNB, 1991, p. 26).

Des changements dans la structure de gouverne du système d'éducation entraîneront des modifications à la *Loi scolaire* du Nouveau-Brunswick (1990). La nouvelle *Loi sur l'éducation* (1997) conservera ses dispositions pro-inclusion, bien que la portée de l'article concernant le placement en classe ordinaire, désormais l'article 12 (3), sera légèrement atténuée par l'ajout des mots « dans la mesure du possible » en prélude à cet important article de la loi :

> Dans la mesure du possible et en tenant compte des besoins en éducation de tous les élèves, le directeur général concerné doit placer un élève exceptionnel dans une classe régulière pour qu'il y reçoive les services et les programmes d'adaptation scolaire et afin qu'il puisse participer avec des élèves qui ne sont pas des élèves exceptionnels.

La *Loi sur l'éducation* (1997) fournit néanmoins un contexte légal propice à l'implantation d'une inclusion scolaire totale (« *full inclusion* ») au Nouveau-Brunswick, le fardeau de la preuve pour exclure un élève dit exceptionnel de la classe ordinaire reposant sur les autorités scolaires qui doivent démontrer que cette inclusion est impossible pour tel ou tel élève ou qu'elle empêche de répondre aux besoins éducatifs des autres élèves de la classe ordinaire. Or, pour répondre aux besoins éducatifs de chacun de ces élèves de la classe ordinaire, y compris évidemment les besoins particuliers des EHDAA qui y sont inclus, un minimum d'individualisation du processus d'enseignement-apprentissage doit être pratiqué par l'enseignante ou par l'enseignant. L'inclusion scolaire, lorsqu'elle n'est pas accompagnée d'une pédagogie de l'inclusion, risque en effet de se limiter à la seule intégration physique des EHDAA. Comme « l'inclusion scolaire n'est pas toujours synonyme d'une pédagogie de l'inclusion » (Vienneau, 2006, p. 8), le contexte pédagogique dans lequel se pratique cette inclusion scolaire revêt une importance déterminante.

1.4 Contexte pédagogique de l'inclusion scolaire au Nouveau-Brunswick

Le portrait général du contexte de l'inclusion scolaire au Nouveau-Brunswick ne pourrait être complet sans aborder la toile de fond (*background*) pédagogique de son système d'éducation. À l'instar de nombreuses juridictions scolaires partout au Canada et un peu partout dans le monde, la province entreprend au cours des années 1990 un important « virage pédagogique », en se donnant comme mission de « guider les élèves vers l'acquisition des qualités requises pour devenir des apprenants perpétuels afin de se réaliser pleinement et de contribuer à une société changeante, productive et démocratique » (MÉNB, 1993, p. 2). Pendant la décennie qui suivra, l'accent sera placé sur le renouvellement des pratiques pédagogiques, l'établissement d'un milieu propice à l'apprentissage de tous, la mise en place de communautés d'apprenantes et d'apprenants dont l'enseignante et l'enseignant feront intégralement partie, l'établissement d'échanges et de partenariats avec les familles, les entreprises et les associations et, enfin, sur la formation d'une équipe école « qui travaille à l'émergence de projets pédagogiques qui rallient les énergies autour de la réussite éducative » (MÉNB, 1995, p. 21).

Ce virage pédagogique sera davantage mis en évidence du côté francophone. Ainsi, alors que le secteur anglophone du ministère de l'Éducation publie en 1994 un document officiel proposant ses « *best practices for inclusion* », le secteur francophone du même ministère publie l'année suivante la première d'une série de monographies menant *Vers une école primaire renouvelée* (1995, 1996, 2000), soit le document intitulé *L'école primaire* (MÉNB, 1995). On y reconnaît, entre autres choses, que « les situations d'apprentissage doivent viser le développement global et intégral de l'enfant » et que « tout élève peut et veut apprendre », chacun apprenant à son rythme et selon des modalités qui lui sont propres (MÉNB, 1995, p. 3). À ces deux premiers de six principes directeurs, s'ajoutent la reconnaissance de l'habileté à communiquer pour la vie en société, la reconnaissance du rôle des interactions sociales dans le développement intellectuel et social, et de celui de la démarche de résolution de problèmes dans le développement d'habiletés de niveau supérieur, ainsi que la responsabilisation de l'élève à titre de premier artisan de sa formation.

Un document similaire, consacré cette fois à *L'école secondaire renouvelée* (2002), retiendra essentiellement les mêmes principes directeurs de l'école primaire renouvelée, en insistant de manière particulière sur la construction de savoirs fiables, durables et transférables, et en ajoutant une préoccupation propre à cet ordre d'enseignement, soit la reconnaissance que l'école joue un rôle important dans la promotion et le développement de l'identité personnelle et culturelle des élèves (MÉNB, 2002). Dans sa version actuelle, accessible en ligne, *Le secondaire renouvelé... pour un monde nouveau*, on propose l'adoption d'un modèle pédagogique visant « le développement optimal de tous les élèves » (MÉNB, 2007b, p. 14) et centré sur l'engagement de l'élève dans son processus d'apprentissage et celui de son groupe-classe, un modèle pédagogique conçu à l'intérieur d'une culture de collaboration et s'appuyant sur la cohérence pédagogique et la pratique d'une pédagogie différenciée.

La pédagogie différenciée ne saurait toutefois répondre aux besoins éducatifs de tous les élèves avec handicaps et en très grande difficulté d'apprentissage ou d'adaptation. C'est ainsi qu'on reconnaît qu'il sera parfois nécessaire de modifier les attentes des programmes d'études « à l'intention d'un petit nombre d'élèves présentant des forces et des défis cognitifs spécifiques » (MÉNB, 2007b, p. 15). Le régime pédagogique de l'école secondaire renouvelée prévoit ainsi des programmes d'études réguliers, des programmes modifiés, articulés autour des contenus d'apprentissage essentiels de la discipline abordés de manière simplifiée et, enfin, des programmes d'adaptations scolaire proprement dits destinés aux élèves exceptionnels.

Notons au passage que de plus en plus de programmes d'études du secondaire comprennent un « profil de compétence » constitué de quatre niveaux de performance : acceptable/programme modifié ; acceptable/programme régulier ; attendu/programme régulier et supérieur/programme régulier.

Deux autres aspects du régime pédagogique de l'école secondaire du Nouveau-Brunswick méritent mention. Tout d'abord, la première des quatre années d'études de cet ordre d'enseignement, la 9e année, offre une programmation sans crédit (en vue de l'obtention du diplôme). Cette formule plus souple permet d'adapter l'horaire et le contenu de la programmation, « de mettre en place des stratégies innovatrices et de prendre des décisions éducatives en fonction des besoins pédagogiques particuliers des élèves » (MÉNB, 2007b, p. 19). Enfin, en ce qui concerne l'obtention du diplôme provincial de fin d'études secondaires, signalons que les élèves dits exceptionnels ayant satisfait aux exigences de *leur* programme d'adaptation scolaire y sont admissibles.

Somme toute, le contexte pédagogique de l'inclusion scolaire au Nouveau-Brunswick francophone s'avère plutôt favorable, la réponse aux défis pédagogiques que soulève l'implantation de l'inclusion scolaire se confondant en partie avec ceux, plus généraux, de la gestion des différences. En effet, avec ou sans la présence d'élèves dits exceptionnels, la classe ordinaire constitue, aujourd'hui plus que jamais, un groupe hétérogène composé bien sûr d'élèves sans difficultés particulières, mais également d'élèves présentant une diversité de rythmes et de styles d'apprentissage, d'élèves affichant des degrés de motivation et d'engagement très variés, divers profils ou types d'intelligence, diverses expériences familiales, sociales et culturelles, etc. En bref, la « différence » est au cœur de l'école d'aujourd'hui. Dans cette perspective, la pédagogie de l'inclusion constitue le prolongement naturel de la pédagogie différenciée.

En guise de conclusion à cette première partie du chapitre, on pourrait résumer le contexte général qui prévalait à la fin des années 1980 et qui continue de prévaloir au Nouveau-Brunswick comme étant plutôt favorable à l'implantation de l'inclusion scolaire. Tout d'abord, la structure de gouverne, relativement centralisée, associée au fait qu'en tant que petite province, le Nouveau-Brunswick ne possède ni l'infrastructure institutionnelle ni la lourdeur administrative qui sont souvent le lot des plus grandes provinces canadiennes, aura eu pour effet de faciliter cette transformation, qu'on pourrait qualifier de radicale, de son système d'éducation. Le contexte historique nous a permis de conclure en l'existence d'un large consensus social autour du bien-fondé de l'inclusion, de son « pourquoi », même si de nombreuses questions ont été et continuent d'être soulevées autour de son « comment », de ses modalités d'implantation et, évidemment, des ressources humaines et matérielles nécessaires à une inclusion réussie. L'actuelle *Loi sur l'éducation* (1997) fournit pour sa part le contexte légal propice à une inclusion scolaire totale (rf. article 12.3), alors que le contexte pédagogique général s'avère de plus en plus favorable, en particulier depuis le virage pédagogique amorcé par le secteur francophone dans les années 1990.

2. UNE RECHERCHE ILLUSTRANT LES PRATIQUES EXEMPLAIRES EN INCLUSION SCOLAIRE

2.1 Contexte de la recherche, méthodologie et démarches du chercheur

La présente étude s'inscrit à l'intérieur d'une recherche d'envergure internationale, dirigée par la professeure Nathalie Bélanger de l'Université d'Ottawa. Le projet, intitulé *Élèves en difficulté et inclusion en contexte international – Vers l'établissement de stratégies et modèles novateurs*, était subventionné par le Conseil de recherches en sciences humaines du Canada (CRSH). Cette recherche répond au besoin de documenter et de faire connaître les pratiques exemplaires (« *best practices* ») dans le domaine de l'inclusion scolaire. La recherche utilisait une méthodologie qualitative combinée, incluant trois types de données : des observations sur place, des entrevues semi-dirigées et l'analyse de documents.

La première démarche du chercheur fut de contacter les autorités scolaires du district scolaire francophone situé le plus près de son lieu de travail afin de faciliter les visites projetées et d'en diminuer les coûts. Après avoir obtenu les autorisations nécessaires de la part de la direction générale, nous avons communiqué avec l'agent pédagogique qui s'occupait alors du dossier de l'adaptation scolaire en lui demandant de nous identifier les écoles qui, selon sa propre évaluation et celle de ses collègues de l'équipe pédagogique, affichaient des pratiques exemplaires dans le domaine de l'inclusion scolaire. Les noms de cinq écoles, quatre écoles primaires et une école secondaire, nous furent alors communiqués.

La première école contactée dut malheureusement refuser de participer à cette recherche. Les deux écoles suivantes contactées à la suite de ce premier refus acceptèrent immédiatement de participer au projet. Initialement, nous avions donc l'accord des directions d'une école secondaire (9e à 12e année) de milieu urbain, et d'une école primaire (maternelle à 8e année) de milieu rural. Précisons dès à présent qu'en raison de circonstances incontrôlables, le présent rapport ne traitera que des données recueillies pour l'école secondaire[3].

L'année scolaire de notre collecte de données, 2006-2007, cette école, que nous désignerons dans notre rapport sous le nom de l'école Bon Accueil, était dans les faits une école qui intégrait toutes les classes du système d'éducation publique du Nouveau-Brunswick, soit les classes de la maternelle à la 12e année[4]. L'équipe de direction comprenait un directeur d'école (maternelle-12e année, total de 1 087 élèves) et trois directeurs adjoints.

Des formulaires d'information et de consentement furent préparés à l'intention de la direction de l'école, des parents et du personnel scolaire (enseignantes et enseignants de classes ordinaires, enseignante ressource et aide-enseignante). Ces formulaires précisaient le contexte international de la recherche, le but de l'étude entreprise, le type de participation sollicitée, et garantissait la confidentialité et l'anonymat des données recueillies ainsi que la possibilité de se retirer à tout moment du projet, sans préjudice.

Les démarches mentionnées précédemment furent réalisées à la fin de l'automne 2006 et au début de l'hiver 2007 (janvier et février). La première visite à l'école eut lieu en février 2007 ; elle sera suivie de six autres visites d'une demi- ou d'une pleine journée (total de cinq jours), la dernière visite ayant eu lieu en juin 2007. Ces visites furent utilisées de la manière suivante : rencontre initiale et entrevue avec l'enseignante ressource et entrevue avec la direction de l'école (équivalent d'environ une demi-journée); accompagnement de l'élève A (deux journées, incluant une visite à l'endroit où il effectuait un stage de travail); accompagnement de l'élève C (une journée et demie); rencontre avec les parents de l'élève A et de l'élève C (équivalent d'une demi-journée); entrevue avec l'aide-enseignante et avec les enseignantes et enseignants de classes ordinaires (équivalent d'une demi-journée).

L'élève A, un garçon trisomique âgé de 19 ans, est inscrit en 12ᵉ année. Toutefois, on prévoit son retour à l'école l'an prochain de manière à ce qu'il y poursuive ses apprentissages[5]. Il est le troisième d'une famille de quatre enfants. Sa sœur cadette fréquente la même école, comme l'ont d'ailleurs fait ses deux frères plus âgés (l'un de ceux-ci a même été président du conseil étudiant). Pour respecter l'anonymat promis, nous désignerons cet élève sous le nom d'Arthur. L'élève C, une fille de 16 ans autiste, est inscrite en 10ᵉ année. Elle est la plus jeune d'une famille de deux enfants. Son frère aîné a fréquenté la même école jusqu'à l'année scolaire précédente. C'est donc sa première année à fréquenter seule l'école Bon Accueil. Pour respecter l'anonymat, nous désignerons cette élève sous un nom d'emprunt, Carole.

Cinq des six entrevues furent réalisées sur place, dans les locaux de l'école, la sixième ayant été effectuée sur les lieux de stage d'un des deux élèves observés. Des guides d'entrevues semi-dirigées furent développés pour chaque groupe d'intervenants, y compris les parents d'élèves. Les contenus des thèmes et des questions d'entrevues étaient basés sur une grille d'observation des pratiques inclusives en classe ordinaire inspirée elle-même des neuf thèmes généraux proposés par Booth et Ainscow (2005), adaptée pour les besoins de la présente recherche par Hermann Duchesne[6], professeur au Collège universitaire Saint-Boniface, Manitoba.

En plus des documents consultés, le corpus de données analysées se présente comme suit : entrevue avec le directeur de l'école (transcription de 11 pages à simple interligne); entrevue avec l'enseignante ressource (15 pages); entrevue avec l'aide-enseignante d'Arthur (13 pages); entrevue avec la gérante du Blockbuster (5 pages); entrevue avec la mère d'Arthur (10 pages); entrevues avec les parents de Carole (18 pages); observations et notes prises par le chercheur pendant ses sept visites à l'école (4 entrées, total de 11 pages). Il est à noter, dû à des circonstances incontrôlables (dans un cas l'absence de l'enseignante pour cause de maladie et, dans l'autre cas, la fermeture de l'école à la suite d'une tempête hivernale), que les deux entrevues prévues avec une enseignante et un enseignant de classes ordinaires ne purent avoir lieu. Le chercheur eut toutefois l'occasion d'échanger de manière informelle avec ceux-ci lors de ses autres visites. Ces propos ont été consignés par écrit et font donc partie du corpus de données analysées.

L'analyse des données recueillies au moyen des documents consultés, les observations et les entrevues, sera présentée dans six sections, touchant un ou plusieurs des neuf thèmes de la grille d'observation, soit dans l'ordre : 2.2. Plans éducatifs du district et de l'école ; 2.3. Installations scolaires, aménagement et accessibilité ; 2.4. Ressources humaines et matérielles pour l'apprentissage ; 2.5. La gestion du temps d'apprentissage et les stratégies d'enseignement ; 2.6. La vie scolaire et l'entraide entre les élèves ; et 2.7. L'implication des parents.

2.2 Plans éducatifs du district et de l'école

Parmi les dix conditions essentielles à la mise en place d'une école inclusive retenues par Rousseau et Bélanger (2004), liste établie à partir des travaux de Schaffner et Buswell (1996), on soulève l'importance de développer une philosophie commune et un plan stratégique. Les pratiques éducatives mises en place à l'école s'inspirent-elles d'une philosophie partagée par l'ensemble des intervenantes et des intervenants scolaires ? Cette philosophie commune se traduit-elle en actions à l'intérieur d'un plan stratégique ? Deux documents furent consultés pour répondre à ces questions : le *Plan éducatif 2006-2009* (District scolaire 01, 2006) et le *Plan éducatif 2006-2007* de l'école concernée.

Le premier de ces documents constitue le plan triennal du district scolaire dans lequel est située l'école étudiée. Le district retient quatre domaines prioritaires : un milieu de vitalité linguistique et culturelle[7], un milieu d'apprentissage de qualité axé sur l'apprentissage à vie, un milieu d'actualisation de son plein potentiel et, enfin, un milieu dynamique dans une collectivité engagée. Au moins deux de ces cibles prioritaires font directement référence à des caractéristiques couramment admises comme étant celles d'une école inclusive.

Tout d'abord, en ce qui a trait au but général d'instaurer dans chaque école un milieu d'apprentissage de qualité axé sur l'apprentissage à vie, on a retenu les objectifs plus précis d'« assurer un climat propice à l'apprentissage dans lequel les élèves et le personnel se sentent en sécurité, appuyés, écoutés, guidés et encouragés » et celui de « promouvoir des attentes élevées pour tous les élèves du district ». Comme pour tous les autres objectifs retenus par le district, ceux-ci sont accompagnés de stratégies et d'actions, d'un échéancier, d'indicateurs servant à en mesurer l'atteinte ainsi que, dans certains cas, de cibles précises. Signalons au passage que ces deux objectifs correspondent à deux des 12 caractéristiques communes aux écoles efficaces relevées par Morefield (2002), soit celles d'offrir un environnement où l'on se sent aimé et protégé et où l'on entretient des attentes élevées pour chaque élève. Rappelons également qu'on s'entend généralement sur le fait qu'il existe des liens de parenté étroits entre les écoles dites efficaces et les écoles inclusives (Arceneaux, 1994 ; Gallucci, 1997 ; Slee et Weiner, 2001).

Le plan éducatif de l'école pour l'année scolaire pendant laquelle s'est effectuée la collecte de données (2006-2007) reprend les mêmes cibles prioritaires et précise les stratégies locales et d'autres actions qui seront mises de l'avant par l'école. En ce qui concerne les deux objectifs cités précédemment, mentionnons tout d'abord deux actions pour l'établissement d'un climat propice à l'apprentissage : la mise en application de la procédure en cas d'intimidation établie par le district ainsi que l'initiative d'inviter au début de l'année scolaire les élèves de la 6e à la 12e année à choisir des thèmes reliés à l'intimidation, thèmes qui seraient par la suite les sujets de rencontres et d'échanges avec la direction ou avec des invités de l'extérieur. En ce qui concerne la promotion d'attentes élevées pour tous, citons l'initiative de confier à chaque équipe stratégique (maternelle à 5e année et 6e à 12e année) le mandat d'assurer un suivi détaillé des problèmes de transition vécus par les élèves en difficulté entre les ordres ou cycles d'enseignement (par exemple, les élèves en difficulté de la 8e année, fin du primaire, qui devront vivre la transition au secondaire).

Le troisième domaine jugé prioritaire par le district dans son plan triennal, soit la mise en place d'un milieu d'actualisation du plein potentiel de chaque élève, se traduit entre autres par l'objectif de « mettre en œuvre des programmes d'éducation coopérative et d'alternance travail-études dans toutes les écoles secondaires ». Les défis particuliers que pose la transition « école-milieu de travail » ou « école-études postsecondaires » sont bien connus pour les élèves en difficulté (ANBIC, 2000) et plus particulièrement pour les élèves diplômés en adaptation scolaire, c'est-à-dire pour les élèves du Nouveau-Brunswick ayant complété leurs études du secondaire à l'aide d'un programme d'études individualisé (nommé programme d'adaptation scolaire dans la *Loi sur l'éducation* de la province). L'ouverture de l'école sur la communauté ou l'école de type communautaire apparaît de plus en plus comme une condition *sine qua non* pour réaliser la mission éducative d'une école centrée sur la réussite de tous les élèves (Trépanier, 2006). Les actions précisées dans le plan éducatif de l'école pour atteindre cet objectif font référence au programme d'éducation coopérative (stage en milieu de travail crédité par l'école) et à la formule d'alternance travail-études.

Enfin, le quatrième et dernier domaine prioritaire du district scolaire 01, qui fait la promotion d'un milieu scolaire dynamique dans une collectivité engagée, retient entre autres l'objectif de « soutenir, par un plan de formation, les directions dans l'exercice de leur leadership pédagogique ». Est-il besoin de rappeler que ce leadership constitue l'une des dix conditions essentielles à la mise en place d'une école inclusive (Rousseau et Bélanger, 2004) et que la direction d'école joue un rôle prépondérant dans la réussite d'un tel projet (Parent, 2004)? Parmi les actions retenues pour atteindre cet objectif de formation continue, notons la poursuite du projet d'établissement de communautés d'apprentissage professionnelles dans les écoles du district et un plan de formation des directions d'écoles dans divers domaines, etc. En fait, dans la deuxième année de ce plan triennal (2007-2008), l'accent fut placé sur le leadership dans le domaine de l'inclusion scolaire, auquel deux journées de formation furent consacrées en mars 2008. Du côté de l'école secondaire, celle-ci a choisi comme action d'inviter Jim Howden[8] au début de l'année scolaire (août 2006), dans le but avoué d'amener le personnel de l'école à développer une culture de collaboration.

L'examen de ces plans éducatifs, tant celui du district scolaire que celui de l'école concernée, permet de conclure en la présence d'objectifs visant la création et le maintien d'un milieu d'apprentissage accueillant et d'un cadre sécuritaire pour tous les élèves fréquentant cette école, favorisant ainsi une inclusion vécue au quotidien (Duchesne, 2004).

2.3 Installations scolaires, aménagement et accessibilité

Lors de l'année scolaire pendant laquelle s'est déroulée l'étude, l'école étudiée était un établissement scolaire regroupant toutes les classes des deux ordres d'enseignement public, soit des classes de la maternelle aux classes de la 12e année, pour un total de 1087 élèves, dont 750 élèves au primaire (maternelle à 8e année) et 337 élèves au secondaire (9e à 12e année). Il convient de mentionner que l'école en question est située à l'intérieur d'un centre communautaire francophone, regroupant une bibliothèque à la fois publique et scolaire, les locaux d'une station de radio communautaire, une garderie, une boutique d'articles pour la francophonie et offrant des services ou des locaux à près d'une trentaine d'organismes accrédités.

Les locaux du centre communautaire et de l'école sont répartis sur trois étages, le rez-de-chaussée regroupant principalement les locaux de la garderie, certaines des classes du primaire et du secondaire, la salle d'ordinateurs, la salle de musique, la bibliothèque, le gymnase, la cafétéria, la salle de spectacle (servant à la fois aux activités de l'école et du centre communautaire), certains des casiers des élèves et le carrefour étudiant. Au deuxième étage, on retrouve la plupart des locaux de classe du secondaire, les laboratoires et les locaux de la direction de l'école (un directeur d'école et trois directions adjointes). Enfin, la plupart des classes du primaires sont logées au dernier étage, ainsi que plusieurs des locaux du centre communautaire (p. ex.: boutique, direction générale et secrétariat du centre, etc.). Bien que cet édifice date de 30 ans (1978), un ascenseur avait d'ores et déjà été prévu dans les plans initiaux, rendant accessibles tous les locaux et services de l'école.

Relativement peu d'auteurs retiennent l'aménagement physique des établissements scolaires comme condition essentielle (Rousseau et Bélanger, 2004), voire comme un facteur prépondérant, dans la réussite de l'inclusion scolaire (AuCoin et Goguen, 2004). Cela dit, les critères d'accessibilité et d'aménagement physique ne font pas moins partie des pratiques dites inclusives (Booth et Ainscow, 2005), en particulier lorsqu'il s'agit d'inclure des élèves (ou des parents) ayant un handicap physique ou se déplaçant en fauteuil roulant. Les questions d'accessibilité physique ont été en bonne partie résolues par l'adoption de politiques ou de règlements administratifs à cet effet. Au Nouveau-Brunswick, le document à teneur officielle auquel se réfère la Direction des installations éducatives et du transport scolaire fait explicitement référence à l'obligation de prendre les mesures d'adaptation nécessaires pour assurer la pleine participation des élèves ayant une incapacité « non seulement en classe, mais à tous les aspects de leur expérience scolaire, dont les activités parascolaires et extrascolaires [...] » (Commission des droits de la personne du Nouveau-Brunswick, 2007, p. 10). Le processus d'inclusion décrit dans cette *Ligne directrice sur les mesures d'adaptation à l'endroit des élèves ayant une incapacité* comprend notamment l'obligation de « s'assurer que la classe et les autres installations scolaires soient accessibles » (p. 19).

Un autre document, émanant cette fois du Conseil du premier ministre sur la condition des personnes handicapées (2007), soit la *Stratégie du Plan d'action sur les questions touchant les personnes handicapées*, préconise une « conception universelle ou sans obstacle » allant bien au-delà de la présence de rampes d'accès ou d'ascenseurs pour les personnes à mobilité réduite ou de places de stationnement désignées, mais s'appliquant tout aussi bien aux modes de prestation des programmes et à la formation du personnel « afin de créer un milieu qui soit accommodant et accueillant pour les personnes handicapées » (p. 15).

Le thème de l'aménagement des lieux d'apprentissage, tel que défini par Booth et Ainscow (2005) puis Duchesne (2004) dans leurs descriptions des pratiques inclusives dans une école ou une classe ordinaire, va évidemment bien au-delà du seul critère de l'accessibilité physique. Il comprend, par exemple, des observations en ce qui a trait à l'apparence générale de l'école, aux déplacements dans l'école et à l'intérieur de ses locaux, à l'organisation générale de la salle de classe, aux aménagements particuliers observés à l'intérieur de la salle de classe, etc. Nos propres observations ne nous ont pas permis de déceler des caractéristiques particulières dans ces divers aspects de l'école qui, somme toute, nous est apparue relativement « traditionnelle » dans son aménagement physique et dans les installations scolaires fournies (rappelons qu'il s'agit d'une école dont la construction date de 30 ans). Il ne faut donc pas chercher de ce côté les raisons pour lesquelles cette école secondaire est reconnue comme l'une des écoles affichant des pratiques exemplaires en inclusion scolaire au Nouveau-Brunswick. Il en va cependant tout autrement en ce qui a trait à la qualité des ressources humaines et matérielles mises à sa disposition.

2.4 Ressources humaines et matérielles pour l'apprentissage

Tant les propos recueillis auprès de la mère d'Arthur et des parents de Carole que nos propres observations lors de nos sept visites à l'école Bon Accueil pointent dans une même direction : ce qui, avant toute chose, contribue à faire de cette école une école inclusive, c'est le climat d'acceptation et de soutien offert aux élèves avec handicaps et aux autres élèves en difficulté qui la fréquentent. À la suite de notre analyse du corpus de données recueillies, les pratiques exemplaires en inclusion scolaire de l'école Bon Accueil se situent donc principalement sur le plan de l'intégration sociale des EHDAA : « *C'est leur force, je pense, l'intégration sociale ; ils poussent ça* [...] *énormément... et en réalité elle* [Carole] *a fait beaucoup de progrès* » (père de C) ; « *elle a fait énormément de progrès* » (mère de C).

Une autre source écrite, non encore citée, fournit des données concordantes. En effet, l'énoncé de mission de cette école évoque, comme c'est souvent le cas dans de tels énoncés, le développement du plein potentiel de chaque élève, mais cela afin, précise-t-on, « d'apporter une contribution significative à la société dans le respect des différences individuelles et culturelles ». De plus, les quatre valeurs retenues et mises à l'avant par cette école sont l'appartenance, la sécurité et la responsabilité, la qualité de vie et le respect : « À travers mes gestes, mes paroles et mes comportements, je me respecte, je respecte les autres, je respecte mon environnement physique. »

L'école [...] *a fait beaucoup pour Arthur* [...] *Arthur était un des premiers à être intégré* [...]. *Tout ça... ça c'est important ce que je vais vous dire... tout ça dérive de la direction et encore plus de ceux qui supportent la direction... parce que cet enfant-là, il va bien fonctionner s'il sent l'amour, s'il sent, s'il se sent accepté et ça, cela vient du plus haut niveau jusqu'en bas, mais ça, c'est* [comme cela] *dans toutes les organisations* (mère de A).

Après avoir fait allusion au fait que je venais effectivement d'observer le directeur saluer par leur prénom Arthur et plusieurs autres élèves croisés dans le corridor, la mère d'Arthur enchaîne : « *C'est des gestes... que les gens imitent ; ils voient le directeur bien agir avec Arthur, alors les enseignants font la même chose* [...]; *les élèves voient les enseignants* [agir de même], *alors les élèves traitent bien l'enfant handicapé.* » « *Les uns servent de modèles aux autres* » (chercheur). « *Exactement, exactement !* » « *C'est comme une transmission d'attitude...* » (chercheur). « *Oui, je crois beaucoup en ça* » (mère de A).

Les ressources humaines qui gravitent autour d'élèves tels qu'Arthur et Carole exercent sans aucun doute une différence significative dans le vécu de l'inclusion scolaire à l'école Bon Accueil. Qu'on la présente comme « un maillon essentiel » à la réussite de l'inclusion (Beaupré, Bédard, Courchesne, Pomerleau et Tétreault, 2004), ou comme l'intervenant scolaire « responsable de l'inclusion » exerçant un « rôle prépondérant » (Parent, 2004), la direction de l'école, par le leadership qu'elle exerce, constitue sans aucun doute l'une des conditions essentielles à la mise en place d'une école inclusive (Rousseau et Bélanger, 2004).

Nous avons déjà fait allusion à ce leadership, tel que perçu par la mère d'Arthur. À un autre moment de l'entrevue, celle-ci nous mentionne que la même qualité de leadership était exercée par le directeur précédent, en particulier lorsqu'Arthur avait traversé une phase plus difficile au primaire (problèmes de comportements, taquineries par d'autres élèves) : « *Il y avait un temps que c'était difficile à cause de ses comportements, puis c'était difficile* [avec les autres élèves] *et c'est avec monsieur Y qu'on est passé à travers ça.* » Arthur en était arrivé à conclure que le bureau de la direction, c'était « un lieu de refuge », mais surtout un lieu où l'on réglait les choses : « *Il allait là s'il y avait quelque chose qui n'allait pas* [...], *il s'assoyait devant la secrétaire, puis là, il se sentait en sécurité...* »

Parmi les autres ressources à exercer un rôle primordial dans l'implantation de l'inclusion scolaire (Bélanger, 2004), un rôle que certains situent au centre même de la réussite de cette inclusion (Beaupré *et al.*, 2004), on retrouve évidemment l'enseignante ou l'enseignant de classe ordinaire. L'enseignante ressource est le témoin privilégié des attitudes affichées par ces intervenants scolaires, puisque c'est la personne qui « négocie » directement avec ceux-ci l'inclusion de tel ou tel élève sous telle ou telle condition... L'enseignante ressource que nous avons interviewée s'occupe de tous les cas d'élèves avec handicaps ou en difficulté d'apprentissage pour les classes du secondaire, soit une trentaine de plans d'interventions (dont six programmes d'adaptation scolaire), auxquels s'ajoute le suivi de plusieurs plans d'action initiés par les enseignantes et les enseignants de cet ordre d'enseignement. Il s'agit de sa deuxième année à ce poste, mais de sa première année à s'occuper des cas d'adaptation scolaire (la répartition des tâches était différente à sa première année comme enseignante ressource). Comment l'enseignante ressource perçoit-elle les attitudes et le soutien à l'inclusion des enseignantes et enseignants de l'école Bon accueil ?

*De façon générale, avec les enseignants, je trouve que ça va bien […].
Dans certaines situations, je me rends compte que lorsque les enseignants
sont réticents […], quand je vais voir qu'est-ce qui est la source du
problème, je trouve que parfois ils ne sont pas assez informés […] Ils ne
sont pas... incompétents, mais peut-être ils ne se sentent pas vraiment à
l'aise parce que certains d'entre eux n'ont jamais eu des cas de ce genre-là,
comme, par exemple, si c'est un élève trisomique qui arrive dans leur
classe […]. Je trouve que lorsqu'on s'assoit avec l'enseignant et qu'on leur
explique ce qu'est vraiment le diagnostic de l'élève, puis quel genre d'élève
il est, comment ça fonctionne en salle de classe avec l'aide-enseignante et
tout ça, je trouve que quand ils sont bien informés ça va mieux. […] Il y
a aussi le fait que les élèves sont lents, puis ça, ça les énerve. Au secondaire
ça roule vite, puis eux autres, ils pensent qu'il faut que tout roule vite,
mais c'est une adaptation […].*

Le directeur de l'école nous a également fait part qu'il observait « *beaucoup de réticences* » chez les enseignantes et les enseignants de son école, pas « *dans le sens qu'ils ne les veulent pas* », mais à cause du manque de ressources pour l'accompagnement et le suivi de ces élèves. Le directeur insiste également sur le rôle de l'équipe stratégique qui réunit tous les intervenants concernés et qui accorde un soutien tangible aux enseignantes et enseignants concernés : « [...] *c'est pour ça l'équipe stratégique,* [...] *se donner des outils pour arriver à intégrer ces élèves-là en salle de classe et que les enseignants trouvent des moyens pour leur permettre de faire des apprentissages à leur maximum.* »

Parmi les ressources humaines qui exercent un rôle important en inclusion scolaire, voire un rôle prépondérant, on se doit de citer l'enseignante ou l'enseignant ressource. En plus de répondre à la condition consistant à développer et à organiser un service d'aide aux enseignants et aux élèves (Rousseau et Bélanger, 2004), ces intervenants scolaires sont appelés, particulièrement dans le contexte de l'inclusion scolaire au Nouveau-Brunswick, à partager ou à appuyer le leadership attendu de la part de la direction de l'école.

La qualité des interventions directes effectuées par ceux-ci auprès de certains EHDAA, leur capacité à établir une véritable relation collaborative avec les enseignantes et les enseignants de classes ordinaires (LeBlanc, 2008), leur habileté à trouver, à adapter ou à créer les ressources nécessaires à l'apprentissage des élèves en difficulté et des élèves munis de plans d'intervention, le leadership exercé au sein de l'équipe stratégique et de l'école en ce qui a trait à l'implantation d'une pédagogie de l'inclusion, toutes ces fonctions attendues dans un modèle de « conseiller-collaborateur » (Porter, 1992) sont autant de variables qui peuvent faire une différence dans le vécu quotidien de l'inclusion scolaire au Nouveau-Brunswick.

Nos observations et les propos recueillis chez plusieurs des personnes interviewées convergent encore une fois ; l'école Bon Accueil dispose d'enseignantes ressources crédibles : « *En tout cas, elles ont l'air de savoir ce qu'elles font et où elles vont avec les élèves qu'elles suivent ; je te dis que c'est rassurant pour nous autres, les enseignants, surtout qu'on n'est pas formés pour travailler avec ces élèves-là dans nos classes* » (propos d'une enseignante de 12ᵉ année recueillis par le chercheur). Elles sont également considérées efficaces : « *Même au niveau pédagogique, Carole a atteint des objectifs que j'aurais jamais pensé qu'elle aurait pu atteindre, en math, en lecture* » (mère de C). Elles sont également convaincues des bienfaits de l'inclusion : « *Si les enseignantes ressources ne sont pas convaincues, on n'aura pas les résultats attendus* » (directeur de l'école). Enfin, elles travaillent activement à l'inclusion maximale de chaque élève, peu importe ses particularités de fonctionnement : « *Je pense qu'un point fort ici à l'école Bon Accueil, c'est qu'on fait vraiment notre possible pour inclure tous nos élèves à besoins particuliers, que ce soit des élèves avec trisomie, avec l'autisme, en fauteuil roulant... on fait vraiment un effort pour les inclure en salle de classe* » (enseignante ressource).

La dernière catégorie de ressources humaines qui peuvent faire une différence dans une école inclusive est celle des aides-enseignantes. Ce personnel auxiliaire contribue de manière significative aux programmes de soutien destinés aux élèves inclus, quatrième des dix conditions essentielles à la mise en place d'une école inclusive (Rousseau et Bélanger, 2004), mais il assiste surtout l'enseignante et l'enseignant de classe ordinaire dans la livraison des services éducatifs destinés à ces élèves. Les témoignages recueillis et les observations effectuées par le chercheur témoignent de l'importance du rôle exercé par ces intervenants à l'école Bon Accueil :

À mon arrivée à l'école, je rencontre comme à l'habitude Arthur dans le corridor où il se prépare pour son premier cours (français 12ᵉ année). Son aide-enseignante assignée arrive quelques minutes plus tard et incite Arthur à se dépêcher (il est toujours très lent à ranger son manteau et sa boîte à dîner dans sa case et à sortir le matériel nécessaire). Pendant les quelques dix minutes passées dans ce corridor, Arthur aura plusieurs « échanges » (dans la limite de ses capacités d'expression orale) avec un jeune homme qui l'entretient de cinéma, l'une des passions d'Arthur ! J'apprendrai par la suite qu'il s'agit d'un autre aide-enseignant de cette école, aide qui a accompagné Arthur pendant plus d'un mois lors d'une absence de son aide-enseignante habituelle. Arthur et l'aide-enseignant en question partagent la passion du cinéma... (observations et notes prises par le chercheur).

Les propos émis par la mère d'Arthur vont dans le même sens, tant pour l'aide-enseignante actuelle que pour celles qui l'ont précédée : « *C'est évident qu'elle aime Arthur ; elle me dit qu'elle est sa deuxième*

mère, alors moi, je n'ai aucune inquiétude lorsqu'il est à l'école [...] »
En ce qui concerne les aides précédentes : « *M était très bonne
aussi ; Arthur a été chanceux, parce que toutes les personnes qu'il
a eues* [comme aides], *je veux dire, je ne peux pas en nommer une
qui n'ait pas été bonne avec lui.* » L'aide en question travaille depuis
trois ans et demi avec Arthur, soit depuis le second trimestre de sa
9ᵉ année.

Notons que le district scolaire a comme politique de limiter à
deux ans la durée d'un jumelage entre élève et aide-enseignant, cela
pour éviter de créer une relation de dépendance, pour éviter que
l'aide assignée « *devienne une béquille* » (enseignante ressource). On
préconise également l'assignation de deux aides différentes, l'une
suivant l'élève durant l'avant-midi, l'autre s'occupant des cours et des
activités de l'après-midi, cela afin de « *permettre à l'élève de s'habituer*
[à fonctionner] *avec au moins deux différentes personnes* » (enseignante
ressource). On permet toutefois les exceptions, que ce soit pour assurer
une certaine continuité[9], comme dans le cas d'Arthur, ou pour faciliter
la transition entre les deux ordres d'enseignement, comme ce fut le cas
pour Carole : « *On a été très, très, très chanceux ; on a eu deux aides
excellentes pour la transition* [...], *pour aller de la 8ᵉ à la 9ᵉ année* [...],
tout s'est très bien déroulé finalement » (père de C) ; « *Il y avait tellement
de changements* [cette année-là], *que l'école nous a dit qu'on pouvait
garder les deux mêmes aides et cela a énormément facilité la transition ;
en fait, on a réalisé aussi au fil des ans que Carole s'adaptait beaucoup
plus facilement qu'on le pensait* » (mère de C).

Une autre ressource mise à la disposition de l'école est celle
d'une agence externe, Jobs Unlimited, agence dont la mission est
de « faciliter le placement en milieu de travail des individus qui
rencontrent certaines barrières à l'emploi dans leur communauté »
(traduction libre de l'énoncé de mission, accessible à <http://www.
jobs-unlimited.org>). Notons que le siège social de l'agence est situé
dans la même ville que celle de l'école Bon Accueil. Les deux élèves
que nous avons observés bénéficient tous deux des services de cette
agence. Carole, qui au dire de sa mère « *aime beaucoup les livres* »,
travaille à la bibliothèque de l'école qui, rappelons-le, est également
la bibliothèque du centre communautaire qui dessert l'ensemble de la
communauté francophone de la ville.

Arthur, pour sa part, effectue un stage au magasin Blockbuster de sa ville depuis la fin de l'année scolaire 2004-2005, soit depuis le trimestre d'hiver de sa 10ᵉ année. Après une entrevue avec Arthur, puis avec ses parents et enfin avec l'enseignante ressource de l'époque, on détermina qu'un commerce de location de vidéos constituait le milieu de travail idéal pour Arthur, compte tenu, entre autres choses, de sa passion pour le cinéma. Il a suivi un entraînement offert sur les lieux de travail par un conseiller de l'agence. Au moment de nos visites, Arthur travaillait quatre après-midis par semaine au Blockbuster, où il se rend (à pied) avec son aide-enseignante, exception faite du lundi, journée où il se rend à la bibliothèque de l'école. Bien qu'il ne reçoive pas de salaire à proprement dit (il s'agit bien d'un stage), Arthur a droit aux mêmes traitements que les autres employés :

Nous le trouvons très serviable... Lorsqu'il arrive, il prend toutes les nouveautés [nouveaux films] *que les clients ont retournées; il les met tout d'abord en ordre alphabétique, puis il les place sur les étagères appropriées* [...]. *Cela nous est très utile, vous savez* [...] *mais je crois que cela l'aide lui aussi, parce qu'il a la satisfaction de faire un travail important, il pratique son alphabet* [l'ordre alphabétique], *il apprend à placer des choses en ordre... Il semble aimer cela. Il aime beaucoup le cinéma et il reçoit des locations de films gratuites, comme tous les autres employés* (traduction libre des propos de la gérante du magasin Blockbuster en service lors de notre visite en mai 2007).

Lorsqu'on lui demande une évaluation globale du travail d'Arthur, par exemple, si elle le considère comme un « *bon employé* », la gérante répond sans hésitation : « *Oui, oui! Absolument!* » En ce qui concerne ses interactions avec les clients du magasin, comment il est perçu par ceux-ci et si elle a reçu des commentaires au sujet de la présence d'Arthur, elle répond : « *Non, je n'ai jamais reçu aucun commentaire... Parfois, parce qu'il porte le même T-shirt que les autres employés, des clients vont lui poser une question. Son aide-enseignante va alors répondre à sa place parce que la question est habituellement posée en anglais.* »

On peut donc conclure de ce qui précède que les ressources *humaines* mises en place ou mises à la disposition de l'école Bon

Accueil contribuent de manière significative à faire de cette école une communauté d'apprentissage où l'élève « différent » trouve sa place. Or qu'en est-il des ressources *matérielles*, le second type de ressources éducatives auxquelles est consacrée cette section de notre chapitre? Ces ressources matérielles semblent poser problème, particulièrement en ce qui a trait aux ressources servant directement à l'enseignement (matériel didactique) ou à l'apprentissage des jeunes (p. ex.: manuel adapté) : « *Le défi au secondaire... et je parle vraiment ici du secondaire, je trouve que c'est en termes de ressources didactiques* » (enseignante ressource). La comparaison avec le primaire s'impose : « *Moi, j'ai presque pas de matériel* [à ma disposition], *alors qu'il y a plein de beau matériel pour le primaire.* » Évidemment, le facteur temps entre en considération : « *Si j'avais plus de temps, je pourrais en préparer du matériel, mais tu sais* [...] *à un moment donné, on vient qu'on manque de temps* » (enseignante ressource).

Les technologies de l'information et de la communication (TIC) peuvent évidemment être d'une certaine utilité, mais elles ont également leurs limites : « *Avec le WordQ ou avec le CurseWell, avec nos outils au niveau de l'informatique, cela nous aide, mais il reste que ça prend beaucoup de temps à numériser tous les documents* »; de plus, même si « *un élève de 9e ou 10e année qui fonctionne au niveau d'une 4e ou d'une 5e année peut lire un texte* » grâce au WordQ, il n'en demeure pas moins qu'il s'agit d'un texte du niveau secondaire, alors « que son niveau de compréhension n'est pas là » (enseignante ressource). Si ce genre d'outil peut s'avérer fort utile pour certains élèves, par exemple pour les élèves dont les difficultés de lecture se limitent aux fonctions de décodage, d'après l'enseignante ressource interviewée, l'utilité de ces technologies est considérablement plus limitée pour les élèves ayant des programmes d'adaptation scolaire.

On a déjà mentionné les difficultés de communication d'Arthur, difficultés dont nous avons d'ailleurs pu être le témoin (par exemple, lors d'une conversation « avortée » avec son enseignante de français). Son aide-enseignante, qui sert souvent de « traductrice » lors de ces échanges, nous a mentionné que celui-ci avait déjà utilisé dans le passé certaines aides à la communication, tel qu'un carnet de communication (pictogrammes), mais Arthur n'aimait pas l'utiliser « *parce qu'il aime parler* [et] *il veut que tu le comprennes* » (aide-enseignante). Une autre technologie utilisée par Arthur a été celle d'un logiciel synthétiseur de voix qui permettait à l'aide-enseignante de dactylographier un texte préparé par l'élève, par exemple le texte accompagnant un projet devant être présenté à la classe, texte qui pouvait par la suite être « lu » par ce logiciel à l'ensemble de la classe.

Le défi pédagogique que posent les ressources matérielles tient probablement au fait que chaque élève muni d'un programme d'adaptation scolaire présente à la fois des besoins éducatifs particuliers, soit des résultats d'apprentissage pouvant varier significativement d'un élève à un autre, et également des particularités de fonctionnement dont on doit nécessairement tenir compte dans cette programmation individualisée. La gestion du temps d'apprentissage et les stratégies d'enseignement mises en place par l'école prennent alors toute leur importance.

2.5 Gestion du temps d'apprentissage et stratégies d'enseignement

La gestion du temps d'apprentissage des EHDAA occupe une place importante parmi les pratiques inclusives de l'école Bon Accueil. Pour chaque élève desservi par un programme d'adaptation scolaire, on établit un horaire individuel qui précise de manière détaillée le déroulement de chaque période de la journée scolaire. Ces horaires sont rédigés par l'enseignante ressource, en collaboration avec les enseignantes et les enseignants concernés, l'aide ou les aides-enseignantes qui travaillent avec l'élève en question, les parents et la direction de l'école (par le biais de l'équipe stratégique). Ces horaires détaillés s'avèrent particulièrement utiles lorsqu'une aide-enseignante doit être remplacée, ce qui évite les pertes de temps : « *On a tellement d'élèves à besoins* [particuliers] *qu'il faut gérer les ressources efficacement, sinon c'est une perte de temps incroyable* » (enseignante ressource). De la même manière, un « plan B » est prévu dans le cas de l'absence d'un des élèves suivis par l'une ou l'autre des dix aides-enseignantes œuvrant au secondaire. Cette intervenante est alors automatiquement référée à un autre élève en difficulté qu'elle pourra assister pendant cette journée.

Cet horaire permet également de détailler les routines des tâches assignées à certains élèves. Par exemple, Carole s'occupe de deux tâches extrascolaires : la prise des commandes pour les repas offerts à la cafétéria (pour les dix classes de la 6ᵉ à la 8ᵉ année) et le tri et la distribution du courrier de l'école. Voici, avec quelques adaptations mineures, la description de cette dernière routine, telle qu'elle apparaissait à l'horaire de Carole en 2006-2007 :

Période 3 (11 h 13 à 12 h 13)
Carole n'est inscrite à aucun cours à cette période. Durant celle-ci, elle accomplit sa routine de travail et continue ses apprentissages en lecture et en mathématiques.

11 h 13 à 11 h 45 : Carole effectue sa lecture du jour et continue ses activités en conscience phonologique afin d'améliorer sa lecture orale et sa compréhension.

11 h 45 à 12 h 10 : Carole doit se rendre au local A107 pour y chercher la « boîte verte » contenant le courrier de l'école Bon Accueil. Elle connaît la routine du centre communautaire et celle du secrétariat de l'école. Une fois de retour au secrétariat de l'école, elle effectue un premier tri avec l'assistance de l'aide-enseignante, soit le courrier adressé à l'école, à la direction et aux trois directeurs ou directrices adjointes. Le courrier de V et celui qui est adressé à l'école est placé sur la chaise de la secrétaire. Celui de JP est placé sur la filière située en arrière du secrétariat. Ceux de T et de M sont placés dans les supports sur la porte de leur bureau respectif. Ensuite, Carole doit distribuer le reste du courrier dans les cases du personnel de l'école. Lui demander de lire les noms des destinataires et de retrouver les cases correspondantes. Retourner la boîte verte au local A107 et remettre ses effets personnels dans son casier en prévision du dîner.

En ce qui concerne le portrait général du degré d'intégration vécue par les deux élèves observés, l'examen de leurs horaires nous amène à constater que le type d'intégration visée est avant tout d'ordre social, les contenus d'apprentissage prescrits dans leurs plans d'intervention respectifs faisant très peu ou pas de liens avec les contenus d'apprentissage des programmes d'études enseignés dans leurs classes. Par exemple, les activités prévues pour Carole lors de sa première période de classe (mathématiques 10ᵉ année) sont les suivantes : « lundi : elle travaille le calcul, savoir compter et la position des chiffres dans un nombre ; mardi : elle travaille sur le concept du temps (lire l'heure) et sur les mesures ; mercredi : elle travaille sur l'argent (valeur des billets et des pièces de monnaie, addition et soustraction) ; jeudi : elle travaille la résolution de problèmes et les suites logiques ; vendredi : révision des activités de la semaine (calcul, heure, argent et mesure) ».

Les défis particuliers de l'intégration *pédagogique* au secondaire sont biens connus (Doré, Wagner et Brunet, 1996). L'Association du Nouveau-Brunswick pour l'intégration communautaire reconnaît elle aussi que l'inclusion scolaire à cet ordre d'enseignement pose un « grand défi » (ANBIC, 2000), les stratégies d'enseignement encore largement utilisées, tel l'exposé, favorisant peu la participation des EHDAA. La pédagogie de l'inclusion, corollaire pédagogique de l'inclusion scolaire, exige qu'on adopte des approches d'enseignement efficaces ; on en fait même l'une des dix conditions essentielles à la mise en place d'une école inclusive (Rousseau et Bélanger, 2004). Ces stratégies d'enseignement pour une classe inclusive sont par ailleurs de plus en plus documentées (p. ex.: Massé, 2004). Bien qu'on soit encore loin d'y avoir adopté et implanté un modèle de programmation ouvert et universel (Hitchcock, Meyer, Rose et Jackson, 2002), nous avons eu écho de quelques démarches d'inclusion pédagogique à l'école Bon Accueil, quelquefois d'ailleurs initiées par l'enseignante de classe ordinaire.

Ainsi, l'enseignante ressource, l'aide-enseignante d'Arthur et sa mère nous ont toutes trois mentionné la participation de cet élève à un projet dans sa classe de français 12e année, projet portant sur le roman d'Yves Thériault *Agaguk*, et pour lequel Arthur avait préparé une affiche qu'il a par la suite montrée à toute sa classe. Arthur avait même été évalué sur sa compréhension de ce roman (à partir d'un résumé simplifié de l'histoire). À une autre occasion, cette fois dans son cours de français 10e année, Arthur, assisté de son aide et de sa mère, a réalisé une vidéo portant sur une chanson du groupe musical québécois Les Respectables, accompagnée d'une présentation d'un projet de recherche portant sur ce groupe. L'aide-enseignante me mentionne également la participation d'Arthur aux activités sportives de ses cours d'éducation physique en 9e et 10e années, participation qui dût malheureusement cesser en 11e année, ce cours n'étant offert que l'après-midi et entrant en conflit avec son stage au Blockbuster.

Cela est d'autant plus regrettable « *qu'Arthur est très sportif... il adore ça... et il est très bon* » au point de participer aux mêmes activités, sans adaptation : « *il jouait au baseball... au basketball... au ping-pong... même au tir à l'arc... il était là sans aide* » (aide-enseignante).

Bien qu'on puisse percevoir qu'il y ait « *beaucoup d'opportunités manquées* » pour maximiser l'intégration pédagogique de certains élèves au secondaire (aide-enseignante), l'enseignante ressource mentionne avoir déjà pu observer en deux ans une « *évolution* » positive dans ce sens : « *Déjà, il y a du beau travail qui se fait, mais je vois d'autres choses qui pourraient être faites [...]; comme je le vois, il y a eu du progrès, mais on a encore du chemin à faire.* » L'un des aspects sur lequel l'école Bon Accueil nous apparaît avoir déjà fait un bon bout de chemin est sans aucun doute celui de l'intégration des élèves handicapés dans la vie scolaire et le climat d'entraide qui prévaut entre les élèves.

2.6 La vie scolaire et l'entraide entre les élèves

Nous avons déjà souligné la qualité des ressources humaines de l'école Bon Accueil et, surtout, leur engagement collectif envers les élèves avec handicaps et en difficulté fréquentant leur école. Parmi les acteurs incontournables d'une école inclusive, on identifie évidemment les élèves « sans handicap ou difficulté », celles et ceux qui sont appelés à côtoyer quotidiennement les élèves « inclus », tant dans leurs salles de classes que dans toutes les sphères d'activités scolaires et parascolaires. Le « programme de soutien », retenu comme l'une des dix conditions essentielles à la mise en place d'une école inclusive, fait intervenir les pairs dans la recherche et l'implantation de « stratégies et d'activités qui favoriseront l'inclusion du jeune » (Rousseau et Bélanger, 2004, p. 352).

Bien qu'on établisse généralement que les attitudes des élèves du primaire soient dans l'ensemble plus positives que celles observées chez les élèves du secondaire (Bélanger, 2004), la situation peut s'avérer différente dans une école où les mêmes élèves se côtoient depuis leur entrée à l'école en maternelle :

À mon arrivée à l'école Bon Accueil, je me dirige vers la cafétéria où Arthur termine son dîner en compagnie de deux autres élèves avec handicaps et d'une aide-enseignante. Bien qu'Arthur m'apparaisse très à l'aise dans son école, j'apprendrai de la part de l'aide-enseignante, qui travaille avec Arthur depuis près de quatre ans, que celui-ci était beaucoup plus intégré socialement les années précédentes. En fait, Arthur avait développé de nombreux liens d'amitié avec le groupe de maternelle auquel il appartenait à sa première année à l'école. Ses parents ayant choisi de lui faire reprendre cette classe de maternelle, son groupe d'amis « *qu'il connaissait tous* » et qu'il « *a suivis pendant 12 ans* » (aide-enseignante) a gradué l'année précédente. Arthur dînait alors avec la fille de l'aide-enseignante et son groupe d'amies. L'année précédente, Arthur dînait avec le fils de la même aide-enseignante, fils qui est d'ailleurs demeuré lié à Arthur. Cet ancien de l'école Bon Accueil poursuit ses études aux États-Unis. Lorsqu'il revient à [la ville] visiter sa famille, il invite Arthur au restaurant (observations et commentaires recueillis par le chercheur).

Bien que l'école Bon Accueil recevait plus de 1 000 élèves l'année scolaire pendant laquelle s'est effectuée notre recherche (dont un peu moins de 350 dans les quatre années du secondaire), elle est perçue comme étant « petite ». Ainsi, à la question portant sur l'atmosphère générale de l'école, la mère de Carole répond :

J'aime beaucoup le fait que l'école est petite [...]; je pense que ça rassure tout le monde, ça nous rassure nous, comme parents, ça rassure Carole parce que tu es toujours dans le même environnement finalement.

Comme ce fut le cas pour Arthur, les parents de Carole mentionnent également que le fait de fréquenter les mêmes élèves pendant de nombreuses années a favorisé l'intégration sociale de leur fille : « *Parmi les élèves de l'école, il y en avait quatre ou cinq qui aimaient beaucoup, beaucoup Carole, alors on s'organisait toujours pour en avoir deux ou trois dans la même classe* [que Carole] » (mère de C). Ce genre de « cercle d'amies » informel, initié dès la 5ᵉ année par l'enseignante ressource qui desservait alors cet ordre d'enseignement, a eu un impact très positif : « *Elles prenaient chacune leur tour pour aller avec Carole pendant les petites pauses entre les périodes, pendant les collations,* [elles faisaient] *toutes sortes de choses comme cela ; ça été un vrai succès!* » (père de C). Bien que la formule du cercle d'amies ne se soit pas maintenue au secondaire, l'enseignante ressource souligne que malgré le caractère asocial de son handicap [l'autisme], une enseignante de Carole lui rapporte que lorsque l'aide-enseignante est absente, certaines élèves « *prennent l'initiative des fois d'aller lui demander qu'est-ce qu'elle fait comme travail* [...] », ce qui amène l'enseignante ressource à conclure que les élèves de l'école « *font du beau travail à ce niveau* [l'intégration sociale], *qu'il existe un grand respect entre tous les élèves!* »

Pour conclure cette section, retournons à Arthur qui, rappelons-le, était resté très proche des élèves avec lesquels il avait entrepris sa scolarisation à l'école Bon accueil, en maternelle. Ces élèves graduaient l'année scolaire précédant nos visites. Or, chaque année, les élèves finissants organisent un spectacle pour souligner la fin de leur séjour à l'école. Voici ce que nous a raconté l'aide-enseignante d'Arthur à ce sujet :

J'ai une histoire que je peux te raconter... [...] Les finissants font un spectacle au théâtre à chaque année; [cette année-là], ils ont pris des photos de tous les gradués faisant des grimaces. Un élève de ce groupe, N, est venu me voir et il m'a demandé : est-ce qu'on peut prendre une photo d'Arthur? Je lui ai rappelé qu'Arthur ne finissait pas l'école cette année-là [il était alors en 11ᵉ année] et que c'était à eux autres de décider s'ils voulaient qu'il soit dans leurs photos ou non [...]; alors, ils ont pris sa photo, puis pendant le spectacle, ils montraient ces photos [...]; c'était assez comique [...] J'ai demandé qu'Arthur participe à toutes les activités des finissants de cette année-là, étant donné que c'était son groupe... qu'il puisse aller au bal... qu'il puisse être dans le spectacle... je trouvais ça important parce que c'est vraiment son groupe [d'appartenance].

2.7 L'implication des parents

Les derniers résultats analysés concernent l'implication des parents à l'intérieur de cette école inclusive. Bien que la participation des parents ne soit pas retenue explicitement comme l'une des dix conditions essentielles à la mise en place d'une école inclusive, la présence, sinon l'*input* des parents peut et devrait se faire sentir à plusieurs moments

(p. ex. dans le développement d'une philosophie commune, c'est-à-dire d'un projet d'école inclusive) ou à l'intérieur de plusieurs des conditions menant à une école inclusive (p. ex.: célébrer les réussites), d'autant plus qu'on reconnaît que « la collaboration entre *tous*[10] les intervenants de l'éducation est la fondation même de l'école inclusive » (Rousseau et Bélanger, 2004, p. 349).

Qu'en est-il à l'école Bon Accueil, et en particulier dans le secteur du secondaire qui a été l'objet de notre étude? Tout d'abord, le fait que l'école soit elle-même « intégrée » à l'intérieur d'un centre communautaire destiné aux francophones de la ville entraîne la présence dans l'établissement de nombreux adultes autres que le personnel scolaire. Cette présence, toute naturelle, contribue probablement à l'établissement du climat familial auquel nous avons déjà fait allusion. Pour illustrer cela, lors de notre première visite à l'école (février 2007), nous avions rédigé les observations suivantes :

En attendant l'heure de ma rencontre avec l'enseignante ressource, je m'installe dans la bibliothèque de l'école, qui est également la bibliothèque publique des francophones de la ville. Une classe d'élèves de 4e ou 5e année s'y trouve. Les élèves choisissent des livres, puis s'assoient autour de tables, en petits groupes, pour lire (ou pour discuter sans attirer l'attention de l'enseignante). À un moment donné, deux femmes entrent avec chacune une pile de livres sous les bras. Un des élèves se précipite vers l'une d'entre elles ; sa joie est manifeste. Après quelques échanges avec celle-ci, l'élève retourne à sa table et je l'entends expliquer à son camarade de classe : « C'est maman. » Le même phénomène se reproduira à quelques reprises lors de cette première visite. Des parents, venus pour une raison ou une autre au Centre, croisant leur enfant ou saluant des enfants qu'ils connaissent. Je me fais alors la remarque que cette école n'est décidément pas tout à fait comme les autres.

Lorsque interrogé au sujet du degré d'implication des parents à son école, le directeur souligne que ceux-ci sont effectivement très présents, « *qu'ils poussent... ils poussent fort* » (pour des services et d'autres demandes). En ce qui concerne les parents d'élèves à besoins particuliers, il soulève que la reconnaissance de ces besoins par l'école facilite la communication et la collaboration : « *C'est plus facile pour eux lorsqu'ils n'ont pas besoin de nous convaincre que l'élève a un besoin particulier* [...] *ils sentent qu'on travaille en équipe.* » Les parents doivent percevoir l'ouverture de l'école à l'égard de leur enfant : « *Si nous, comme direction ou comme école, on n'est pas prêts à l'inclusion ou* [qu'ils sentent] *qu'on veut leur mettre des bâtons dans les roues, là on va avoir beaucoup de résistance.* » La compréhension doit cependant être réciproque : « *Ils comprennent nos difficultés* [...] *ils nous appuient, nous encouragent* [...] *ils sont vraiment là pour nous.* »

D'après les parents interviewés, la communication avec la direction et avec le personnel de l'école semble naturelle : « *C'est une chose que j'ai vraiment remarquée* [...], *qu'on avait beaucoup aimé au début, c'est que la communication était assez bonne, dans le sens qu'on se rencontrait souvent, si on avait des questions... il y avait beaucoup de suivis... on voyait les défis et on essayait de formuler un programme ensemble* » (père de C). La fréquence de ces rencontres a toutefois changé, comme l'explique la mère de Carole : « *Elles sont moins fréquentes* [maintenant]... *je pense qu'au tout début, c'est surtout parce qu'on cherchait tout le monde à fonctionner* [ensemble]... *c'était des rencontres presque mensuelles finalement... puis au fil des années, on en avait moins besoin... on commençait à connaître les limites de notre fille.* » Et la mère conclut : « *Maintenant, au début de chaque année, on leur dit toujours la même chose... on est prêts à venir vous rencontrer n'importe quand... avant ça, on nous demandait de venir à l'école presque tous les mois... maintenant, on nous demande d'y venir deux fois par année.* »

Le témoignage de la mère d'Arthur va dans la même direction que celui des parents de Carole : « *Le positif* [de l'école]... *le positif, c'est que c'est très facile à communiquer* [avec l'école], *qu'ils sont très faciles à aborder... faciles d'accès, oui!* » L'implication des parents en est d'autant plus facilitée lorsqu'on partage une philosophie commune (Rousseau et Bélanger, 2004), lorsqu'on partage les mêmes priorités éducatives : « *Le plus important pour moi, c'est que mon enfant soit heureux à l'école... alors quand mon enfant se lève puis qu'il est content d'aller à l'école, ça c'est un bon signe... et cela a été comme ça pour tous mes enfants. Tous mes enfants étaient contents d'aller à l'école.* »

Pourquoi? La mère d'Arthur poursuit : « *Je pense* [que c'est parce] *qu'ils donnent de l'importance à l'élève, à chaque élève... leur donnent la parole, aussi leur donnent leur place.* » Une école inclusive n'est-elle pas celle précisément où « *tous les élèves ont leur place... ont leur identité reconnue* » (directeur de l'école) ; c'est cette différence qui fait de l'école une véritable communauté d'apprentissage, cette différence « *qu'il faut respecter... c'est ce qu'il faut dire aux élèves* » (directeur de l'école).

CONCLUSION

Avant de conclure sur le sujet des caractéristiques fondamentales de cette école inclusive, nous aimerions revenir sur les raisons qui nous ont fait choisir une école secondaire pour illustrer les pratiques exemplaires en inclusion scolaire au Nouveau-Brunswick francophone. Tel que mentionné lors de la présentation de nos démarches en tant que chercheur, pas moins de cinq noms d'écoles nous furent suggérés par les autorités scolaires du district comme des candidates possibles pour cette étude, dont le nom de quatre écoles primaires. Pourquoi avoir choisi la seule école secondaire recommandée? Tout simplement parce que les écoles secondaires pouvant être qualifiées d'écoles exemplaires dans le domaine de l'inclusion scolaire sont relativement moins nombreuses que les écoles primaires, et ce, probablement tant au Nouveau-Brunswick que dans les autres provinces et territoires canadiens, d'où précisément l'importance de les faire connaître et d'en célébrer les réalisations!

L'école secondaire étudiée que nous avons choisi de désigner sous le nom d'école Bon Accueil, nom qui à défaut d'être fictif résume néanmoins l'essence même de cet établissement scolaire, n'est pas non plus une école inclusive « parfaite », loin s'en faut. En fait, si notre analyse des données recueillies à son sujet nous permet de confirmer la présence de nombreuses pratiques exemplaires en inclusion scolaire, l'école Bon Accueil n'en est pas pour autant (encore) exemplaire dans son implantation d'une *pédagogie de l'inclusion* (Vienneau, 2006). La centration sur les contenus d'apprentissage (les programmes d'études), le recours à des stratégies d'enseignement s'inspirant davantage d'un modèle de transmission des connaissances plutôt que d'un modèle de construction des savoirs (Vienneau, 2005), le rythme rapide et le fonctionnement davantage cloisonné de ces écoles (p. ex. périodes d'enseignement de 60 minutes) qui caractérisent, entre autres choses, la culture institutionnelle des écoles de cet ordre d'enseignement, en font vraisemblablement des milieux moins propices à l'implantation de l'inclusion scolaire en tant que modèle pédagogique[11].

L'école secondaire Bon Accueil présente néanmoins plusieurs des caractéristiques fondamentales associées à une école inclusive. La première de ces caractéristiques, tant dans un ordre chronologique d'implantation que, d'après nous, selon un rang d'importance, est probablement l'adoption et la diffusion d'une philosophie éducative commune, d'un « projet » d'école inclusive. Sur ce plan, l'école Bon Accueil est en tous points exemplaire. Cette philosophie nous est apparue comme allant bien au-delà des documents officiels du district (District scolaire 01, 2006) ou de l'école (Plan éducatif 2006-2007). Cette vision semble également transcender les personnes occupant les postes de direction dans l'école, personnes dont le leadership constitue, comme l'on sait, l'une des conditions essentielles à la mise en place d'une école inclusive (Rousseau et Bélanger, 2004).

Cette atmosphère d'entraide et de respect, cet accueil et ce souci de l'autre, cette acceptation et cette valorisation des différences, apparaissent en fait comme des valeurs partagées par l'ensemble de la communauté. Selon notre évaluation, l'école Bon Accueil constitue une véritable communauté éducative, un groupe qui a appris à transcender ses différences individuelles (Peck, 1993), sans pour autant tenter d'éliminer celles-ci mais en les intégrant plutôt dans la fibre même du tissu communautaire (Vienneau, 2002). À défaut de pratiquer en tout temps et en tous lieux une pédagogie de l'inclusion (ou une intégration dite pédagogique), l'école Bon Accueil nous est apparue comme pratiquant une pédagogie de la sollicitude, peut-être le premier critère « pour une pratique inclusive authentique » (Rousseau, 2006).

Parmi les autres caractéristiques d'une école inclusive observées à l'école Bon Accueil, la qualité indéniable des ressources humaines mises en place à cette école mérite mention. Que ce soit dans l'exercice du leadership attendu de la part des membres de la direction de l'école ou dans l'implantation d'un programme de soutien destiné aux élèves inclus ou encore dans l'accompagnement des enseignantes et des enseignants de classes ordinaires, ces ressources (limitées en nombre) accomplissent un travail véritablement gigantesque. Pourtant, l'une des difficultés inhérentes à ce milieu est le « roulement » observé chez son personnel d'opération. En effet, pour diverses raisons qui échappent à l'école (par exemple, un milieu francophone très minoritaire), un certain nombre d'intervenants scolaires amorcent leur carrière à cette école pour être par la suite transférés quelques années plus tard dans une autre région du Nouveau-Brunswick. Le défi supplémentaire que soulèvent ces fréquents changements de personnel, par exemple dans les postes attribués en enseignement ressource, a été souligné par quatre des sept personnes interviewées. Qu'on réussisse à maintenir malgré tout un tel niveau de qualité parmi les ressources humaines de cette école témoigne de la vitalité des valeurs qui animent cette communauté éducative.

L'engagement professionnel dont fait preuve l'ensemble de ce personnel, y compris les enseignantes et les enseignants de classes ordinaires, s'accompagne également dans cette école d'un questionnement continu et d'une capacité de remise en question de ses pratiques, ouverture aux changements jugée essentielle à la mise en place d'une école inclusive. En plus de la flexibilité dans l'application de certaines politiques (p. ex. les règles d'attribution des aides-enseignantes), flexibilité qui correspond à une autre des dix conditions essentielles à la mise en place d'une école inclusive (Rousseau et Bélanger, 2004), signalons également qu'on n'hésite pas à recourir à une agence externe, Jobs Unlimited, pour répondre à certains besoins éducatifs particuliers des élèves inclus, dans ce cas-ci le développement des compétences nécessaires à l'exercice autonome d'un emploi dans la communauté.

À ces dernières caractéristiques d'ouverture au changement, de flexibilité et de collaboration avec la communauté, pourraient s'ajouter plusieurs autres pratiques exemplaires observées à l'école Bon Accueil, dont une gestion efficace du temps d'apprentissage (cf. section 2.5) ainsi que le climat d'entraide et de respect qui règne entre les élèves et entre les adultes et les jeunes fréquentant cette école (cf. section 2.6). Nous avons toutefois choisi de conclure ce chapitre en puisant dans une source documentaire inédite.

Lors de la dernière étape de la rédaction de ce chapitre (mars 2008), nous sommes tombés par hasard sur un communiqué de presse de l'Association du Nouveau-Brunswick pour l'intégration communautaire. L'ANBIC, comme nous avons eu l'occasion de le souligner dans notre aperçu historique, a joué un rôle déterminant dans la promotion de l'inclusion scolaire au Nouveau-Brunswick. Depuis quelques années, l'Association canadienne pour l'intégration communautaire (ACIC) remet annuellement ses Prix de distinction honorifique nationaux en inclusion scolaire. Quelle ne fut pas notre surprise de retrouver parmi les quatre lauréats individuels du Nouveau-Brunswick pour 2007, récompensés pour leurs « efforts envers l'inclusion scolaire », les noms de deux enseignantes de l'école Bon Accueil et d'un élève de 12ᵉ année de cette même école. Avec l'autorisation de l'ANBIC, qui nous a remis les textes de présentation des divers lauréats (individus et écoles), et avec la permission des personnes concernées, nous en présentons ci-dessous quelques extraits, tout en préservant leur anonymat.

Madame L, enseignante de mathématiques et de sciences de 9ᵉ année à l'école [...] est déterminée à apprendre de nouvelles méthodes pour faire en sorte que tous les élèves soient inclus et participent dans sa classe. [...] Madame L inclut tous les élèves dans sa classe, quelle que soit leur aptitude intellectuelle. Elle adapte son enseignement et demande aux enseignantes ressources comment elle peut améliorer son efficacité auprès des élèves qui suivent un plan d'adaptation scolaire. Madame L veut que ses élèves réussissent et a une attitude constructive à l'égard des nouveaux défis qui se présentent à elle. Madame L a une passion pour l'éducation et est un modèle pour l'inclusion scolaire.

Madame R [...] est également enseignante au niveau secondaire à l'école [...]. Il ne fait pas de doute que madame R accepte tous les élèves dans sa classe. Elle a pour but de développer tout le potentiel de ses élèves, quelle que soit leur situation scolaire ou familiale. Madame R réussit si bien auprès de ses élèves qu'un élève ayant des besoins spéciaux qui avait été intégré dans sa classe à mi-parcours [du trimestre] n'a plus eu besoin de son aide-enseignante car madame R l'a très bien inclus. Elle veut que ses élèves réussissent. [La candidature de] madame R a été recommandée par plusieurs enseignants, parents et élèves.

Notre prix étudiant va à M, élève de 12ᵉ année à l'école [...]. Originaire de [...], M a fréquenté l'école [...] afin de poursuivre sa carrière au hockey. M est un véritable modèle de citoyen [...]. Il traite tout le monde de façon égale. On peut l'apercevoir pendant la pause repas en train de parler de hockey avec des élèves ayant un handicap intellectuel, sans être condescendant [avec ceux-ci]. Madame F [enseignante stagiaire] dit que M est devenu son interprète quand elle veut parler à un élève en particulier[12], car il a une grande habitude de la façon dont l'élève parle. M est un élève populaire à l'école [...]. Parce qu'il est inclusif par nature, les autres élèves commencent eux aussi à nouer des amitiés avec des élèves ayant un handicap, aidant ainsi ces derniers à bâtir leur confiance en eux. C'est pour l'aptitude [...] de M à faire en sorte que tout le monde se sente valorisé et accepté et pour sa capacité à inspirer d'autres élèves à nouer de nouvelles amitiés avec des élèves ayant différentes capacités que nous lui décernons le prix qui récompense les efforts envers l'inclusion scolaire.

RÉFÉRENCES BIBLIOGRAPHIQUES

Ainscow, M. (2000). The next step for special education: Supporting the development of inclusive practices. *British Journal of Special Education*, 27(2), p. 76-80.

Arceneaux, M.C. (1994). *A secondary school experience: Is it inclusion or is it school reform?* ERIC Document Reproduction Service. Document ERIC n° ED381960.

Association des enseignantes et des enseignants francophones du Nouveau-Brunswick (AEFNB) (2005). *L'école inclusive : gage de réussite de tous les élèves.* Mémoire soumis à M. Wayne MacKay dans le cadre de l'étude sur l'inclusion scolaire du ministère de l'Éducation du Nouveau-Brunswick. Frédéricton, Nouveau-Brunswick : L'Association des enseignantes et des enseignants francophones du Nouveau-Brunswick.

Association du Nouveau-Brunswick pour l'intégration communautaire (ANBIC) (2000). *Réussir l'intégration : un guide à l'éducation inclusive au Nouveau-Brunswick à l'intention des parents.* Frédéricton, Nouveau-Brunswick : L'Association du Nouveau-Brunswick pour l'intégration communautaire.

AuCoin, A. et Goguen, L. (2004). L'inclusion réussie : un succès d'équipe! Dans N. Rousseau et S. Bélanger (dir.). *La pédagogie de l'inclusion scolaire.* Québec : Presses de l'Université du Québec.

Baker, E.T., Wang, M.C. et Walberg, H.J. (1994-1995). The effects of inclusion on learning. *Educational leadership*, 52(4), p. 33-35.

Beaupré, P., Bédard, A., Courchesne, A., Pomerleau, A. et Tétreault, S. (2004). Rôles des intervenants scolaires dans l'inclusion. Dans N. Rousseau et S. Bélanger (dir.). *La pédagogie de l'inclusion scolaire.* Québec : Presses de l'Université du Québec.

Bélanger, S. (2004). Attitudes des différents acteurs scolaires à l'égard de l'inclusion. Dans N. Rousseau et S. Bélanger (dir.). *La pédagogie de l'inclusion scolaire.* Québec : Presses de l'Université du Québec.

Booth, T. et Ainscow, M. (2005). *Guide de l'éducation inclusive : développer les apprentissages et la participation à l'école.* Montréal, Québec : Les Éditions de la collectivité.

Clark, C., Dyson, A., Millward, A. et Robson, S. (1999). Theories of inclusion, theories of schools: Deconstructing and reconstructing the inclusive schools. *British Education Research Journal*, 25, 157-177.

Commission des droits de la personne du Nouveau-Brunswick (2007). *Ligne directrice sur les mesures d'adaptation à l'endroit des élèves ayant une incapacité.* Frédéricton, Nouveau-Brunswick : Commission des droits de la personne du Nouveau-Brunswick.

Conseil du premier ministre sur la condition des personnes handicapées (2007). *Stratégie du Plan d'action sur les questions touchant les personnes handicapées - La voie vers l'autosuffisance et l'inclusion des personnes handicapées au Nouveau-Brunswick.* Frédéricton, Nouveau-Brunswick : Gouvernement du Nouveau-Brunswick.

Correia, C.L. et Goguen, L. (1983). *Rapport final de l'étude concernant la Loi sur l'enseignement spécial du Nouveau-Brunswick.* Frédéricton, Nouveau-Brunswick : Ministère de l'Éducation du Nouveau-Brunswick.

Department of Education of New Brunswick (1988). *Working guidelines on integration.* Frédéricton, Nouveau-Brunswick : Student Services Branch, Department of Education of New Brunswick.

Department of Education of New Brunswick (1994). *Best practices for inclusion.* Frédéricton, Nouveau-Brunswick : Student Services Branch, Department of Education of New Brunswick.

District scolaire 01 (2006). *Plan éducatif 2006-2009.* Moncton, Nouveau-Brunswick : District scolaire 01.

Doré, R., Wagner, S. et Brunet, J.-P. (1996). *Réussir l'intégration scolaire. La déficience intellectuelle.* Montréal, Québec : Les Éditions Logiques.

Downing, J.E et Eichinger, J. (2003). Creating learning opportunities for students with severe disabilities in inclusive classrooms. *Teaching Exceptional Children*, 36(1), p. 26-31.

Duchesne, H. (2004). Inclusion au quotidien – De l'individu à la collectivité. Dans N. Rousseau et S. Bélanger (dir.). *La pédagogie de l'inclusion scolaire.* Québec : Presses de l'Université du Québec.

Dumas, P. (2006). Perspectives historiques (Annexe K). Dans W. MacKay (dir.). *Relier le soin et les défis : utiliser notre potentiel humain – L'inclusion scolaire : étude des services en adaptation scolaire au Nouveau-Brunswick.* Halifax, Nouvelle-Écosse : AWM Legal Consulting.

Galluci, C. (1997). *The MESH Manual for inclusive scools. Project MESH: Making effective schools happen for all students.* Washington office of the state superintendant of public instruction, Olympia. Document ERIC n° ED450535.

Hitchcock, H., Meyer, A., Rose, D. et Jackson, R. (2002). Providing new access to the general curriculum: Universal design for learning. *Teaching Exceptional Children*, 35(2), p. 24-28.

LeBlanc, M. (2008). *La collaboration à l'école : un processus essentiel et complexe.* Conférence d'ouverture à la session de formation des directions d'école et de l'équipe pédagogique du district scolaire n° 1. Memramcook, Nouveau-Brunswick, 26 mars 2008.

Lipsky, D.K. et Gardner, A. (1996). Inclusion, school restructuring and the remaking of American society. *Harvard Educational Review*, 66(4), p. 762-796.

MacKay, W. (2006). *Relier le soin et les défis : utiliser notre potentiel humain – L'inclusion scolaire : étude des services en adaptation scolaire au Nouveau-Brunswick.* Halifax, Nouvelle-Écosse : AWM Legal Consulting.

MacLeod, G.E.M. et Pinet, A. (1973). *L'éducation de demain : Rapport du comité ministériel sur la planification éducative.* Frédéricton, Nouveau-Brunswick : Ministère de l'Éducation du Nouveau-Brunswick.

Massé, L. (2004). Stratégies d'enseignement pour une classe inclusive. Dans N. Rousseau et S. Bélanger (dir.). *La pédagogie de l'inclusion scolaire.* Québec : Presses de l'Université du Québec.

Ministère de l'Éducation du Nouveau-Brunswick (MÉNB) (1988). *Énoncé de principe sur l'intégration scolaire.* Frédéricton, Nouveau-Brunswick : Direction des Services aux élèves, ministère de l'Éducation du Nouveau-Brunswick.

Ministère de l'Éducation du Nouveau-Brunswick (MÉNB) (1991). *L'éducation des élèves exceptionnel(le)s – Guide administratif à l'intention des conseils scolaires du Nouveau-Brunswick.* Frédéricton, Nouveau-Brunswick : Ministère de l'Éducation du Nouveau-Brunswick.

Ministère de l'Éducation du Nouveau-Brunswick (MÉNB) (1993). *La mission de l'éducation publique au Nouveau-Brunswick.* Frédéricton, Nouveau-Brunswick : Ministère de l'Éducation du Nouveau-Brunswick.

Ministère de l'Éducation du Nouveau-Brunswick (MÉNB) (1995). *L'école primaire*. Frédéricton, Nouveau-Brunswick : Direction des Services pédagogiques, ministère de l'Éducation du Nouveau-Brunswick.

Ministère de l'Éducation du Nouveau-Brunswick (MÉNB) (2002). *L'école secondaire renouvelée. Document en chantier* (mai). Frédéricton, Nouveau-Brunswick : Direction des Services pédagogiques, ministère de l'Éducation du Nouveau-Brunswick.

Ministère de l'Éducation du Nouveau-Brunswick (MÉNB) (2004). *Rôles et responsabilités des conseils d'éducation de district et du ministère de l'Éducation*. Frédéricton, Nouveau-Brunswick : Ministère de l'Éducation du Nouveau-Brunswick.

Ministère de l'Éducation du Nouveau-Brunswick (MÉNB) (2007a). *Statistiques sommaires – Année scolaire 2006-2007*. Frédéricton, Nouveau-Brunswick : Division des politiques et de la planification, ministère de l'Éducation du Nouveau-Brunswick.

Ministère de l'Éducation du Nouveau-Brunswick (MÉNB) (2007b). *Le secondaire renouvelé pour un monde nouveau. Document d'information à l'intention du personnel enseignant*. Frédéricton, Nouveau-Brunswick : Direction des Services pédagogiques, ministère de l'Éducation du Nouveau-Brunswick.

Morefield, J. (1996). Transforming education : Recreating schools for all children. [En ligne]. <http://www.newhorizons.org/trans/morefield.htm> (Consulté le 21 avril 2010).

Organisation de coopération et de développement économiques (OCDE) (1995). *L'intégration scolaire des élèves à besoins particuliers*. Paris, France : Les Éditions de l'OCDE.

Organisation de coopération et de développement économiques (OCDE) (1999). *L'insertion scolaire des handicapés – Des établissements pour tous*. Paris, France : Les Éditions de l'OCDE.

Parent, G. (2004). Rôles de la direction dans une école inclusive. Dans N. Rousseau et S. Bélanger (dir.). *La pédagogie de l'inclusion scolaire*. Québec : Presses de l'Université du Québec.

Peck, S. (1993). *La route de l'espoir : Pacifisme et communauté*. Paris, France : Les Éditions Flammarion.

Porter, G.L. (1992). L'enseignant-ressource : le modèle d'un conseiller-collaborateur. Dans G.L. Porter et D. Richler (dir.). *Réformer les écoles canadiennes – Perspectives sur le handicap et l'intégration*. North York, Ontario : Institut Roeher.

Robichaud, O. (1978). Les dimensions de l'intégration. *Special Education in Canada*, 52(4), p. 24-31.

Rousseau, N. (2006). Former à la pédagogie de la sollicitude pour une pratique inclusive authentique. Dans P.-A. Doudin et L. Lafortune (dir.). *Intervenir auprès d'élèves ayant des besoins particuliers – Quelle formation à l'enseignement?* Québec : Presses de l'Université du Québec.

Rousseau, N. et Bélanger, S. (2004). Dix conditions essentielles à la mise en place d'une école inclusive. Dans N. Rousseau et S. Bélanger (dir.). *La pédagogie de l'inclusion scolaire.* Québec : Presses de l'Université du Québec.

Schaffner, C.B. et Buswell, B.E. (1996). Ten critical elements in creating inclusive and effective school communities. Dans S. Stainback et W. Stainback (dir.). *Inclusion : A guide for educators* (p. 49-65). Baltimore : Paul H. Brookes.

Slee, R. et Weiner, G. (2001). Education reform and reconstruction as a challenge to research genres: Reconsidering school effectiveness research and inclusive schooling. *School Effectiveness and School Improvement*, 12(1), p. 83-98.

Trépanier, N. (2005). *L'intégration scolaire des élèves en difficulté. Une typologie de modèles de services* (2e éd). Montréal, Québec : Édition Nouvelles AMS.

Trépanier, N. (2006). Des conditions au développement d'écoles communautaires pour favoriser la réussite éducative des jeunes. *Education Canada*, 46(4), p. 11-14.

Vienneau, R. (2002). Pédagogie de l'inclusion : fondements, définitions, défis et perspectives. Dans R. Landry, C. Ferrer et R. Vienneau. (dir.). La pédagogie actualisante. *Éducation et francophonie*, 30(2).

Vienneau, R. (2005). *Apprentissage et enseignement : théories et pratiques.* Montréal, Québec : Gaëtan Morin Éditeur.

Vienneau, R. (2006). De l'intégration scolaire à une véritable pédagogie de l'inclusion. Dans C. Dionne et N. Rousseau (Dir.) : *Transformation des pratiques éducatives – La recherche sur l'inclusion scolaire.* Québec : Presses de l'Université du Québec.

Vienneau, R. et Blain, S. (2007). *Les effets de l'utilisation des ordinateurs portatifs individuels chez les élèves ayant des difficultés d'apprentissage ou d'adaptation.* Communication au 75e Congrès de l'Acfas, Université du Québec à Trois-Rivières, 10 mai 2007.

Wang, M.C. (1997). *Serving students with special needs through inclusive education approaches.* Mid-Atlantic Laboratory for Student Success, Philadelphie. Document ERIC n° ED419076.

NOTES

1 Rappelons que dans sa version la plus radicale (inclusion inconditionnelle ou « *full inclusion* »), l'inclusion scolaire se distingue de l'intégration scolaire en ce que celle-ci exclut toute forme de rejet (philosophie du « zéro rejet ») et préconise un seul placement pour tous les élèves : la classe ordinaire (Vienneau, 2006).

2 Rappelons qu'on reconnaît traditionnellement plusieurs « niveaux » d'intégration scolaire : l'intégration physique (fréquentation de la même école, mais dans une classe séparée) ; l'intégration sociale (contacts favorisés entre les EHDAA et les autres élèves de l'école), l'intégration pédagogique (en classe ordinaire, à temps partiel ou à temps plein, mais seulement pour certains EHDAA) ; et, enfin, l'intégration adminis- trative, qui correspond ici à une intégration complète des deux systèmes d'éducation, l'éducation spéciale et l'éducation qu'on qualifiait jadis de « régulière » (Robichaud, 1978 ; Vienneau, 2006).

3 L'auteur tient à souligner la contribution de Sylvie Blain, professeure au Département d'enseignement au primaire et de psychopédagogie de l'Université de Moncton, qui a participé à la collecte et à l'analyse préliminaire des données de l'école primaire, résultats qui furent par ailleurs communiqués au 75ᵉ Congrès de l'Acfas (Vienneau et Blain, 2007).

4 L'année suivante, 2007-2008, une nouvelle école primaire fut ouverte à proximité pour accueillir les élèves de la maternelle à la 5ᵉ année. L'école visitée en 2006-2007 regroupe donc maintenant les élèves du dernier cycle du primaire (6ᵉ à 8ᵉ année) ainsi que les élèves du secondaire (9ᵉ à 12ᵉ année).

5 Notons que les élèves dits exceptionnels peuvent fréquenter l'école publique jusqu'à l'âge de 21 ans. Dans le cas de cet élève, les parents ont jugé bon de laisser leur garçon poursuivre ses apprentissages l'année scolaire suivante, de manière à faciliter sa transition à venir en milieu de travail.

6 Duchesne, H. (2006). *Quelques précisions concernant les critères destinés à servir de cadre pour l'observation des écoles et des classes inclusives* (15 pages). Document à usage interne destiné à l'équipe de chercheures et chercheurs participant à une recherche ethnographique en contexte international (chercheure principale : Nathalie Bélanger).

7 Ce domaine prioritaire s'explique aisément lorsqu'on sait que la majorité des écoles de ce district du sud-est du Nouveau-Brunswick sont situées dans des régions autour de centres urbains et qui « sont pour la plupart des territoires anglo-dominants » (District scolaire 01, 2006, p. 2).

8   Auteur ou coauteur de nombreux ouvrages portant sur l'apprentissage coopératif, Jim Howden agit depuis plusieurs années à titre de consultant en éducation pour la firme Coopération-Mosaïque (Pointe-Claire, Québec).

9   En raison d'un problème de « roulement de personnel » particulier à l'école Bon Accueil (nous y reviendrons), Arthur a connu quatre enseignantes ressources différentes au cours des quatre années de son secondaire, phénomène qui se produira à nouveau la prochaine année scolaire, en raison du départ de l'enseignante ressource actuelle.

10   C'est nous qui soulignons.

11   Comme nous avons déjà eu l'occasion de l'exprimer, le défi de l'inclusion scolaire en tant que modèle pédagogique (pédagogie de l'inclusion) est double : « D'une part, fournir dans le contexte de la classe ordinaire les programmes et les services spécialisés considérés nécessaires à l'épanouissement des élèves avec handicaps et des élèves en difficulté ; d'autre part, transformer les approches et les pratiques pédagogiques des enseignantes et des enseignants de classes ordinaires, de manière à permettre le plus souvent possible le plus haut niveau d'intégration pédagogique pour le plus grand nombre d'élèves de la classe, et ce, indépendamment des capacités intellectuelles ou des particularités de fonctionnement des uns ou des autres » (Vienneau, 2006, p. 27).

12   On aura peut-être deviné que l'élève en particulier dont il s'agit ici est nul autre que notre attachant Arthur, passionné de cinéma… et de hockey !

Is the Policy of *Integrazione Scolastica* an Inclusive Policy? Challenges and Innovations in a Lower Secondary School in Italy

Simona D'Alessio

INTRODUCTION

This chapter presents research conducted in a lower secondary school in Rome (Italy) in 2007. Through an investigation of school policies and practice, the chapter analyzes the extent to which the Italian policy of *integrazione scolastica* can be considered an inclusive policy or a policy that could lead to the development of inclusive education in Italy. Taking into account the differences between *integrazione scolastica* and inclusion, this chapter argues that, while *integrazione scolastica* is mostly concerned with the mainstreaming of disabled pupils into regular schools, inclusion refers to the transformation of education systems. With this in mind, the study focused on how the school initiated and managed changes to meet all pupils' requirements and how it attempted to remove those cultural, economic, and organizational factors that represented a barrier for the education of pupils perceived as being 'different from the norm'. The study of inclusive education in this school inevitably encapsulated the study of exclusion mechanisms and how the latter became materialized in policies and practice, often disguised as integration procedures.

The chapter is embedded in the interpretation of inclusive education as an *ongoing process* (Ainscow and Booth 1998; Booth and Ainscow 2000; Rustemier and Booth 2005). Inclusive education may

be understood as requiring a continual effort to improve the respon-
siveness of education systems, keeping inclusive values and ethos
at the forefront (Corbett and Slee 2000). It would be impossible, of
course, to ensure universal inclusive education by devising a uniform
model—not least because a school cannot be 'made' inclusive (Booth
and Ainscow 2000). What can be implemented and disseminated is an
attitude towards change in relation to all those conditions that hamper
inclusion and foster exclusion. Fundamental to such an undertaking
is an understanding that schools are rooted in different contexts that
produce different constraints. Consequently, developing inclusive
education in any one school necessitates careful consideration of the
school's starting point and its specific cultural, historical, and social
contexts. For this reason, this research included a detailed case study
of a school situated in the city of Rome. By doing so, the study was
able to promote a better understanding of a specific context and its
constraints as well as its potentialities of development. The findings
discussed below are not meant to be generalized, as they refer to one
school only. Nevertheless, they represent an opportunity for rethinking
the nature of schooling and for identifying those areas of analysis that
require further investigation and reflection for the development of
inclusion in Italy (and elsewhere).

After a short introduction about what inclusion means within this
research context, the chapter describes how the policy of *integrazione
scolastica* came into force and what contradictions and tensions
emerge when the policy is implemented at a school level. The chapter
provides information about a series of initiatives that have been
implemented in the school chosen as the case study and that could
promote, or alternatively hinder, the development of inclusion. The
chapter ends with a series of recommendations for the making of a
more inclusive school.

1. INCLUSIVE EDUCATION

An increasing number of supranational and governmental bodies
suggest that inclusion is the key educational principle through
which to address issues of equality and diversity in education and to
improve the overall quality of education systems (Meijer 2003; Meijer,

Soriano, and Watkins 2003; OECD 2004; UNESCO 1994, 2003). Under the banner of inclusion, many struggles are being fought to remove all discriminatory barriers, which would result in a more just and equitable society. Although this principle is widely shared among theorists and policy makers, there is still, arguably, a lack of consensus as to what inclusion *means* and, most importantly, what its *implications* are at the level of policy and practice (Ainscow and Booth 1998; Ainscow, Booth, and Dyson 2006; Armstrong and Barton 2001; Campbell 2002). Slee and Allan (2001) pertinently underline that the notion of inclusive education is often misinterpreted, and perhaps misappropriated, as a new nomenclature for special needs education and, depending on the geographical contexts, with integration.

Depending on the different contexts and countries, inclusive education may mean different things. It is indeed not easy to discuss issues of inclusive education in an international study (D'Alessio and Watkins, in press). In order to tackle the complexity of the different meanings of inclusion, within the scope of this study I have used the terms 'inclusive education' and 'inclusion' to refer to those educational principles that support the process of changing education systems in order to meet the requirements of the entire student population. Specifically, I consider inclusive education a process of transformation. Such a process aims to create schools that do not need to identify and categorize some pupils as 'different' in order to 'include' them. From an inclusive perspective, pupils should have the right to participate actively in the process of learning as human beings and not because they belong to a 'vulnerable' social group. In the present discussion, therefore, the main purpose of inclusive education is to enable schools to identify existing mechanisms of *ex*clusion and to remove those political, social, cultural, and economic barriers that hinder the participation of all pupils in the process of learning, taking into account their biological condition, social and economic background, and ethnic origin.

1.1 Inclusion in Italy

The use of terminology such as inclusive education is rather new in the Italian context (Caldin 2004; Canevaro 2006b, 2007; Canevaro and Mandato 2004; Ianes 2005; Ianes and Tortello 1999). There has been a general tendency to reject the term 'inclusive education', as it is considered inappropriate for the Italian context (Canevaro 2001). However, due to international pressures in the field of education, the term 'inclusion' is beginning to appear in most Italian literature (Canevaro 2007) and policies (Ministero della Pubblica Istruzione 2007). With this in mind, the new definition of '*integrazione da una prospettiva inclusiva*'—integration from an inclusive perspective—has been coined (Canevaro and Mandato 2004) in order to emphasize a continuum between integration and inclusion policies and practice. In Italy, the policy of inclusive education is generally associated with the policy of *integrazione scolastica* (Law 517/1977), which may be defined as the educational policy concerned with the mainstreaming of disabled pupils in ordinary classrooms and with the dismantling of special education systems.

Recently, however, a group of Italian researchers, including myself (D'Alessio 2007a; Medeghini 2006, 2008; Medeghini and Valtellina 2006), has argued for a different interpretation of the concept of inclusion when compared to *integrazione scolastica*. While *integrazione scolastica* is interpreted as a policy aiming to promote the process of integration of disabled pupils (or more recently of pupils identified as having special educational needs) in ordinary settings, inclusion refers to the process of identifying existing mechanisms of *ex*clusion, which discriminate against some pupils on the basis of their difference from the 'norm'. It is with this latter interpretation in mind that the investigation presented in this chapter was conducted.

2. THE ITALIAN CONTEXT: THE POLICY OF *INTEGRAZIONE SCOLASTICA*

The Italian policy of *integrazione scolastica* has been internationally characterized within the field of education as very progressive (Booth 1982; Buzzi 1993; de Anna 1997; Ferri 2008; Hegarty 1987; Meijer and Abbring 1994; Mittler 2000; OECD 1994, 2005; O'Hanlon 1995; Segal Maigne and Gautier 2003; Thomas and Loxley 2001; Zambelli and Bonni 2004). Disabled children have been integrated in regular schools as a matter of national policy for more than 30 years (Buzzi 1993;

Meijer and Abbring 1994; Meijer, Soriano, and Watkins 2003). The Italian model of *integrazione scolastica* is clearly an advanced and unique educational model operating in such a way that pupil differences "are not transformed into injustice" (Zambelli and Bonni 2004, 351); any alternative educational provision for disabled pupils is considered as a "denial of basic human rights" (Adams 1990, 151).

Clearly, the Italian policy of *integrazione scolastica* appears to encompass an ideal context—legislative, educational, pedagogical, and social—for the development of inclusive education. This is particularly evident whenever integrated education is compared to other policy contexts in which segregated education is the only available option for disabled pupils. So why should we question the 'inclusiveness' of a progressive policy that allowed a previously marginalized section of the population to attend regular schools?

Firstly, it is because, despite a clearly supportive policy context, a series of tensions emerges whenever this policy is put into practice. For example, some pupils (in particular disabled pupils) still face some forms of discrimination and marginalization in Italian schools as a result of organizational barriers and cultural prejudices. This is also evident in the increasing number of tribunal hearings. Most tribunal summaries report that parents appeal against schools and local education authorities concerning the lack of extra resources allocated to regular schools and the perpetuation of segregational attitudes, particularly by class teachers, who often delegate the education of disabled pupils to specialist teachers only. Therefore, although the policy of *integrazione scolastica* is currently considered a fundamental standpoint in the development of inclusive education (Canevaro 2002, 2007; Ianes 2005) and is often perceived as being a synonym for inclusion (Canevaro 2001, 2002, 2006a), many contradictions still exist that need to be analyzed and explored.

Secondly, inclusion is not about 'including' disabled people into regular schools or closing down special schools (Barton 1998). The dismantling of segregated institutions and the process of mainstreaming disabled pupils into regular schools are clearly two fundamental factors for the development of inclusive education. However, inclusion also requires a paradigmatic shift in thinking from an individual/medical model of education, which focuses on personal deficits, to a social model of education, which identifies those disabling barriers that need to be removed in order to create a school that really celebrates pupil diversity. My argument will be that, despite some important adjustments to the regular school (such as developing team teaching), the policy of *integrazione scolastica* has not been able to concretely address the systemic changes required by this paradigmatic shift. As a result, *integrazione scolastica* and, consequently, inclusion are often being interpreted simply as a new nomenclature for the policy of mainstreaming disabled pupils within ordinary settings, without any clear understanding of the theoretical framework supporting school change at the level of pedagogy, curriculum, and assessment. Evidence of this position can be found in the Italian literature, where *integrazione scolastica* is mostly interpreted as a policy aimed specifically at pupils with impairments and/or pupils identified as having special educational needs (Caldin 2004; Canevaro 2007; Ianes 2005, 2007). As the study will show, despite localized attempts to adjust and accommodate existing school procedures and settings, it is mostly disabled pupils who struggle to 'fit in' within regular classrooms, while general education systems and school routines remain untouched (D'Alessio 2009; Medeghini 2008).

In this chapter, I prefer to use the Italian definition of *integrazione scolastica* when I describe the current educational policy. The reasons are twofold. First, I want to do justice to my participants and maintain the original term as used in the interviews. Second, there is a growing understanding that it is almost impossible to translate the word '*integrazione*' without losing sight of the legacy that such a terminology possesses within the national setting (D'Alessio 2007a). Officially, the policy of *integrazione scolastica* is linked to the enactment of Law 517 in 1977, which demanded the closing of all special classes. Not only did Law 517/1977 officially abolish differentiated classes and special schools, but it also provided additional resources by which ordinary schools could be improved. Malaguti Rossi (2004) has claimed that, following the adoption of the policy of *integrazione scolastica*, the Italian education system underwent relevant changes. This transformation was concerned with a pedagogical shift from teaching to learning, a relevant factor for the development of inclusion. For example, the policy of *integrazione scolastica* promoted the *differen-*

tiation of teaching procedures (Framework Law 104/1992, Circular 1996) and the *individualization* of learning (Framework Law 104/1992, Decree 1994) for all children within the same setting. In the former case, *integrazione scolastica* was meant to foster the use of team teaching, full-time schooling, and active learning, and in the latter case it was supposed to spread the use of cooperative learning, peer tutoring, and the teaching of meta-cognitive abilities (Ianes 2005, 2007). However, as my study will show, differentiation of teaching was not so easy to realize in the classrooms I visited, and the individualization of learning was often provided only for disabled pupils, thus constructing different schooling pathways for disabled pupils as compared to non-disabled pupils.

Other scholars (Ferri 2008; Zambelli and Bonni 2004) have argued that *integrazione scolastica* contributed to changing teacher attitudes towards disabled pupils and to reforming some aspects of general teaching, such as lowering class size and facilitating team teaching. Nevertheless, although all teachers articulated positive feelings towards the integration of disabled pupils into regular classrooms, observations indicated that specialist teachers were often the only 'carers' of disabled pupils. Likewise, although specialist teachers were assigned to the whole classroom, in practice they mostly worked with disabled pupils only. To put it simply, although some changes did occur, they mostly consisted of attempts to reform rather than transform existing structures and procedures, and they usually lasted only the duration of the disabled pupil's placement in the school. There was no real effort to question taken-for-granted school routines, as inclusion should do.

Officially, the implementation of the policy of *integrazione scolastica* can be reflected in school practices in the following ways:

1. The issue of a certification of handicap or statementing procedure (i.e., *certificazione di handicap*) for pupils with physical and mental impairments by the local health units.
2. The writing of an individualized education plan (IEP henceforward).
3. The provision of additional resources and extra funding (specialist teachers, teaching assistants, material resources, including technical aids and ICT tools).

4. The carrying out of curricular and extracurricular projects to facilitate the participation of pupils who have difficulties in accessing the ordinary curriculum.

The statementing procedure or *certificazione di handicap* is both an administrative and a pedagogical tool. Once the pupil is 'certified' by the medical unit as a disabled student, he or she is eligible for additional resources, such as the specialist teacher and all the necessary material resources. This procedure also initiates the writing of an IEP. This tool, enforced by the Framework Law 104/1992, could be defined as the organizational, didactical, and pedagogical plan—including rehabilitation, social activities, and extracurricular activities—by which the disabled pupil is 'integrated' into regular classrooms. Along with the clinical diagnosis of impairment, and the functional diagnosis of what a student with impairment can or cannot do, it should provide pedagogical indications for adapted teaching and learning procedures, the learning targets, and an analysis of alternative forms of assessment and testing procedures. According to the law, the IEP should be compiled by all teaching staff of the class in which the disabled pupil is placed. In practice, in the school investigated, the IEP was transformed into a bureaucratic document that sat on the shelf of the staff's room and was used only to obtain extra facilities. The IEP often resulted solely from the work of the specialist teacher and ended up providing a functional diagnosis of the student's medical conditions with few or no recommendations for general teaching and learning for class teachers. Thus, in the IEP, the main focus of analysis remains the deficiencies of the disabled pupil (c.f. Framework Law, Section 12.3), and it fails to investigate school organizational and structural limitations that may contribute to pupils' difficulties.

3. THE ITALIAN EDUCATION SYSTEM AND NATIONAL POLICY GUIDELINES

At the end of World War II, education in Italy was made compulsory for all pupils until the age of 14. However, the purpose of a national compulsory education system was more than an enlightened project to educate all. With the development of comprehensive schools (*scuola media unica* policy of 1962), the Italian education system attempted to create a public system capable of merging and homogenizing the population. The country felt the need to form and educate new citizens in new ways, and, arguably, the schools were the tools used by the government to achieve that purpose.

Despite the many attempted school reforms of past governments, education is still primarily state run. This is reflected in the swath of policy documents and circulars periodically sent to schools by ministerial departments. Although these documents are meant as recommendations and guidelines, there is enough evidence of existing asymmetrical power relations between state and schools, notwithstanding recent reforms supporting school autonomy and decentralization, to suggest that they are received as more than simply optional proposals.

Schools have a certain degree of autonomy to decide what to teach (20 percent of the curriculum is locally established) depending on specific requirements and geographical location. This is particularly true since the passing and enactment of the Autonomy Law of 1999 (Legge Delega n. 59/1997 and DPR 275/1999). This reform, known as *Autonomia Scolastica*, attempted innovation in the school system through a 'decentralization' of state power to local governmental bodies. Schools became autonomous bodies as they gained didactical, pedagogical, and organizational freedom, as well as the discretion to carry out local projects and conduct research. Nevertheless, schools are still required to comply with a list of goals and to teach 'core' subjects that will allow pupils to attend upper secondary schools and 'find a job'. This is particularly evident in the content uniformity across textbooks from different geographical areas. Therefore, despite the passing of the *Autonomia Scolastica* policy (295/1999), schools are still essentially localized outposts of the central ministerial body. Decisions are still made centrally, and local schools are required to implement them. Although there is not a national standardized assessment for pupils or a national evaluation system, schools face a dilemma.[1] On the one hand they are required to develop pupils' learning autonomy and social interaction, while on the other hand they are also required to do so by teaching academic subjects that could prepare pupils for upper secondary schools and employment.

The school chosen as my case study was a lower secondary school welcoming pupils ages 11 to 14. When the study began, the country had just experienced the election of a new government and was waiting for the passing of new laws and the enforcement of new educational reforms, under the new Minister of Education Giuseppe Fioroni. However, at the time in which the study was conducted, these guidelines had not yet been published. Previous guidelines (Ministero dell'Istruzione Università e Ricerca 2004) were still in force, and they inevitably affected schooling.

Despite the policy of *integrazione scolastica* applying to all state and private schools, there are still many differences in the schools across the country and in particular between different grades of schooling. Secondary schools, for example, have historically faced more challenges than primary schools in the process of putting this policy into practice. As stated elsewhere (D'Alessio 2005, 2007b), and by drawing on my previous experience as a secondary school teacher, while primary schools have undergone many educational reforms, upper secondary schools have remained almost the same since the Fascist reform in 1923. Thus, while primary schools are usually characterized by more flexibility and freedom of teaching (e.g., organization, curriculum, and assessment procedures), usually considered to be a prerequisite for the development of inclusion, secondary schools often suffer from the effects of dominant discourses and the pressures of traditional assumptions about what counts as learning and why. Enough evidence for this view can be found in the national guidelines for upper secondary schools, whose focus is on content-oriented curriculum and the achievement of standardized targets. With this in mind, I have decided to focus on a secondary school. Although the case study chosen was a lower secondary school and not an upper secondary school, where accountability pressures to improve school standards and pupils' achievements are usually higher, my purpose was to investigate a grade of schooling with a more limited range of flexibility and space for manoeuvring when compared to a primary school.

5. RESEARCH METHODOLOGY

Due to time constraints, my research was conducted in one school only. The school represents a case study, a singularity embedded in a specific and unique context (Bassey 1999; Robson 2002). My attempt was to investigate those practices that could

1. Remove structural, pedagogical, and organizational barriers to learning for all pupils.
2. Favour the participation of those pupils experiencing difficulties at school.
3. Be considered innovative strategies and models to promote inclusion.

Research methods included observation, interviews, and documentary analysis. After four weeks of fieldwork, the information gathered included eighteen interviews, including the temporary head teacher, the deputy head teacher, nine mainstream teachers, three specialist teachers (including the special educational needs coordinator), two teachers in charge of the psychological service centre, two teaching assistants, two parents, and finally four focus group interviews with pupils. Additionally, five telephone interviews were undertaken with parents.

5.1 Choosing the Research Context: A School on the Vanguard

The school in which the research was conducted—*scuola media Pasolini* (a pseudonym)—is located in what was once a socially deprived area situated in a suburban district of the city of Rome. Recently, the whole area has undergone major cultural and economic changes due to the opening of a modern hospital, which has attracted new residents, mostly middle-class people. This influx has been accompanied by new housing plans, transportation services, and better roads. The social intake of the school is extremely varied and includes pupils from economically disadvantaged groups, those who originally inhabited the area, and newcomers. Furthermore, a great number of pupils are immigrants (especially from eastern Europe), and others belong to the Roma community.[2] The area still lacks some public infrastructures, especially sociocultural and leisure centres where pupils can gather after school and that can contribute to the construction of a more integrated community.

The school is particularly renowned in the local area for welcoming all pupils living in the district and for providing good teaching and services to pupils and families. Despite the differences among the four buildings of the school, which are located in four different roads of the district, the school, according to interviewed parents and pupils, offered good overall quality of education, supported by the availability of infrastructures, extra space, and material resources. The school had a legacy of sociocultural and humanitarian initiatives. Evidence was provided by the great number of photos and pictures exhibited in the corridors of the main building. Through cooperation with local bodies and with non-governmental organizations and cultural associations, the school had become a reference point for the local community. An important influence on the mission of the school has been exerted by the previous head teacher of the school, who was particularly known for being committed to issues of *integrazione scolastica*. At the time in which my research was conducted, the head teacher had just left the school for an appointment at the Ministry of Public Instruction. Nevertheless, both the temporary head teacher and the deputy seemed to share the same principles of the previous head teacher, both being deeply committed to integration policies and to developing a community-active school.

During my fieldwork, the school investigated was under the influence of the Moratti Reform (Law 53/2003 and subsequent Decree 59/2004). The reform supported a reduction of the time spent at school by pupils and an increase in parental choice. Afternoon school was made optional, depending on parental choice and children's abilities and 'natural talents'. The *Pasolini* school, however, had made a different choice. Based on their tradition of equality, solidarity, and integration, as stated in the school development plan, they had decided that all optional courses had to remain compulsory, as time was a "significant component of learning" (deputy head teacher interview, 13 February 2007). Teachers and the deputy head teacher strongly believed that school time needed to be increased rather than reduced.

Therefore, despite the pressure of the reform, the school managed to resist ministerial pressures and to organize teaching and learning in a way that could meet all pupils' requirements. In particular, more time was allocated to afternoon schooling, prioritizing active learning and socialization. This resistance to national reforms had two positive impacts upon schooling. Firstly, pupils were given the possibility of following more practical courses and developing interests and skills that were not part of the academic curriculum. Secondly, as pupils learn at different paces and in different ways, additional school time was available to promote learning for all pupils. Moreover, in the afternoon classes, learning took place in a more relaxed and socially interactive environment, and it had a positive impact upon those pupils who could not study at home because of difficult family situations.

Rejecting those aspects of the Moratti Reform that seemed to reduce learning opportunities was clearly an example of the school's inclusive attitude. The deputy head teacher also reported in the interview that research and experimentation with new teaching methods were strongly supported by school policies. The leadership and its attitude towards innovation were two crucial factors that determined the choice of this school as a potentially relevant setting to study inclusion in practice. At the same time, however, not all school courses seemed to follow the same inclusive philosophy that fostered change and innovations. For this reason, as the following sections will show, the study was focused on two different classrooms that followed two different learning and teaching modules.

6. THE SCHOOL DEVELOPMENT PLAN

Drawing on the school development plan (*Piano dell'Offerta Formativa*, POF henceforward) (2006–2007), the school had 1,173 enrolled pupils divided into 51 classrooms spread across four different main buildings. The research was conducted in the main building, where the principal and administrative offices were also located. The POF indicated that 55 "differently able" pupils were enrolled in the school.[3] These pupils were integrated into 32 different classrooms along with their non-disabled peers. There were also 53 pupils who belonged to different ethnic minorities and who spoke a different language. The POF seemed to articulate an inclusive ethos. Within the school principles listed in the POF, some inclusive key issues clearly emerged, for example equality, impartiality, and freedom of teaching. The school's main educational purposes were written by an elected team of teachers. Education was mostly interpreted as a way of preparing pupils for the labour market, and schooling was supposed to help in promoting the formation of well-integrated citizens capable of actively contributing to society. Another section within the POF was concerned with the policy of "*integrazione scolastica di studenti diversamente abili*" (integration of differently able pupils). This section gathered information about remedial courses and school projects aimed at providing disabled pupils with differentiated pedagogy and curriculum. Remedial courses were particularly targeted to those pupils who, for various reasons, were perceived as being at risk of exclusion. The target student population of this section of the POF included pupils without Italian citizenship, with "learning difficulties", and belonging to the Roma community. The school indicated strategies put in place to face disadvantage and disruption, and these included, broadly, remedial courses, streaming and ranking of pupils according to abilities, and developing pupils' abilities and skills.

6.1 Material Resources

The school consisted of four main buildings, all equipped with the same sort of facilities (e.g., library, gym centre), apart from the swimming pool, which was located in the main school building. A series of additional and technical aids was also listed in the school educational plan (e.g., video camera, musical instruments), and these tools were all available to teachers. As far as universal design is concerned, all school buildings were provided with ramps for wheelchair users. Lifts were also accessible to wheelchair users.

Most laboratories were equipped with a series of modern tools; in contrast, classrooms were very traditional, with chalkboards and no computers. The desks were traditionally arranged in rows of two, facing the teacher's desk. In the classroom where Nuccio (pseudonym), a child with autism, was integrated, a computer was provided, but it was located in the corridor outside the classroom. Drawing on my observation, Nuccio used to spend most (on average, four hours a day) of his school time outside the classroom working at this 'personal' computer post, along with the teaching assistant.

6.2 Pedagogy and Curriculum

The school development plan listed 15 different teaching methods (e.g., cross-disciplinary work, discussion and debate, remedial work, individualized planning, cooperative learning). Despite this varied pedagogical offering, in the classrooms selected for my study, traditional front-of-class teaching was prioritized. Few teachers 'risked' adopting different methods of teaching and learning from the ones listed above and only in particular modules.

The school offered an extremely varied list of types of schooling modules (Modules A, B1, B2, and C), two of which are described in detail below:

> Module B2: 33 hours of schooling; long week course including Saturday (27 compulsory hours plus five optional hours for workshop activities and one compulsory hour for third language or a musical instrument).
> Module C: 39 hours of schooling; short week course till 4 p.m. excluding Saturday (27 compulsory hours, plus five optional workshop activities and six compulsory hours for lunch and recreational breaks).

Nevertheless, despite the apparent heterogeneity of the modules (four in total), the core curriculum was the same for all modules, and it consisted of the following academic subjects: Italian, maths, history, geography, technology and design, arts, physical education, music, and a foreign language (English). Additional subjects included a third language (German or French) and extra music classes. However, some differences clearly emerged that needed to be investigated. With this in mind, my observation focused on two classrooms: a second grade of Module C (23 pupils), and a third grade of Module B2 (26 pupils). The differences between the two modules were concerned not only with time and the way in which the curriculum was delivered to pupils but also with the type of student and the type of teacher attending the different modules. Enough evidence of the differences between the two modules can also be found in the description of the modules provided by the deputy of the school at the time I started my fieldwork:

> The third grade (Module B2) hasn't got any handicapped pupils or other similar problems, but it may be equally interesting for you, as a researcher, as you might see other types of problems, such as emotional ones. What we noticed here is that the pupils belonging to upper social classes tend to have more emotional needs. On the other hand, the second grade (Module C) has got other types of problems when compared with the third grade. Here, in the second grade, you can find pupils like Nuccio and Selina who have severe learning difficulties. Nuccio is autistic, and Selina is a Roma. We have been working very hard to guarantee their integration in the classroom with their peers. (deputy head teacher, interview 13 February 2007)

Although the differences between the two modules were not expressed in terms of 'better' or 'worse' classrooms, I understood that, while Module C, the second grade, welcomed many potentially problematic situations and pupils, mostly identified by the child with autism and a Roma girl, Module B2, the third grade, welcomed 'less' problematic pupils belonging to well-off families. Possibly, the school deputy was willing to show me two different aspects of the same school, and at the same time he was proud of showing me one of the classrooms that, along with the musical modules, was considered as the showpiece of the entire establishment (i.e., Module B2). In hindsight, examining two completely different classrooms and observing the different barriers that pupils might face helped me to understand the different challenges that the school had to address in order to develop inclusive education.

As far as pedagogy and curriculum are concerned, the school was characterized by high flexibility. Teachers could choose to teach different topics within their disciplines and to adopt different types of methodologies and techniques. Major differences, however, emerged not only between teachers' styles but mostly between modules.

Module C consisted of morning and afternoon classes. Pupils attended school from 8 a.m. until 4 p.m., excluding Saturdays. As the Italian teacher indicated, the possibility of having long days at school positively affected his pedagogy:

> By teaching in Module C, I can work in a different way with my pupils. I have more time, and I can experiment with things that other teachers cannot experiment with. I can teach by using the *didattica laboratoriale*. It is a type of pedagogy which is based on experience. Pupils learn by doing things. The theorization of learning comes afterwards. First, pupils do something, like in a workshop, and then they learn the theory about what they have just done. They need to know about how to do things and not just learn things by heart.... I have also developed mind maps as a way of supporting student cognitive development. (Italian teacher, Module C, interview 14 February 2007)

The Italian teacher commented upon the centrality of the use of *didattica laboratoriale* (i.e., active pedagogy) and the use of mind maps as the core elements of his teaching methods. Active pedagogy was a way of promoting the active participation of pupils in the process of learning. This included the delivery of practical tasks that could support student learning and that focused on the active participation of pupils in the process of learning. However, drawing on my observation, active pedagogy was very often a prerogative of the Italian teacher only. While some teachers were exploiting the afternoon hours to experiment with new teaching methods, other teachers were using this additional time only for remedial courses or simply to repeat morning lessons and catch up with the program of study. Put simply, some teachers often misinterpreted the afternoon hours and used them as 'baby sitting' sessions. This approach was evident, as afternoon teaching activities were not always methodologically and pedagogically structured, especially when compared to morning sessions. Nevertheless, most of the teachers were strongly committed to transforming Module C into a learning laboratory, where all pupils could learn together at their own paces and according to their own learning styles.

In Module C, teaching was mostly characterized by team teaching. Almost all lessons saw the participation of at least three adults in the same classroom: the classroom teacher, the specialist teacher for disabled pupils, and a teaching assistant working with Nuccio, the pupil with autism. Moreover, a social assistant or cultural mediator for the Roma student was also present three days a week. On many occasions, other adults were present in the classroom, depending on the subject matter and on the day of the week: a trainee teacher from the University of Rome and a foreign language expert. Although the collaboration among different adults within the same classroom was not an easy task, the teachers of Module C showed a strong commitment to transforming team teaching into a joint activity:

> Those of us who teach in the Module C have agreed to meet regularly to plan teaching in advance. This is not an easy task as we have only got one hour a month, officially, for planning, and this is not enough. We have therefore come across the idea of arranging extra meetings when we can meet and plan team teaching and cross-disciplinary activities. … We are not paid to do this, we do this because we are motivated, we have good hearts! Those teachers who are willing to do so participate in these additional meetings. (Italian teacher, Module C, interview 14 February 2007)

This statement suggests that teachers generally are not provided with formalized occasions to meet and plan their teaching, with the inevitable consequence that a lack of communication and collaboration among colleagues arises. As the teachers of Module C have shown, these meetings can be crucial factors in the development of inclusive pedagogical strategies aiming at finding ways of meeting all pupils' requirements. The collaboration among different teaching staff favoured the personalization of learning and the differentiation of teaching. Thus, in Module C, front-of-class teaching was very limited, and group work was very common, especially during afternoon classes.

In contrast to Module C, in Module B2 pupils attended school from 8:00 a.m. to 1:30 p.m., including Saturdays. According to my fieldwork, teaching routines and methods mostly consisted of traditional front-of-class teaching and individual student work. Curriculum was delivered and knowledge was transmitted according to national programs of study and at a very fast pace, following the indications provided by textbooks. Only two teachers (math and English) promoted discussion and debate within their lessons, along with differentiated pedagogical approaches that would foster pupils' critical reasoning. Not surprisingly, most pupils reported that math and English were also their favourite subjects. In particular, the math teacher sought to promote the use of different teaching and learning procedures whenever possible. In her interview she reported, "It is pupils who looked for answers and explanations and the teacher who acted as a facilitator" (math teacher, interview 25 January 2007). She also made an extra hour available every week for those pupils who needed further explanations, and she supported the use of peer tutoring and mutual help as a modality to promote learning.

Pupils also reported that they felt supported by the work done by the English teacher. She prioritized a *sostegno differenziato* (differentiated class support) by giving different tasks to different pupils, although concerning the same topic and knowledge domain. She fostered critical debates as part of her pedagogy and made extensive use of humour, which pupils seemed to appreciate. These methodological approaches facilitated the participation of all pupils in the process of learning, as pupils were actively engaging with content and problem-solving tasks.

Nevertheless, the otherwise predominance of front-of-class teaching resulted in negative feedback from pupils about their schooling. According to the focus group interviews in Module B2, pupils did not seem to enjoy learning:

> I cannot understand why teachers in our module always complain about the fact that we have to catch up with the programs of study. We are always missing something, always in a hurry. Last week the teacher of Italian gave us 40 pages to study without any explanation, because she was worried that we could not finish the book by the end of the month.... I do understand that we need to study to prepare for the upper secondary school, but we never do any extracurricular activities we really like. (student, Module B2, focus group interview 25 January 2007)

The differences between the two modules were not only a matter of time and pedagogical models. My interviews with the deputy head teacher revealed that pupils from different social backgrounds and with different academic skills were selected to attend one or the other module. School policies required pupils from primary schools to complete an entry test in order to identify pupils' 'talents' and possibly lead them to attend the module that could best fit their skills. Only those pupils with the best academic results were advised to attend Module B2. Although the results of the tests were only indicative of pupils' strengths and skills, they inevitably functioned as a tool of selection and influenced what parents could see as the best choice for their children. The selection required at the beginning of schooling was a crucial contradiction of a school that fostered integration and inclusion. How could a school committed to celebrating diversity support a policy of streaming and tracking pupils according to their 'skills and talents'? Moreover, pupils' attitudinal skills very often corresponded to socio-economic backgrounds. Pupils identified as belonging to upper- and middle-class origins, whose parents were professionals, represented the highest percentage of pupils attending Module B2. On the other hand, pupils from ethnic minorities and working-class backgrounds mostly attended Module C. A student from Module B2 reported,

> My parents did not want me to attend Module C. They said that this is not a classroom, but a 'parking' place for those pupils who have not got anyone who takes care of them. (student, Module B2, third class)

We can see from this statement that people's perceptions about Module C were extremely prejudiced. This was also reflected in an interview with the Italian teacher of Module C, who responded to the biased view that Module C was less academic:

> There is still a common view regarding Module C as being less academic than the other modules. That was because in the past this module was used by those parents who could not come and pick up their children at lunch time. Basically, the module used to welcome all pupils, often those who were disruptive, and also the teachers

who were not the best ones were sent to teach in those modules! But things have reversed today. The teachers who work in Module C are the most motivated and committed ones. You do not happen to teach in here, you choose it! And you choose to work more than the other colleagues, long hours with the same salary! The pupils who are now attending Module C are obtaining more. This is a module which offers much more activities when compared to other modules, more support, more time, more of everything! (Italian teacher, Module C, interview 14 February 2007)

This teacher implies that Module C has become more academic than it was in the past and that the school is an institution open to experimentation and change depending on teachers' initiatives and parents' requirements—a potential indicator of inclusiveness. Nevertheless, he also reinforces the idea that a strong division exists between different modules, with the consequences that this may entail for the pupils attending different courses. The differences between the two modules also emerged in relation to parents' participation in school initiatives. Evidence of these differences could be found in the fact that, while in Module B2 parents immediately responded to my request to sign pupils' permission to participate in the research project, in Module C, after more than ten days, only six parents had given me permission to interview their children.

6.3 School Organization and Management

Inclusion is also about belonging. People cannot be made to feel they belong, but organizations can develop and arrange structures and practice that promote belonging for pupils and personnel alike. Belonging concerns not only pupils with impairments and the classroom into which they are integrated but the entire school setting. It includes teachers, administrative personnel, parents, and community stakeholders.

Given the above considerations, effective collaboration among staff, a supportive leadership, and a community-active school all seem to be crucial indicators that one is promoting an inclusive environment. What immediately struck the external observer in the *Pasolini* school was the great number of teachers working in the establishment and the good coordination that existed among the deputy head teacher, the teachers, and the administrative personnel. The school employed 127 teachers and 28 administrative staff. Although administrative personnel and teaching staff were separate bodies, they nevertheless showed good teamwork. For instance, teachers could rely on the support of the administrative personnel in the carrying out of project planning. Moreover, teachers and administrative personnel used to spend their coffee and lunch breaks together, suggesting that the social bonds between the two teams went beyond narrowly work-related issues.

Similarly, the deputy head teacher seemed to play a crucial role in initiating and maintaining a positive and collaborative atmosphere at work. Strong leadership is a crucial factor for promoting change and, consequently, for fostering inclusive education. When the research was conducted, the school had a temporary post-holder who regularly visited the school during the appointment process undertaken by the local educational authority. In the meantime, a deputy head teacher was in charge of the school, and he seemed to be doing extraordinarily good work running the school and maintaining high standards of teaching and learning. It emerged from the interviews with teachers and pupils that the deputy head teacher managed to create a positive climate to foster collaboration and understanding, which was reflected in the classrooms and in the interactions with parents.

Teachers often reported that they felt supported in their work as they knew they could always count on his leadership. The deputy's office was located next to the teacher staff room, and the door that separated the two was almost always open. Teachers seemed to appreciate the fact that they could refer to the administrative staff or the deputy for support and advice without any 'official' appointment. In addition, class teachers rarely asked to be transferred to another school. The presence on site of a stable teaching staff was an important factor not only for the development of collaboration among teachers but also for the improvement of pedagogy, in particular for disabled pupils. As the specialist teachers coordinator argued, "Pupils with severe handicaps need the presence of a stable reference point for their learning" (specialist teachers coordinator, interview 1 March

2007). As a consequence of this, it was not surprising that the local health unit advisory body suggested that families in the area should register their children with impairments in the *Pasolini* school as "teachers follow children's development throughout the three years of schooling" (deputy head teacher, interview 13 February 2007). At the same time, the parent of a disabled child remarked that, although the school was seeking to keep the same specialist teacher in her post, the school was subjected to laws that ran counter to the interests of children. Teacher stability in fact depends not only on school policies and personal decisions but on national policies regarding teachers' mobility and appointment. The appointment is centrally managed and arranged according to a post vacancy list, which guarantees teachers' rights of mobility. On the one hand, the policy demands that specialist teachers should remain in the same school (e.g., Law 662/1996) and work as specialist teachers for at least five years. On the other hand, they are allowed to move from one school to the other depending on the vacancy post lists. This indicates a clear contradiction in the recruitment of specialist teachers, causing pupils to have different specialist teachers almost every year.

In an interesting initiative that could foster inclusion, the school managed to develop networking and collaboration with local bodies and schools. In particular, the school put much effort into developing transition plans with both primary and upper secondary schools located in the same area. Pupils from primary schools were tutored by pupils in the lower secondary school, while in turn the pupils of the *Pasolini* school were invited to visit upper secondary education institutions. The school organized afternoon seminars for parents where representatives from different upper secondary schools were invited to present their institutions. This initiative seemed to accommodate those parents who worked long hours and who could not visit each institution separately. The well-structured organization and management of the school clearly contributed to help the school obtain extra funding. Funding was allocated depending on the number of pupils, in particular disabled pupils. More funding was allocated depending on the number of projects that the school was carrying out, particularly for those projects that were meant to favour the education of pupils perceived as having special educational needs. By carrying out many local projects with the participation of local bodies and associations, the school raised additional money and managed to recruit extra personnel.

7. INTEGRATION PRACTICE

When interviewed about *integrazione scolastica* practice, the deputy head teacher was quick to report the school's efforts to integrate three 'categories' of pupils within ordinary classrooms:

> We have three categories of pupils that need to be integrated. Differently able pupils, Roma pupils, and pupils from other countries. … Concerning the pupils with a handicap, we have many integrated workshop activities. We have 55 pupils with handicap in the school, about 1 or 2 pupils with handicap per classroom. But they are not treated as if they were in a ghetto; they share the same space and do the same activities as their non-disabled peers. (deputy head teacher, interview 13 February 2007)

Evidently, integration policies were strictly connected with pupils who were perceived as being different from the norm for all sorts of reasons and who needed to be integrated within the system. This view not only put the emphasis on pupils and their pathologies or difficulties but also diverted attention from issues that might contribute to the problems that pupils were facing. Put simply, when teachers were required to identify the main difficulties that pupils faced in their schools, they usually referred to pupils' impairments or to their family backgrounds. This approach inevitably deflected attention away from environmental and contextual barriers that could contribute to the emergence of pupils' disaffection and de-motivation. This attitude reinforces the assumption that integration policies are only concerned with the education of pupils with impairments or identified as having special educational needs, rather than with the restructuring of schooling and of teaching and learning routines as inclusion should do. On the one hand, the list of projects, extra funding, and resources allocated to promote the placement and integration of differently able, migrant, and Roma pupils were all significant indicators of the school's inclusive ethos and its willingness to benefit all pupils. On the other hand, the identification of pupils' difficulties at school with functional and biological conditions or with family backgrounds limited the possibility of reflecting on the structural and pedagogical barriers that might negatively affect their learning. This approach is not meant to ignore or underestimate some pupils' impairments and related needs, but it fails to move the debate towards issues concerning the way schooling should be reorganized and education should be delivered, taking into account the diversity of pupils' requirements from the very beginning and not only as a result of a statementing and labelling procedure.

When discussing practices of *integrazione scolastica* and their contribution to the making of an inclusive school, most of my participants mentioned the experience of Nuccio, integrated into the second grade, Module C. Integration practices were particularly focused on those actions that could compensate for Nuccio's intellectual impairments and contain Nuccio's challenging behaviours and potential aggressions. Clearly, such interventions were all important tools to support Nuccio's learning in ordinary settings and also a clear indication that the policy of *integrazione scolastica* was being implemented according to national regulations. Nevertheless, no effort was made to analyze and identify the practices and attitudes that might contribute towards exacerbating Nuccio's behaviours and thus eventually act as a barrier to his learning. According to the IEP, Nuccio was provided with a specialist teacher for 12 hours a week and a teaching assistant for his entire school time. Every day Nuccio was supposed to spend at least two hours in the classroom so that he could work on the same topics as his peers, although with different learning targets, assessment procedures, and tasks. However, Nuccio rarely entered the classroom, spending most of his time outside it. Although I was told that the computer post in the corridor was only used as a temporary unit, Nuccio clearly spent most of his school time solely with the teaching assistant and the specialist teacher. Thus, Nuccio's classmate remarked, "We see Nuccio only twice a day, at the beginning and at the end of the school day" (observation notes, Marco, 11 years old, Module C). Among the integration activities for Nuccio, the specialist teacher talked about a musical project. The purpose of this project was concerned not only with the learning of music foundations but with promoting Nuccio's socialization and interaction with his classmates. The project involved a small group of pupils who left the classroom in turn and in order to attend the musical project with Nuccio. However, observation revealed that pupils were very rarely given the permission to leave the classroom in order to work with Nuccio. The specialist teacher stated,

> We need his classmates. He works much better when his classmates are with him. Usually, they leave the classroom in turn so that they can participate in the musical project, but today they have the Spanish language test, and they cannot leave the classroom. It is a pity because Nuccio needs to interact with his mates; they help him to go out from the world he created for himself. (observation notes, specialist teacher, 23 January 2007)

From this extract we can see that there was a learning plan for Nuccio and another plan that concerned his classmates. Nuccio's learning plan seemed to occupy a marginal position when compared to academic subjects, and it could take place only if the usual unfolding of lessons and program of study allowed it.

Barriers to learning were mostly identified with Nuccio's autistic syndrome, rather than with the standardized delivery of lessons, the traditional organization of space and time. Similarly, teachers tended to identify barriers with Nuccio's limitations, such as his irritability when exposed to acute noises, his rejection of food, his aggressive reactions to bad smells and to reduced space and forced proximity with other human beings, especially adults. There seemed to be no sense of the structural changes and modifications that could facilitate Nuccio's participation beyond standardized modalities of teaching and learning. For instance, the high volume of teachers' talk and of pupils' interactions, sitting for five hours, closed doors, bells ringing—all traditional ways in which schooling was taking place—did not undergo any relevant change as a result of Nuccio's integration. Therefore, although values such as solidarity, equality, peer assistance, and diversity were celebrated, no effort was made to alter the traditional conduct of lessons.

Paradoxically, Nuccio was integrated in a classroom, like Module C, which prioritized teaching and learning procedures that clearly did not suit Nuccio's learning style. Module C was characterized by more freedom of movement, physical contacts, debates and discussions that increased the level of noise (especially in the afternoon hours, until 4 p.m.), group work, and the continuous presence of more than two adults at a time, all important ingredients to promoting learning as a social experience. In contrast, Nuccio seemed to have a predilection for more repetitive teaching and learning procedures (such as front-of-class teaching), less noise, fewer adults, and reduced school time, just like what was going on in Module B2. Although teachers were well aware of Nuccio's requirements (see specialist teacher's interview 1 February 2007), the school did not seem to consider the possibility of placing Nuccio in the more 'academic' Module B2, which clearly suited him better. It appeared that selection may not have depended on learning requirements but instead depended on school expectations regarding what certain children could or could not achieve.

There was also enough evidence that Nuccio was outside the classroom by default. The teaching assistant complained that teachers lacked interest in Nuccio's education:

> If I can be honest with you, I believe that teachers do not like to have Nuccio inside the classroom, and they always ask me to withdraw him outside the room. I mean, when you enter the classroom, you can see that expression on their faces, they raise their eyebrows, and they look at me, as if they were saying "Why are you bringing him inside the classroom during my lesson?" And then they say that it is my fault, that I am the one who withdraws him outside the classroom. This is not fair. You should see their gazes. (teaching assistant, interview 25 January 2007)

Despite the inevitably subjective nature of this learning support assistant's statement, this situation could be seen as an indicator of a problematic relation that was not adequately addressed, in terms of both management and in-service teacher training. However, Nuccio's exclusion was made explicit when the school forbade his participation in a school trip when the teaching assistant could not accompany the student. Although the school's fears about allowing a pupil with autism to participate in an outdoor activity are understandable, this episode not only made Nuccio's parents appeal against the school for discrimination but also showed that Nuccio's integration still depended on the presence of specialist personnel rather than being an ordinary school practice.

Although the research (Zambelli and Bonni 2004) indicates that class teachers have positively modified their approach towards disabled pupils to the point where they do not question their placement anymore, integration practice still encompasses some impediments. Unless teachers' attitudes are carefully monitored, and when necessary modified, contingent situations may still end up excluding some pupils from participating in school activities. With this in mind, Module C attempted to counteract such situations by promoting extracurricular projects specifically oriented to change teacher and pupil attitudes towards disability (see the experience of the video clip later on).

Other examples of *integrazione scolastica* practices included the process of integration of a 'gypsy' student. Selina (pseudonym) attended the second grade of Module C, the same classroom in which Nuccio was placed. Although Selina was 14, two years older than the rest of her classmates, her literacy and numeracy competencies were almost non-existent. Additionally, she was physically impaired. Teachers referred to Selina as a pupil with 'two disabilities' as she belonged to the Roma ethnic minority and was physically disabled. Because of her physical conditions, she managed to obtain a statement procedure that allowed the school to obtain more economic and human resources to support her learning (i.e., *certificazione di handicap*). The school, in cooperation with a municipal and a non-governmental organization, carried out a UNICEF project aiming to improve school attendance of youngsters belonging to Roma ethnic minorities. During one of my visits, I observed Selina struggling to behave according to established rules of conduct:

> It is almost lunch time. Selina is bored. She hits another student. The class teacher sends her outside the classroom to punish her. The social assistant is sent for. She is informed about the incident and argues that

we need to understand Selina as she has only got her grandmother and the latter does not speak Italian. She is sorry, but there is very little that they can do to stop this behaviour. (observation notes, 2 February 2007)

This extract indicates that teachers and assistants are focusing their attention on how they can stop Selina from misbehaving in the classroom and on providing effective systems of punishment, but they do not seem to be investigating what may cause Selina's 'bad' behaviour. From my notes, it seemed that Selina's behaviour was very hostile, particularly in those hours when the class teachers did not give her enough attention or treated her as a younger child: "Come on, Selina, behave yourself", "Take a piece of paper and colour it, we need to study here" (observation notes, 27 January 2007). Such statements, although not meant to hurt Selina, clearly suggested that teachers had forgotten that Selina was 14 years old and probably frustrated for being perceived as an 'unwanted' visitor rather than a learner. Evidence of this can be found in the fact that a few teachers provided Selina with structured activities during their lessons, while most of the teachers hardly ever came into the classroom with a task specifically geared to Selina's learning. Whenever the social assistant was in the classroom (no more than three hours per week), Selina was provided with papers with adapted literacy and numeracy tasks. Otherwise, she seemed to be completely on her own.

Drawing on the interview with a math teacher who was involved in the 'Roma ethnic minority project', it emerged that the school received extra funding for each Roma student integrated within the mainstream setting. Concomitantly, a Roma family was also financially supported whenever they sent their children to the local school. It could be argued that the main school's purpose was mostly concerned with Selina's placement rather than her actual learning. This perception derived from the fact that very little effort was made to change the schooling provided to her. For example, the study of Roma culture was a marginal element in the program of study, with most of the activities promoting the integration of Roma pupils, having a clear folkloristic connotation. Although Selina was welcomed in the school, her acceptance had to go through the marking of difference of all those pupils who did not comply with the established norm. Much in agreement with this process, a student from the second grade stated,

> Although she is a Romany girl, she is like the others. The gypsies have a different culture from ours, that is why she behaves differently from us, but since we are intelligent pupils we understand her and accept her. (observation notes, Marco, 11 years old, second grade, Module C)

Similarly, the same student added to this process of 'othering' some classmates on the basis of their difference from the norm by mentioning the situation of Nuccio, the pupil with autism:

> I am very happy to be in this classroom. I think that this classroom is a lucky one since we are learning to behave with an autistic child and a Romany girl. Nuccio has improved a lot lately, and we have learnt a lot from him too. Moreover, we are implementing the article n.3 of the Constitution that says that every person, who is different, must exercise the same rights of education. (observation notes, Marco, 11 years old, second grade, Module C)

The proximity between Selina, Nuccio, and their peers positively affected pupils' perceptions about 'gypsies' and disabled people. Arguably, in the long run, such proximity could contribute to the development of adult citizens with fewer prejudices regarding diversity. In line with this process of acceptance and the valuing of diversity, pupils seemed to be very *au fait* with issues concerning integration and civil rights. At first I was struck by the maturity of an 11-year-old pupil who was able to quote from the Constitutional Charter. However, in hindsight, his language sounded somewhat artificial. I am not suggesting that he did not mean what he said, but I wonder if the pupil would talk in the same way about Selina or Nuccio if the specialist teacher had not been sitting next to him. At the same time, I cannot deny that the specialist teacher and her colleagues had clearly succeeded in making the pupils aware of the right that Nuccio or Selina had to participate in schooling. This is an important achievement that should not be underestimated.

As argued before, integration policies require that teachers modify and adapt their teaching and learning procedures by taking into account pupils' requirements. Nevertheless, teaching and learning practices seem to prioritize traditional procedures and content-oriented curriculum. Although according to the law (e.g., *Decreti Delegati, 1974*) teachers are allowed to make up their own curriculum, in practice planning is guided by textbooks. Similarly, although there is an increasing number of pupils belonging to ethnic minorities, curricula continue to be driven by Western culture. Consequently, teachers not only reproduce traditional preconceptions about knowledge and education but also do not seem to be aware that they are contributing to the very existence of cultural biases.

A statement made by the deputy head teacher exemplified a possible consequence of cultural biases:

> You know that we are really renowned for integrating Roma pupils in our school, and the outcomes are significantly relevant. Selina, for example, began to learn how to read and write after two months! However, the problem is that some teachers do not want these pupils within their classrooms. Let me tell you a story. There was a very nice Roma girl, she knew how to play violin very well, but she did not know how to read the notes and could not reproduce them on the piano during the selection procedure. She was not accepted in the musical module. I was very disappointed, but I could not do anything to help her. It was a teachers' decision. (deputy head teacher interview, 13 February 2007)

In this extract it seems that *integrazione* practice very often depends on individual choices. The problem emerges at the level of micro-politics (Ball 1987), meaning those "strategies by which individuals and groups in organisational contexts seek to use their resources of power and influence to further their interests" (Hoyle 1982, 88, in Ball 1987, 18). As Ball observes with reference to social practices at school level, "It is a conflict between persons, groups and ideologies. It is a matter of confrontation, influence, or the lack of it, and emotions. It is micro-politics" (1987, 46). In alignment with the previous quotation, Nuccio's father argues,

Integrazione scolastica policy is a good thing, at least on the paper, but it is human beings that make it happen in practice. Last year, the class teachers were divided into two groups, those who wanted Nuccio and those who did not want Nuccio. I was lucky that the specialist teacher, the teacher of Italian, and the deputy head teacher helped me a lot, but I cannot understand why, if the law says that it is my son's right to be in school, I still need to struggle to make it happen! (parent, Module C, interview 13 February 2007)

This statement reveals the way in which integration often results from the struggles fought within the school, and it is not made until it enters the classroom and is interpreted by different actors/teachers. Although there is a macro-policy of *integrazione scolastica*, which fosters placement and integration in ordinary schools, some episodes of micro-exclusions still take place. In order to avoid the perpetuation of micro-exclusions, the deputy head teacher, along with the specialist teacher from the psychological centre, developed an in-service training program for teachers in the attempt to modify biased assumptions and attitudes.

A further division among teachers, which was mirrored in the relations between disabled and non-disabled pupils, was the separation between class teachers and specialist teachers. Many support teachers and teaching assistants reported on the reproduction of the *practice of delegation*, according to which the disabled pupil was literally shifted into the hands of specialist teachers and personnel. The practice of delegation runs counter to that of partnership between teachers, and it also highlights issues concerning power relations in the school setting. Specialist teachers often reported their isolation in the compiling of the IEPs and the lack of acknowledgement of an equal status when compared to class teachers. During my observations, I witnessed an implicit abdication of responsibility on the part of the class teacher whenever the tasks were concerned with a pupil with a statement. The issue of delegation, while still present, seemed less evident in Module C. Nevertheless, specialist teachers seemed to occupy a secondary role when compared to that of class teachers:

If the class teacher is a flexible one, then you can give some suggestions about pedagogy and curriculum, but they may or may not choose to follow them. The lesson is their lesson, their classroom, and they do not want you to intervene or bring in any change. (specialist teacher, interview 1 February 2007)

What emerges here is a power structure in which specialist teachers, despite their qualifications, were usually considered intruders in the ordinary classrooms. Evidence of this subordinate role could be found in the fact that specialist teachers were not provided with course books and class registers, and, most importantly, they could not mark pupils' work. Their only leading role concerned the education of pupils with IEPs.

7.1 Parents

An examination of the school development plan and the interview transcripts with teachers and parents revealed that the school was making efforts to increase the participation of parents in decision-making processes. In telephone interviews, most of the parents reported that they were generally satisfied with the school and would choose the school again if they had to. However, parents who agreed to meet face to face reported a general feeling of disillusionment. Two parents felt they had been betrayed by a school that had promised them the best for their children but which instead was not doing enough. In particular, as argued before, the father of the pupil with autism remarked that his child was being discriminated against. Similarly, a mother from Module B2 complained about the lack of interaction between the teachers and the pupils. She remarked that the pupils were "mature enough to understand when a teacher was acting wrongly" (parent, interview 10 February 2007) and that pupils should have the opportunity to make their voices heard. Similarly, all pupils from Module B2 argued that they were deprived of any possibility of speaking and impacting upon their schooling routines.

Other parents generally had a positive feeling about the school and the teachers. Evidence of this could also be found in the deputy head teacher's comments about parents' increased participation in school initiatives. This deputy head teacher's perception was partly the result of the change in the modalities of communication used by the school to contact and meet parents. These included the use of telephone and letters but also emails and the arrangement of meetings late in the evenings so that all parents could participate. The central role played by parents was also reinforced by the Italian teacher (Module C).

> The relationship with parents is a fundamental aspect of my teaching. I try to be in contact with parents on a daily basis if possible, when they come and pick up their sons, for example. Parents know what their children are doing at school, what are my learning objectives. In this way they can support the work that their children are doing at school, help them with their homework, but, most importantly, they can anticipate problems, such as disruption. Parents for me are crucial elements for learning, and I always ask parents to be as close as possible to their children and to attend meetings at school. (Italian teacher, Module C, interview, 14 February 2007)

The awareness of teachers concerning the parents' role, as well as the support of school leadership in the arrangement of timetables and meetings at different times of the day, clearly indicate that parents were offered situations in which they could actively participate in the education of their children. At the same time, I argue that it is necessary to remember that, although parents must be involved in the education of their children, they are not always provided with all the information required to make the best choices. Thus, parents may easily become the victims of discourses about learning that are imposed upon them (including what counts as knowledge). Consequently, their participation in the education of their children must be at the level of partnership along with other professionals, and it should always include pupils.

8. INCLUSIVE INITIATIVES

The *Pasolini* school was particularly renowned in the local area for taking part in many different educational initiatives and for carrying out extracurricular projects that contributed towards strengthening the local community. Those initiatives that required the participation of different stakeholders proved to be particular exemplars of inclusive approaches. Drawing on the POF, interviews, and observations, it seems that every effort was made to develop partnerships with families and pupils. Evidence of this approach could be found in the development of a *sportello di ascolto* (i.e., psychological centre), designed to provide families, including pupils, with a space where school personnel could listen to people's needs and complaints. The centre had been in place for more than five years, but at the time I visited the school it was undergoing a radical change. It was being transformed from an informal initiative started by an English teacher into a more formal specialist centre run by school psychologists and/or specialist teachers. The psychologist of the centre reported that, while pupils used to visit the original centre quite often, the new specialist centre did not register the same number of visits. Pupils rarely used it spontaneously. When interviewed about the reasons why they were not using the new service, a pupil remarked, "We do not need to go to the psychological centre. We do not have psychological problems. This centre is not for us" (focus group interviews, Module B2). The psychological centre was clearly a well-intentioned attempt to empower pupils and use their suggestions for change. However, its transformation into a more formalized psychological service seemed to have reduced its potentialities as an inclusive agency. This was because the new service did not manage to break with the existing power relations system; rather, it perpetuated experts' growing authority and pupils' decreasing power.

Usually, pupils were not allowed to participate in decision-making procedures: "We do not have the possibility of expressing our opinions, wishes or ideas" (focus group interview, Module B2). In contrast, the teachers of Module C managed to provide pupils with the opportunity to take part in the process of decision making despite bureaucratic limitations. In particular, the Italian teacher of Module C created the *Parlamentino* (i.e., little Parliament) or pupils' committee. Within this body, pupils could discuss issues among themselves and with their teachers and actively contribute to the policy-making process of the school. This initiative was very innovative, as lower secondary school legislation does not require the participation of pupils in decision-making processes. Teachers indicated that the experience of the *Parlamentino* contributed to the development of independent and autonomous pupils. It enabled pupils to make decisions that concerned themselves, the school, and the wider society to which they belonged. Thanks to this initiative, pupils were not only allowed to speak but also felt that they could really have an impact. Pupils of Module B2, on the other hand, were not involved in this initiative. This situation indicates that there was a limited exchange of information between the different modules of the school, both at student and teaching staff levels. It also reinforces the idea that, although the school seemed to promote many potentially inclusive initiatives, their 'inclusiveness' was limited to the willingness of some motivated teachers in some modules. Consequently, the modules acted somewhat like two separate schools within the same establishment, with no communication between each other. This factor clearly limited the scope of impact that the above-mentioned initiatives could have had to promote inclusion. Put simply, one of the most crucial factors for the development of inclusive education is that changes and new initiatives are shared and formalized so that they can concretely impact upon existing structures.

Among the extracurricular projects carried out by the school, the 'Cinema through the Net' initiative won a regional award. Many pictures exhibited in the main corridor showed the prize entitled 'Builders of Legality', won by the second grade (Module C) of the school. The purpose of the project was to find ways of implementing Article 3 of the Italian Constitution, which states, "All citizens have the same social dignity and are considered equal by Law". In order to explain this article, a teacher of Module C created, produced, and shot a short video clip showing an ordinary day in the classroom where Nuccio, the pupil with autism, was integrated. The video clip was a valuable example of how the constitutional article could be implemented through the operationalization of mainstreaming policies and was very helpful in promoting the integration and the acceptance of Nuccio within the school. Nevertheless, this video clip failed to address some important issues concerning inclusion, such as what changes were required by the school and the classroom to facilitate Nuccio's learning. Despite the efforts, the video clip mostly focused on Nuccio's individual characteristics rather than on how the teaching procedures could be modified in order to promote his participation. For example, the shooting mostly took place outside the classroom, or the lessons, and it celebrated Nuccio's relationship with his peers, what he liked and disliked. What was missing was a representation of what happened during a lesson and how teachers and pupils could interact with Nuccio within formal educational settings.

Within the school, a non-governmental organization was in charge of the integration of Roma pupils, with the support of the city municipality. These activities—for example, Roma traditions workshops, belly dancing classes—saw the participation of Roma and non-Roma pupils and their families, also outside school hours. The organization of such activities outside school hours helped the school to fight against the prejudices surrounding the 'gypsy' community in the area and to promote positive experiences of social inclusion both within and beyond the school borders.

8.1 Barriers to the Development of Inclusive Education

I argue that the *Pasolini* school seems to possess all of the qualities for it to be identified as a 'flagship' school for *integrazione scolastica*. The policy which led to the dismantling of special schools and the process of mainstreaming disabled people in ordinary schools was reflected in all school policies and practice. All pupils attended the local school without any restriction, and all attempts had been made to provide the most 'vulnerable' group of pupils with additional resources and personnel. Moreover, the school integrative ethos (see the POF), the organization of flexible school time and space, the carrying out of extracurricular projects and innovative initiatives, the experimentation of different teaching and learning modules, along with strong leadership, were strategies potentially conducive to inclusion. Yet the school's 'inclusiveness' was limited through the lack of theoretical discussions that moved away from old debates, which simply opposed segregation to integration. In line with this position, the school actors seemed to highlight children's deficiencies and difficulties and family backgrounds as the main barriers for the development of inclusion. Along with the attitudes and prejudices of teachers, there seemed to be little awareness of how teaching and learning procedures could exacerbate pupils'

difficulties in learning. Although there seemed to be a general awareness
of the barriers represented by national pressures and limitations, there
was little sense of the existence of internal barriers and how they could
contribute to exclusionary practices within the school.

As a consequence of this approach, despite the policy of
integrazione scolastica having been enacted for more than thirty
years, very few systemic changes affecting the structure of mainstream
school had taken place. What emerged from the study was that the
focus of the school was on disabled pupils' needs and how the school
responded to them. In contrast, few attempts were made to challenge
taken-for-granted approaches to teaching and learning (see, for
example, Module B2 which kept prioritising traditional teaching and
learning over experimentation). Put simply, while the experiences of
Module C could lead to systemic changes and to the development of
more inclusive settings, the school seemed to prioritize the modalities
and the experiences of traditional schooling developed by Module B2.
Consequently, although the *Pasolini* school could pave the way to
many innovative initiatives (Module C), the problem arose when these
experimentations remained at the level of 'possibility' and/or at the
level of the extracurricular activities within a school module.

Despite the passing of the Autonomy Law, attempts to break with
the traditional system of education (as shown in Module C) could
not be fully exploited. Teachers in Module B2 chose to comply with
dominant discourses and governmental pressures concerning what
counts as education and why. This compliance resulted from the
fact that, while in Module C teachers interviewed seemed to be less
concerned with issues regarding the evaluation of their teaching
methods based on pupils' academic achievements, in Module C
teachers tended to resent more external pressures on accountability.
I found that, while the carrying out of extracurricular projects was a
crucial element to promote inclusion, their impact remained confined
within the boundaries of the experimental initiatives of Module C.

9. REFLECTIONS AND RECOMMENDATIONS

What may distinguish the school investigated for this study is a
lack of familiarity with the debate around inclusive education, as

conceptualized in the first section of this chapter. The school was unprepared to consider the struggle for radical school changes that derives from such a way of thinking about inclusion. Consequently, it was very difficult to engage in an investigation of inclusive features within a context that was dominated by a discourse of *integrazione scolastica*. For example, teacher participants speculated that inclusion was a broader type of integration whose goal was to promote the education of those pupils experiencing difficulties at schools such as pupils with other nationalities, pupils with learning difficulties, or those identified as having special educational needs, and Roma pupils altogether. Clearly, these interpretations of inclusion seemed to exist within a dominant ideology that perpetuates the image of an ideal student (e.g., white, middle class, well educated, and without impairments) and/or which keeps differentiating between pupils who conform to the norm and those who do not.

At the same time, the data showed that the *Pasolini* school engaged with a series of initiatives that could be conducive to inclusion, including the following:

- The increase of school time
- The development of partnerships with local bodies to create a community-active school
- The resistance to national pressures and constraints and the development of local solutions
- The introduction of flexible pedagogy and curriculum (i.e., Module C)
- The involvement of all parents
- The participation of pupils in the decision-making process
- A strong leadership that creates a common ethos and a connective, supportive structure

From my interviews with the teachers and the deputy head teacher, it emerged that the school seemed to be willing to engage with the limits and the contradictions it faced. For example, the very presence of a researcher allowed the deputy head teacher and the psychologist to reconsider the possibility of training teachers with in-service training courses. Thus, they reflected upon the existence of assumptions and biases concerning the differences between the two modules and how they could challenge them. Under these circumstances, teachers and educators became more aware not only of the lack of time for self-enquiry and reflection to improve their teaching but also of their capacities to intervene and to promote change if given the opportunity to do so.

In order for the school to develop into a more inclusive educational establishment, actions should be taken in the following areas of intervention.

- Provide *formalized* space and time for teachers to reflect upon their practice. For example, to arrange meetings regularly among teachers to discuss issues around pedagogy, assessment, and curriculum that seem to meet all pupils' requirements.
- Make more effective use of teaching assistants. Teacher assistants should be provided with more adequate education that allows them to support teachers and pupils in the classroom. Teacher assistants should also be allowed to participate in teachers' meetings and have a voice in the education of the pupils they cater to.
- Make more effective use of specialist teachers as partners. Specialist teachers and class teachers should be working in partnership in order to identify which teaching and learning strategies are most effective to increase all pupils' participation in learning.
- Listen more attentively to pupils' voices. Increasing pupils' participation in the decision-making process could be a crucial leveraging factor to identify change that should not be underestimated.
- Eliminate tracking and ability groupings. It is necessary to develop new teaching methods that really celebrate pupil diversity in mixed-ability groupings and multicultural classes rather than creating different schooling pathways.
- Formalize innovative initiatives and practices. For example, the experiences of the '*didattica laboratoriale*' and the 'mind maps' in Module C should not remain within a classroom but should become the object of further investigation and dissemination within the whole school (and beyond).

However, the main barrier to innovation and inclusion could be found in class teachers' resistance to change. Although teachers shared a common philosophy that welcomes pupil diversity in regular classrooms, they did not seem to question education systems and consider the limits that are embedded in school routines and settings, not only for the development of inclusion, but also for the development of integration. For this reason, teacher education is the key aspect in the quest for inclusion, and it needs to be addressed with careful attention in the making of national educational policies and in the redefinition of training programs (Barton 2003; Booth, Nes, and Stromstad 2003; Slee 2001). If possible, inclusive teacher education should not only engage with new specialist educational approaches and teaching methods but also reconsider the role of education and its purposes. As Ballard (2003) argues, teacher education should give teachers "theoretical tools of analysis that will help them to see injustice and understand its institutional and structural origin" (2003, 68) so that they can challenge forms of oppression and cultural ideologies that create poverty and exclusion, often enshrined within discourses of which they may be part.

CONCLUSIONS

The policy of *integrazione scolastica* does not seem to be an inclusive policy. Arguably, the theoretical premises that support inclusion, as discussed at the beginning of this chapter, are different from those supporting integration, particularly when considering that the education systems in which the policy of integration is being applied are still, essentially, selective and homogenizing institutions. While I acknowledge that solutions to promote inclusive education are many and local, and that it concerns addressing any barriers that hinder the "presence, participation and achievement of pupils in local neighbourhood schools" (Ainscow 2003, 15), there is an increasing need for a shared theoretical approach which limits the possibilities of misinterpretation of what inclusion may mean and how we can implement it. To promote the development of an inclusive policy and practice, it would be essential to break with a theoretical framework that interprets inclusion only in opposition to segregation or as a policy that allocates funding and resources to schools where pupils identified as having special educational needs are placed. In contrast, it would be necessary to discuss issues of inclusion as a *human rights* approach to education. This approach should concern all human beings without focusing on a particular 'category' and, as Armstrong and Barton (1999) argue, is in opposition to a discourse centred on ideas of individual needs. A human rights approach to education should be concerned with issues of systemic change, and it should engage with barriers at social, economic, and political levels and, when necessary, challenge issues of power relations.

The *Pasolini* school proved to be a good exemplar for the study of inclusive strategies for pupils experiencing difficulties at school, as it clearly showed an orientation towards inclusion due to its willingness to support all pupils and a long-standing integration policy and practice. Despite the constraints and the barriers, I acknowledge that the school was genuinely concerned for all pupils and their processes of learning, in particular for those deemed most 'vulnerable'. It made serious efforts to create integrative settings within the cultural values and resources available to it. Yet it was left with very few alternatives outside the boundaries of *integrazione scolastica* and a limited opportunity to address issues concerning the type of school we want to develop for the 21st century. The making of an inclusive school is a crucial factor for the creation of an inclusive society, but I argue that it is only by engaging in a debate that challenges traditional schooling, teaching routines, and assessment procedures that the policy of *integrazione scolastica* may lead to inclusion.

BIBLIOGRAPHICAL REFERENCES

Adams, F. (1990). *Special Education in the 1990s*. Harlow: Longman.

Ainscow, M. (2003). "Using Teacher Development to Foster Inclusive Classroom Practices." In T. Booth, K. Nes, and M. Stromstad, eds., *Developing Inclusive Teacher Education*. London: RoutledgeFalmer.

Ainscow, M., and T. Booth, eds. (1998). *From Them to Us: An International Study of Inclusion in Education*. London: Routledge.

Ainscow, M., T. Booth, and A. Dyson. (2006). *Improving Schools, Developing Inclusion*. London: Routledge.

Armstrong, F., and L. Barton. (2001). "Disability, Education, and Inclusion." In L. Albrecht, G., D. Seelman, K., and M. Bury, eds., *Handbook of Disability Studies*. Thousand Oaks: Sage Publications, 693–710.

Ball, S. J. (1987). *The Micro-Politics of the School: Towards a Theory of School Organisation*. London: Methuen.

Ballard, K. (2003). "The Analysis of Context: Some Thoughts on Teacher Education, Culture, Colonisation, and Inequality." In T. Booth, K. Nes, and M. Stromstad, eds., *Developing Inclusive Teacher Education*. London: RoutledgeFalmer.

Barton, L. (1998). "Markets, Managerialism, and Inclusive Education." In P. Clough, ed., *Managing Inclusive Education: From Policy to Experience*. London: Paul Chapman Publishing, 77–91.

Barton, L. (2003). *Inclusive Education and Teacher Education: A Basis of Hope or a Discourse of Delusion*. London: Institute of Education, University of London.

Bassey, M. (1999). *Case Study Research in Educational Settings*. Philadelphia: Open University Press.

Booth, T. (1982). "Integration Italian Style." In C. Gravell and J. Pettit, eds., *National Perspectives. Unit 10*. Milton Keynes: Open University.

Booth, T., and M. Ainscow. (2000). *Index for Inclusion: Developing Learning and Participation in Schools*. Bristol: Centre for Studies on Inclusive Education (CSIE).

Booth, T., K. Nes, and M. Stromstad, eds. (2003). *Developing Inclusive Teacher Education*. London: RoutledgeFalmer.

Buzzi, M. I. (1993). "Handicap e Europa: Verso paradigmi comuni di integrazione." *Valore Scuola*, 188: 16: 3–7.

Caldin, R. (2004). "Abitare la complessità: Insegnanti e processi inclusivi." *L'integrazione scolastica e sociale*, 3: 2: 114–123.

Campbell, C., ed. (2002). *Developing Inclusive Schooling: Perspectives, Policies, and Practices*. London: Institute of Education.

Canevaro, A. (2001). "L'Integrazione in Italia." In S. Nocera, ed., *Il diritto all'integrazione nella scuola dell'autonomia. Gli alunni in situazione di handicap nella normativa italiana*. Trento: Erickson, 209–223.

Canevaro, A. (2002). "Pedagogical, Psychological, and Sociological Aspects of the Italian Model: A Methodological Preamble." Paper presented at the Mainstreaming in Education Conference, Rome.

Canevaro, A. (2006a). "Integrazione scolastica: Aspetti pedagogici, psicologici, e sociologici del modello italiano." In G. Solidarietà, ed., *Disabilità dalla Scuola al Lavoro*. Jesi (Ancona): Gruppo Solidarietà.

Canevaro, A. (2006b). *Le logiche del confine e del sentiero. Una pedagogia dell'inclusione (per tutti, disabili inclusi)*. Trento: Erickson.

Canevaro, A., ed. (2007). *L'integrazione scolastica degli alunni con disabilità.* Trento: Erickson.

Canevaro, A., and D. Ianes. (2003). *Diversabilità. Storie di dialoghi nell'anno europeo delle persone disabili.* Trento: Erickson.

Canevaro, A., and M. Mandato. (2004). *L'integrazione e la prospettiva 'inclusiva'.* Rome: Monolite Editrice.

Corbett, J., and R. Slee. (2000). "An International Conversation on Inclusive Education." In D. Armstrong, F. Armstrong, and L. Barton, eds., *Inclusive Education: Policy, Contexts, and Comparative Perspectives.* London: David Fulton.

D'Alessio, S. (2005). "La prospettiva inclusiva in Italia: Un'esperienza atipica o un modello riproducibile? Primi esiti di una ricerca sull'integrazione scolastica in Italia e più particolarmente nell'area riminese." Paper presented at the Conference 'Costruiamo la qualità dell'integrazione scolastica', Rimini.

D'Alessio, S. (2007a). "Made in Italy: Integrazione Scolastica and the New Vision of Inclusive Education." In L. Barton and F. Armstrong, eds., *Policy, Experience, and Change: Cross Cultural Reflections on Inclusive Education.* Dordrecht: Springer.

D'Alessio, S. (2007b). "Prospettive di cambiamento: Dall'integrazione scolastica all'inclusive education." *L'integrazione scolastica e sociale*, 6: 4: 342–365.

D'Alessio, S. (2009). "L'integration scolaire en Italie : Quelques réflexions pour le développement de l'éducation inclusive." *La nouvelle revue de l'adaptation et de la scolarisation (IN SHEA Revue)*, Hors Série 2009. L'inclusion scolaire en débat en France et dans le monde.

D'Alessio, S., and A. Watkins. (in press). "International Comparisons of Inclusive Policy and Practice—Are We All Talking about the Same Thing?" *Research in Comparative and International Education Journal*, 4: 3.

de Anna, L. (1997). "Pedagogical, Curricular, and Classroom Organisation in Italy." In OECD, ed., *Implementing Inclusive Education.* Paris: OECD, 91–95.

Ferri, B. A. (2008). "Inclusion in Italy: What Happens When Everyone Belongs?" In S. L. Gabel and S. Danforth, eds., *Disability and the Politics of Education: An International Reader.* New York: Peter Lang.

Hegarty, S. (1987). *Special Needs in Ordinary Schools: Meeting Special Needs in Ordinary Schools.* London: Cassell.

Ianes, D. (2005). *Bisogni Educativi Speciali e inclusione. Valutare le reali necessità e attivare le risorse.* Trento: Erickson.

Ianes, D. (2007). *The Italian Model for the Inclusion and Integration of Students with Special Needs: Some Issues.* Available at http://www.darioianes.it/focus4a.htm (last accessed 5 May 2008).

Ianes, D., and M. Tortello, eds. (1999). *Handicap e risorse per l'integrazione. Nuovi elementi di Qualità per una scuola inclusiva.* Trento: Erickson.

Malaguti Rossi, E. (2004). *Handicap e rinnovamento della didattica. Esperienze e riflessioni dell'Autonomia.* Roma: Anicia.

Medeghini, R. (2006). *Dalla qualità dell'integrazione all'inclusione. Analisi degli indicatori di qualità per l'inclusione.* Brescia: Vannini Editrice.

Medeghini, R. (2008). "Dall'integrazione all'inclusione." In G. Onger, ed., *Trent'anni di integrazione. Ieri, oggi, domani.* Brescia: Vannini Editrice.

Medeghini, R., and E. Valtellina. (2006). *Quale disabilità? Culture, modelli, e processi di inclusione.* Milano: FrancoAngeli.

Meijer, C. J. W. (2003). *Inclusive Education and Classroom Practices in Secondary Education.* Middelfart: European Agency for Development in Special Needs Education. Available online at http://www.european-agency.org/publications/ereports/inclusive-education-and-classroom-practices/inclusive-education-and-classroom-practices (last accessed September 2009).

Meijer, C. J. W., and I. Abbring. (1994). "Italy." In C. J. W. Meijer, J. S. Pijil, and S. Hegarty, eds., *New Perspectives in Special Education: A Six-Country Study of Integration.* London: Routledge.

Meijer, C. J. W., V. Soriano, and A. Watkins, eds. (2003). *Special Needs Education in Europe: Thematic Publication.* Middelfart: European Agency for Development in Special Needs Education.

Ministero della Pubblica Istruzione. (2007). *Piano nazionale di formazione per l'integrazione degli alunni disabili 'I care': Imparare, Comunicare, Agire in una Rete Educativa—anni scolastici 2007/2008 e 2008/2009.* Roma: Ministero della Pubblica Istruzione. Available online at http://www.pubblica.istruzione.it/normativa/2007/prot1536_07.shtml (last accessed 5 May 2008).

Ministero dell'Istruzione Università e Ricerca. (2004). *Indicazioni Nazionali per i Piani di Studio Personalizzati nella Scuola Secondaria di 1° Grado.* Roma: Ministero Istruzione, Università e Ricerca.

Mittler, P. (2000). *Working towards Inclusive Education.* London: David Fulton.

OECD. (1994). *The Integration of Disabled Children into Mainstream Education: Ambitions, Theories, and Practices.* Paris: OECD.

OECD. (2004). *Equity in Education: Students with Disabilities, Learning Difficulties, and Disadvantages: Statistics and Indicators.* Paris: OECD.

OECD. (2005). *Students with Disabilities, Learning Difficulties, and Disadvantages: Statistics and Indicators.* Paris: OECD.

O'Hanlon, C., ed. (1995). *Inclusive Education in Europe.* London: David Fulton Publishers.

Robson, C. (2002). *Real World Research.* 2nd ed. Oxford: Blackwell.

Rustemier, S., and T. Booth. (2005). *Learning about the Index in Use: A Study of the Use Index for Inclusion in Schools and LEAs in England.* Bristol: CSIE.

Segal, P., M. Maigne, and M. Gautier. (2003). *La compensation du handicap en Italie.* Paris: CTNERHI.

Slee, R. (2001). "Social Justice and the Changing Directions in Educational Research: The Case of Inclusive Education." *International Journal of Inclusive Education,* 5: 2–3: 167–177.

Slee, R., and J. Allan. (2001). "Excluding the Included: A Reconsideration of Inclusive Education." *International Studies in Sociology of Education,* 11: 2: 173–192.

Thomas, G., and A. Loxley. (2001). *Deconstructing Special Education and Constructing Inclusion.* Buckingham: Open University Press.

Trentin, R., M. G. Monaci, F. De Lumé, and O. Zanon. (2006). "Scholastic Integration of Gypsies in Italy: Teachers' Attitudes and Experience." *School Psychology International,* 27: 1: 79–103.

UNESCO. (1994). *The Salamanca Statement and Framework for Action on Special Needs Education.* Salamanca: UNESCO.

UNESCO. (2003). *Overcoming Exclusion through Inclusive Approaches in Education: A Challenge and a Vision.* Conceptual paper. Paris: Early Childhood and Inclusive Education Basic Education Division— UNESCO. Available online at http://unesdoc.unesco.org/images/0013/001347/134785e.pdf (last accessed 5 May 2008).

Zambelli, F., and R. Bonni. (2004). "Beliefs of Teachers in Italian Schools Concerning the Inclusion of Disabled Children: A Q-Sort Analysis." *European Journal of Special Needs Education,* 19: 3: 351–366.

NOTES

[1] Recently, a national body for the evaluation of the education system, the INVALSI (Istituto Nazionale per la Valutazione del Sistema Educativo di Istruzione e Formazione), has been developed. For more information about the INVALSI, see http://www.invalsi.it/invalsi/index.php (last accessed 22 September 2009).

2   The social integration of 'gypsy' pupils in the Italian schools is a widespread phenomenon in the country and much older than the integration of other ethnic minorities (for more information regarding the integration of Roma pupils in Italy, see Trentin, Monaci, De Lumé, and Zanon 2006).

3   The definition 'differently able' has been introduced in Italy (Canevaro and Ianes 2003) as a possible substitute for the term 'disabled'. The purpose is to emphasize pupils' abilities rather than deficits. However, this term has failed to affect school cultures and attitudes and has been transformed into a new label for problematic pupils (D'Alessio 2007a).

Initiatives inclusives en contexte manitobain : portrait de deux écoles

Hermann Duchesne

INTRODUCTION

Le virage vers l'inclusion débute au Manitoba en 1966 avec la reconnaissance du droit d'accès à l'école aux enfants handicapés mentaux (Blais, 2005 ; Duchesne, 1993 ; Lutfiyya et Van Wallenghem, 2001). En accord avec les modalités de prestation des services en vigueur dans d'autres juridictions canadiennes et américaines, les divisions scolaires mettent alors en place un réseau de classes, de centres et d'écoles spéciales ségrégées qu'elles confient à des enseignants spécialisés. Cependant, les services ségrégés sont rapidement remis en question et le mouvement d'intégration scolaire (Duchesne, 1990 ; Vienneau, 2002) qui se développe au cours des années 1970 et 1980 conduit au démantèlement graduel de ce réseau. En 1988, un rapport du Département de planification et recherche d'Éducation Manitoba indique que la majorité des élèves handicapés et en difficulté ont réintégré la classe ordinaire, mais c'est vraiment à partir des années 1990 que l'inclusion scolaire proprement dite prend son envol, se définit et consolide ses assises.

Après plus d'une dizaine d'années d'implantation du projet d'inclusion au Manitoba, aucune étude ne s'est encore penchée sur comment les acteurs scolaires se représentent l'offre de services éducatifs inclusifs et quelles en sont les répercussions sur la conduite de leurs activités quotidiennes. La présente étude vise donc à documenter les initiatives inclusives considérées comme exemplaires par les acteurs eux-mêmes, afin de construire sur elles. Ainsi, ce rapport fait d'abord un survol des mesures officielles visant à favoriser l'inclusion et des efforts déployés pour la promotion de celle-ci. Il présente ensuite les éléments de méthodologie retenus dans cette étude, pour enfin décrire les initiatives inclusives relevées dans deux écoles manitobaines et en discuter brièvement les implications pour le renforcement du mouvement d'inclusion.

1. MESURES INCLUSIVES OFFICIELLES AU MANITOBA

Au cours des années 1990, le ministère de l'Éducation et de la formation professionnelle du Manitoba (ÉFPM) entreprend une réforme majeure du système d'éducation et prend position en faveur de l'inclusion. Les doutes concernant cette orientation sont rapidement éclipsés par l'*Étude des programmes d'enseignement à l'enfance en difficulté* (ÉFPM, 1998), qui recommande, entre autres, que

> [l]es divisions et les districts scolaires maintiennent leur politique d'appui au principe de l'inclusion, en vertu duquel on privilégie le placement des élèves dans les classes ordinaires avec des camarades du même âge dans les écoles de quartier [...] et que cette politique soit assortie d'un continuum de mesures de soutien [...] qui convienne le mieux [aux] besoins [de chaque enfant] (p. 19).

Si le placement de l'élève handicapé ou en difficulté parmi ses pairs est au cœur de l'inclusion, les écoles doivent lui offrir des services éducatifs appropriés à ses besoins. Ces services comptent cinq mesures essentielles de soutien :

1. L'adoption, par tous les enseignants et enseignantes, des pratiques et des stratégies pédagogiques différenciées (ÉFPM, 1997), y compris les stratégies d'apprentissage coopératif et la prise en compte des intelligences multiples. Plus récemment, le Ministère a ajouté la conception pédagogique universelle.

2. Le recours aux adaptations pédagogiques et au soutien personnel à l'élève : les adaptations pédagogiques sont des modifications apportées aux stratégies et au matériel d'enseignement, de même qu'aux méthodes d'évaluation, afin d'assurer le succès de l'élève, et le soutien personnel consiste dans l'apport d'une aide passagère par un membre du personnel des services aux élèves de l'école (orthopédagogue, conseiller, etc.) dans les domaines où l'élève éprouve des difficultés.

3. L'élaboration d'un plan de soutien spécialisé basé sur une évaluation formelle des besoins de l'élève par un ou plusieurs spécialistes (psychologue, orthophoniste, médecin, psychiatre, etc.) : le soutien spécialisé est mis en œuvre à l'intérieur même de la classe ordinaire, dans toute la mesure du possible, mais il est permis d'en retirer l'élève temporairement lorsque ses besoins le justifient. Le consentement des parents est exigé avant de procéder à l'évaluation formelle et ceux-ci doivent être partie prenante dans les décisions concernant le soutien spécialisé.

Ces trois premières mesures visent à répondre, selon les chiffres avancés par le ministère de l'Éducation (EFPM, 1994), aux besoins de 95 % des élèves. Les deux dernières mesures s'adressent au 5 % des élèves qui ont des déficiences cognitives significatives qui les empêchent de profiter pleinement des programmes d'études réguliers. Ces mesures ne s'appliquent que lorsque ces élèves atteignent le secondaire (9e à 12e années).

4. La modification de cours (ÉFPM, 1996a) permet de retrancher, de remplacer ou de modifier plus de 50 % des résultats d'apprentissage prescrits dans un cours offert au secondaire, en réponse aux besoins d'un élève. L'élève est inscrit dans un cours régulier, comme tous ses pairs, mais ses activités d'apprentissage et d'évaluation sont axées sur ses propres résultats d'apprentissage. La mention M inscrite au bulletin permet à l'élève d'accumuler des crédits et d'obtenir son diplôme d'études secondaire, mais pas d'être admis dans un programme d'études postsecondaires.

5. La programmation individualisée (ÉFPM, 1996b) s'adresse aux élèves qui ne peuvent profiter d'aucun résultat d'apprentissage

prescrit dans les cours offerts au secondaire. Elle permet d'élaborer un programme éducatif totalement à la mesure des besoins de l'élève. Ce programme doit assurer la participation de l'élève dans les cours réguliers et les activités parascolaires. La mention I apparaît au bulletin scolaire de l'élève pour les cours où il est inscrit et les autres activités prévues à son programme.

À ces mesures s'ajoutent l'enrichissement pour les élèves doués par le biais des cours proposés par l'école (CPÉ) ou des projets proposés par l'élève (PPÉ) (ÉFPM, 1995).

Les mesures de soutien sont consignées dans un Programme éducatif personnalisé (PEP) (ÉFPM, 1999) qui fait partie du dossier scolaire et qui doit être dûment approuvé et signé par les parents. Lorsque ceux-ci sont en désaccord avec l'école, ils peuvent faire appel en suivant un processus établi par le Ministère (Éducation, Citoyenneté et Jeunesse Manitoba, 2006a)[1]. Dans le cas où les parents refusent de participer à l'élaboration du PEP ou ne se présentent pas à l'école, celle-ci doit documenter ses efforts pour les contacter et susciter leur participation. L'école peut alors procéder à l'évaluation formelle et à l'élaboration du PEP sans l'autorisation des parents. Le PEP doit être revu au moins une fois par année scolaire. Quelle que soit la nature des mesures de soutien, l'élève demeure toujours sous la responsabilité de l'enseignant titulaire.

Pour appuyer la mise en œuvre des diverses mesures de soutien, le Ministère accorde des subventions selon un système à trois niveaux. La subvention de niveau 1 est globale, basée sur le nombre d'élèves inscrits dans la division ou le district scolaire et versée à son budget de fonctionnement général. Elle sert à défrayer les coûts de la grande majorité du soutien prévu dans les trois premières mesures. Les subventions de niveau 2 sont attribuées pour chaque élève dûment diagnostiqué avec un handicap sévère, alors que les subventions de niveau 3 défraient les coûts du soutien aux élèves multihandicapés sévères et profonds.

Depuis le tournant du siècle, le gouvernement manitobain consolide son orientation vers l'inclusion. Dans ce sens, il rédige un énoncé officiel de « philosophie de l'inclusion » en 2001, adopte la *Loi 13* sur le droit à une éducation appropriée en juin 2004, et édicte les règlements découlant de cette loi en octobre 2005. Les assises juridiques de l'inclusion sont consignées dans un document intitulé *Les programmes d'éducation appropriés au Manitoba : guide pour les services aux élèves* (ECJM, 2007). Les écoles manitobaines sont maintenant dans l'obligation de fournir à tous les élèves une éducation appropriée, c'est-à-dire, selon la définition incluse dans la *Loi sur les écoles publiques*, une éducation fondée sur les programmes d'études réguliers approuvés par le ministre. Tout écart par rapport à ces programmes doit être justifié par les besoins spécifiques de l'élève.

2. PROMOTION DE L'INCLUSION

Le passage du projet d'inclusion conçu par le ministère de l'Éducation du Manitoba à sa mise en œuvre dans le quotidien des écoles nécessite un travail important pour modifier les mentalités, promouvoir le développement et l'adoption de pratiques cohérentes, et éliminer les barrières à l'inclusion. La philosophie de l'inclusion préconisée au Manitoba insiste sur la création d'un environnement éducatif accueillant, valorisant et sûr. Pour y parvenir, le Ministère confie la promotion de l'inclusion à la Direction des programmes et services de soutien aux élèves. En plus d'établir les politiques et la réglementation, celle-ci publie régulièrement des guides pédagogiques sur différents aspects de l'inclusion (p. ex., enseignement différencié [EFPM, 1997], gestion du comportement [ECJM, 2001], prévention de la violence et de l'intimidation [ECJM, 2006b], etc.). Elle met en plus à la disposition des divisions et des districts scolaires un service de consultants qui offrent un appui dans le processus de programmation éducative pour les élèves, de même que des ateliers et des sessions de formation qui s'adressent aux conseillers pédagogiques, aux orthopédagogues et aux conseillers scolaires. Ces derniers ont la responsabilité de la dissémination de l'information et de l'implantation des pratiques dans les écoles.

Comme autre appui, le Ministère décerne un certificat d'enseignement à l'enfance en difficulté aux enseignants qui complètent une formation universitaire postbaccalauréat totalisant 30 crédits, dont 18 sont obligatoires et portent directement sur l'éducation inclusive.

La plupart des postes en orthopédagogie dans les écoles françaises du Manitoba sont comblés par ces enseignants. Cependant, ce certificat n'est pas obligatoire et, par conséquent, la qualité des services orthopédagogiques est susceptible de varier considérablement d'une école à l'autre. Pour contrer ce problème, la Direction des programmes et des services de soutien aux élèves anime, chaque année, un atelier portant sur les compétences dites « essentielles » pour les nouveaux orthopédagogues. Enfin, le Ministère mandate les facultés d'éducation à sensibiliser les futurs enseignants à l'inclusion. Ainsi, la Faculté d'éducation du Collège universitaire de Saint-Boniface offre un cours obligatoire de trois crédits dans ce domaine. En plus, les étudiants sont, pour la plupart, directement en contact avec des élèves ayant des besoins spéciaux dans le cadre de leur stage. Toute autre formation dépend de l'intérêt personnel des praticiens et praticiennes, en fonction des besoins ressentis et des expertises disponibles.

Ce survol rapide des efforts déployés pour la formation à l'éducation inclusive au Manitoba laisse entrevoir certaines lacunes, particulièrement si l'on considère qu'à part le cours obligatoire au moment de la formation initiale, toute la formation est offerte dans le cadre des activités de développement professionnel, et la participation à ces activités est volontaire. Il n'est donc pas surprenant de constater que le manque de formation est toujours évoqué parmi les obstacles principaux à l'inclusion. Une enquête récente menée auprès du personnel des écoles françaises (Duchesne, 2008), en collaboration avec l'Association des orthopédagogues de langue française du Manitoba, révèle des besoins de formation fortement ressentis par la majorité des répondants sur tous les aspects de l'inclusion, sauf les aspects administratifs. Il y a donc lieu de s'interroger sur comment se vit l'inclusion dans le quotidien des écoles. L'importance de documenter les initiatives inclusives manitobaines apparaît élevée si l'on veut apporter un appui et renforcer le mouvement vers l'inclusion.

Dans cette optique, la présente étude, essentiellement exploratoire et descriptive, vise à identifier les pratiques inclusives considérées comme exemplaires par les acteurs scolaires et à documenter comment celles-ci sont mises en œuvre au jour le jour. Si certaines pratiques douteuses peuvent être questionnées au passage, il s'agit bien davantage de reconnaître les forces inclusives à l'œuvre dans les écoles manitobaines afin de construire sur elles. Dans la prochaine section, nos décrivons la méthodologie utilisée pour atteindre cet objectif.

3. MÉTHODOLOGIE

3.1 Les écoles participantes

Les deux écoles qui participent à cette étude ont été désignées par les autorités de leur division scolaire comme étant bien engagées sur la voie de l'inclusion. Nous nous référons à ces écoles par les lettres A et B. Elles accueillent des enfants de parents ayants droit de la minorité francophone (Clark et Foucher, 2005). L'école A est située au centre-ville de Winnipeg et les élèves proviennent de plusieurs quartiers environnants. Le niveau socioéconomique varie de faible à élevé, mais la majorité des élèves provient de familles à faible revenu. L'école compte quelque 300 élèves de la maternelle à la 8e année. Le personnel comprend la direction et la direction adjointe, une vingtaine d'enseignants et enseignantes, une quinzaine d'auxiliaires d'enseignement, trois membres des services aux élèves se partageant les responsabilités d'orthopédagogue et de conseiller scolaire, une bibliotechnicienne, deux secrétaires et quatre concierges. L'école B dessert un milieu rural. Elle reçoit une soixantaine d'élèves de villages et de la campagne environnante. Le revenu familial est moyen ou moyen inférieur. L'école offre des services de la maternelle à la 12e année. Les élèves sont répartis en quatre classes multiniveaux, maternelle à 3e année, 4e à 6e année, 7e à 9e année, 10e à 12e année. Chaque groupe est sous la responsabilité d'une enseignante titulaire, soutenue par quelques auxiliaires d'enseignement, l'orthopédagogue, le conseiller scolaire, l'éducateur physique, la secrétaire, le concierge et la direction qui sont tous à temps partiel. Les élèves du secondaire se subdivisent en sous-groupes de deux ou trois élèves à différents moments de la journée en fonction des cours où ils sont inscrits.

Ces écoles accueillent une proportion élevée d'élèves handicapés et en difficulté de toutes catégories diagnostiques : handicaps physiques et sensoriels (paralysie cérébrale, allergies diverses, surdité) ; troubles comportementaux (trouble déficitaire de l'attention avec hyperactivité

[TDAH], trouble oppositionnel, etc.), handicaps développementaux (autisme, syndrome d'Asperger) ; handicaps cognitifs (trisomie, syndrome de Williams, syndrome d'intoxication fœtale à l'alcool [SIFA]), troubles langagiers, troubles d'apprentissage, troubles émotifs, etc. Les deux écoles reçoivent également quelques élèves immigrants réfugiés qui ont survécu à des événements traumatiques sérieux et dont la scolarisation antérieure est douteuse ou inexistante. La majorité, soit quarante et un (41) élèves dans l'école A et onze (11) dans l'école B, sont considérés de niveau 1. L'école A accueille en plus treize (13) élèves avec des handicaps sévères qui reçoivent une subvention de niveau 2 et un (1) élève multihandicapé sévère qui reçoit une subvention de niveau 3. Dans l'école B, trois (3) élèves se qualifient pour une subvention de niveau 2 et aucun pour une subvention de niveau 3. Tous ces élèves sont répartis dans les classes ordinaires.

3.2 La collecte et l'analyse des données

Les données ont été recueillies par observation directe, entretiens formels et analyse documentaire, au cours de visites qui ont duré quatre jours dans l'école A et deux jours dans l'école B. Le chercheur et son assistant[2] ont chacun rédigé un rapport d'observation par demi-journée passée à l'école, soit un total de seize rapports pour l'école A et huit rapports pour l'école B. Pour des raisons d'éthique, l'observation s'est concentrée sur le fonctionnement général des classes. Même si certaines classes ont fait l'objet d'attention particulière à cause de la présence d'un nombre élevé d'élèves en difficulté, aucun membre du personnel ni élève n'a été suivi de façon prolongée. En ce qui a trait aux entretiens formels, dans l'école A, la direction de l'école, deux groupes d'élèves de la 4ᵉ et de la 8ᵉ année, deux enseignants, deux orthopédagogues et quatre parents, dont deux ont un enfant ayant des besoins spéciaux, ont été interviewés. Dans l'école B, les entretiens ont été menés avec la direction, trois groupes d'élèves des classes de 4ᵉ à 6ᵉ année, de 7ᵉ à 9ᵉ année et de 10ᵉ à 12ᵉ année, deux enseignantes dont l'une occupait aussi le poste d'orthopédagogue, et trois parents, dont deux ont des enfants ayant des besoins spéciaux. Les entretiens ont été enregistrés et retranscrits à l'ordinateur pour analyse. Un problème technique a rendu inutilisable l'enregistrement de l'entretien avec le groupe d'élèves de 9ᵉ à 12ᵉ année de l'école B. Enfin, l'analyse documentaire s'est concentrée sur le *Rapport de planification scolaire 2006-2007* et le *Plan annuel scolaire : services aux élèves 2006-2007* de chacune des deux écoles. Ces documents font partie intégrante du *Plan annuel scolaire* exigé par le ministère de l'Éducation (ÉCJM, 2004a).

Les données d'observation ont d'abord été analysées par la méthode de comparaison constante, en fonction de neuf thèmes préétablis, à l'aide du programme QSR N6 (QSR International Pty., 2002). Les transcriptions des entretiens ont ensuite été relues pour en tirer les idées principales et les exemples. Enfin, l'analyse du contenu manifeste des documents recueillis a permis de compléter le tableau. Un rapport préliminaire a été remis aux directions des deux écoles et leurs réactions indiquent que les résultats des analyses concordent avec leur réalité. L'une d'entre elles écrit : « *Le chemin vers l'inclusion est une route qui prend des virages et qui surmonte souvent des collines et des montagnes. Il faut être persévérant et ne jamais penser que nous avons toutes les réponses. Tu as saisi cela, je crois, dans ton rapport.* »

4. RÉSULTATS

4.1 Plan annuel scolaire

Une planification scolaire cohérente implique au départ une vision de l'inclusion. Ainsi, selon la direction des deux écoles, l'inclusion ne peut pas se réduire à la simple mise en œuvre d'une politique. Pour la direction de l'école A, elle découle plutôt d'une volonté de respecter le droit de non-discrimination inscrit dans la *Charte canadienne des droits et libertés* et le droit à une éducation appropriée inscrit dans la *Loi sur les écoles publiques* du Manitoba. L'inclusion est une philosophie, une façon de concevoir l'éducation comme étant pour tous, en même temps que « l'affaire de tous », et où les décisions sont prises en gardant toujours en tête le mieux-être de l'enfant. L'empathie est au cœur de l'inclusion. La direction de l'école B abonde dans le même sens en affirmant que chaque élève est accepté avec ses forces et ses défis, et s'habitue rapidement au fait « qu'on est tous là pour apprendre », adultes comme élèves. Dans les deux écoles, on affirme que la présence d'élèves handicapés et en difficulté dans les classes ne constitue pas un problème mais, plutôt, représente un défi pour les membres du personnel et offre autant d'occasions d'apprendre et de se développer sur les plans personnel et professionnel. Un enseignant résume bien la situation : « *Quand on a une classe difficile* [...] *on avance plus que quand on a une classe facile* [...] *il y a toute une question non seulement d'inclusion mais une question de comprendre tous et chacun dans le but socialement de s'épanouir* » (enseignant A1).

L'examen du *Plan annuel scolaire 2006-2007* des deux écoles montre que l'inclusion n'est pas la responsabilité des spécialistes, mais plutôt une responsabilité partagée entre tous les acteurs du milieu scolaire : administration, enseignants, auxiliaires, parents, élèves et spécialistes. En effet, les deux écoles font explicitement mention de l'inclusion comme l'une de leurs priorités et la promotion de celle-ci se révèle dans l'orientation pédagogique choisie, associée à un effort de formation continue du personnel, de même qu'à des mesures pour assurer la sécurité et le soutien des élèves à risque.

Dans son *Plan annuel scolaire*, l'école A se dit une école où « tous » les élèves se sentent heureux, respectés et aimés, et où la présence des parents dans l'école est essentielle à la réussite des élèves. L'orientation vers les arts, associée à la pédagogie différenciée et la prise en compte des intelligences multiples, crée un environnement favorisant chez tout élève « l'exploration, la célébration, la création, le développement de son estime de soi et le respect des autres ». Pour l'école B, le *Plan annuel* précise que le contexte et la pédagogie multiniveaux (ECJM, 2004b) constituent une force qui « favorise le développement académique et socioémotif et facilite l'inclusion des élèves ayant des besoins spéciaux ». Cette approche pédagogique place l'accent sur le développement de l'autonomie de l'élève et sa capacité de prendre en charge ses propres apprentissages.

Toujours selon le *Plan annuel scolaire* des deux écoles, la formation du personnel prévue au cours de l'année 2006-2007 touche principalement la mise en œuvre de programmes visant le développement des habiletés sociales, la prévention et la médiation de conflits tels que : Racines de l'empathie (2006), RÉSO (un programme local visant la réussite sociale), Vers le pacifique (Hébert, Audet et Boissé, 1998), la trousse C.A.R.E. pour la prévention de la violence sexuelle chez les élèves de 5 à 9 ans (Croix-Rouge canadienne) et Plein feu sur l'intimidation (Ministère de l'Éducation de la Colombie-Britannique, 2000). On désire également être davantage outillé pour la gestion du comportement des élèves agressifs et violents, et pour l'accompagnement du personnel et des parents. Dans l'école B, le *Plan annuel* mentionne en plus une formation sur l'enrichissement de la littératie pour les élèves qui présentent des difficultés dans ce domaine. On prévoit aussi former des membres du personnel sur l'autisme et le SIFA, afin de mieux répondre aux besoins d'élèves nouvellement arrivés à l'école. Dans les deux écoles, la formation envisagée consiste à encourager les membres du personnel à assister à des sessions ou ateliers offerts par des organismes externes (p. ex., Société d'autisme du Manitoba) ou par des spécialistes de la division scolaire, de même qu'à faire des lectures personnelles. On fait aussi appel à l'expertise des parents et d'autres membres de la famille des élèves qui ont des besoins spéciaux. Dans le bilan des ressources humaines inclus dans le *Plan annuel* de l'école B, on précise que le parent et la sœur aînée d'un élève ayant le SIFA ainsi que la mère d'un élève autiste sont toujours prêts à venir former le personnel et les élèves quand le besoin se fait sentir ou lorsqu'ils découvrent de nouvelles ressources ou appuis technologiques.

En ce qui a trait à la sécurité, le *Plan annuel scolaire* de l'école A indique que l'année 2006-2007 est la deuxième année d'implantation du programme Les châteaux forts dont l'objectif est de faire en sorte que 100 % des élèves de l'école se connaissent. On mentionne en plus un projet sur la prévention de l'intimidation, en accord avec le modèle proposé par le ministère de l'Éducation (ÉCJM, 2006b). Dans l'école B, le plan d'action prévoit la formation d'un comité composé de la direction, du conseiller en orientation, d'un élève du secondaire et d'un parent pour revoir le code de vie et le plan d'urgence de l'école, et en vérifier la conformité avec les exigences du Ministère et de la division scolaire. Le comité doit partager les résultats de ses travaux auprès du personnel et des parents.

Pour les élèves à risque, le *Plan annuel scolaire* de l'école A prévoit une intervention par le biais des arts. Le programme GénieArts Manitoba ciblera les élèves de 1re année à risque en numératie. Les élèves de 2e et 3e année à risque dans les domaines de la littératie et du comportement bénéficieront d'un programme de musicothérapie.

Le programme Apprendre par les arts visera les élèves à risque de 7e et 8e année. Dans l'école B, le *Plan annuel scolaire* mentionne la formation d'une auxiliaire sur les stratégies d'organisation personnelle afin d'offrir un appui aux élèves qui ont des difficultés dans ce domaine. Une évaluation systématique des besoins sera effectuée auprès des élèves en 4e et en 7e année. Ceux-ci viennent tout juste de changer de groupe classe et le soutien vise à faciliter leur transition.

4.2 Aménagement des lieux

Dans les deux écoles, l'aménagement des lieux en vue de l'inclusion se limite à répondre aux besoins les plus pressants. On note des mesures pour faciliter l'accès aux locaux, de même qu'aux matériel et aux équipements, pour aménager les espaces afin de faciliter les regroupements, rendre l'école plus accueillante et accommoder les besoins de certains élèves.

L'école A est logée dans un grand édifice à deux étages construit sur un modèle à la mode dans les années 1960-1970. L'entrée principale et la sortie donnant sur la cour arrière sont équipées de rampes pour chaises roulantes. Un ascenseur permet d'accéder à l'étage. Les couloirs et les escaliers sont larges, bien dégagés et bien éclairés. Les casiers servant au rangement des effets des élèves longent les couloirs. L'accès à tous les locaux, salles de classe, gymnase et autres, est direct, à l'exception de l'amphithéâtre où se donnent les cours de musique. Un élève en chaise roulante y serait confiné près de la porte d'entrée. Également, les salles de toilettes ne sont pas équipées pour les chaises roulantes. L'école B, pour sa part, est logée dans un petit bâtiment d'un seul étage et les barrières architecturales sont minimes ou inexistantes. L'école n'accueillant pas d'élève en chaise roulante, aucun aménagement n'a été fait pour faciliter l'accès au bâtiment. L'entrée principale donne sur un large couloir qui divise le bâtiment en deux et où l'on retrouve les casiers des élèves. Les salles de classe et d'autres locaux qui s'ouvrent de chaque côté sont d'accès direct. Étant donné le manque d'espace dans l'école, les élèves utilisent les installations communautaires (aréna, centre des loisirs, église) pour pratiquer diverses activités scolaires et parascolaires. Aucun problème d'accessibilité n'a été mentionné concernant ces installations.

En ce qui a trait à l'accès aux effets scolaires des élèves, au matériel pédagogique et aux équipements à l'intérieur même des salles de classe, nos observations montrent que malgré l'apparence encombrée, les élèves peuvent facilement ranger et récupérer le matériel dont ils ont besoin, au moment voulu. La majorité des classes ne disposant pas d'aires de rangement appropriées, les enseignants doivent se créer des « coins » de rangement avec des étagères et toutes sortes de bacs, pigeonniers, boîtes, paniers, enveloppes suspendues au mur, etc. Dans plusieurs salles de classe observées, le bureau de l'enseignant est relégué dans un coin et a, lui aussi, une fonction de rangement.

Dans les deux écoles, l'ameublement et la décoration apparaissent standards : pupitres ou tables adaptés à la taille des élèves, affiches et posters en lien avec le programme, tableaux et babillards disposés à la hauteur des adultes, ordinateurs longeant les murs ici et là, etc. La disposition des tables ou des pupitres varie d'une classe à l'autre, mais on note une préoccupation pour faciliter les interactions entre élèves et le travail en sous-groupes. Par exemple, dans l'une des classes de l'école A, les pupitres sont disposés en forme de U. L'enseignante nous informe que ce sont les élèves eux-mêmes qui ont choisi cette disposition, lorsqu'il est devenu apparent que l'arrangement antérieur des pupitres, en îlots, provoquait trop de conflits. Cependant, au cours de la journée, selon de la nature des activités, la disposition change plusieurs fois, les élèves déplaçant les pupitres soit pour se regrouper avec quelques-uns de leurs pairs, soit pour s'isoler. Pour faciliter les déplacements et atténuer le bruit, les pattes des chaises et des pupitres sont assorties de balles de tennis[3]. Comme cette classe compte plus d'un élève avec le TDAH, une telle flexibilité constitue un atout, dans la mesure où les déplacements impulsifs de ces derniers ne sortent pas vraiment de l'ordinaire. Par contre, dans l'une des classes de l'école B, la disposition des tables est fixe et les élèves déplacent seulement leurs chaises pour rejoindre leurs pairs lors des activités de groupe. L'un des élèves interviewés affirme que ce qu'il apprécie le plus dans cette classe est la disposition des tables, car elle permet de toujours voir la personne qui parle, sans être obligé de se retourner.

On observe en plus des mesures pour rendre l'école plus accueillante et valorisante. Dans les classes de l'école A, un coin de repos ou de lecture est aménagé. Ce coin est meublé d'un divan et l'espace est délimité par quelques étagères où sont disposés livres et magazines, et quelques oursons en peluche. Nous n'avons pas noté de coin de repos dans l'école B, sauf dans la classe de maternelle à 3ᵉ année. Cependant, nous avons observé une élève du groupe de 7ᵉ à 9ᵉ année faire la lecture bien enfoncée dans un bac à coussins installé près de la porte d'entrée de la classe. Dans l'école A, étant donné la centration sur les arts, et le fait, comme l'affirme la direction, que l'école appartient aux élèves, ceux-ci peuvent peindre sur les murs des corridors et des salles de classe, de même que sur les tuiles du plafond. De plus, dans les deux écoles, les murs des salles de classe servent à exposer les travaux des élèves. Nous avons observé quelques enseignants utiliser une caméra numérique pour prendre des photos à différents stades d'avancement des travaux des élèves. Ces photos sont placées dans les portfolios d'apprentissage et sont éventuellement exposées.

Enfin, dans les deux écoles, on observe des aménagements propres aux élèves ayant des besoins spéciaux. Dans l'école A, une salle a été spécialement équipée pour les exercices de physiothérapie, les soins d'hygiène et le repos de Robert, un élève multihandicapé sévère. Dans l'école B, la direction mentionne le bureau utilisé par l'orthopédagogue et le conseiller. Ce bureau vient d'être aménagé et permet (« *enfin !* ») aux spécialistes et aux élèves d'avoir un entretien privé lorsque le besoin se fait sentir. Nous avons en plus observé quelques accommodements à l'intérieur des salles de classes elles-mêmes. Dans une classe de l'école A, Martin, l'un des élèves avec le TDAH, dispose d'une table pour faire des casse-tête à l'arrière de la classe. Son enseignante affirme que de travailler à un casse-tête a un effet calmant et permet à Martin de prêter davantage attention aux explications données en classe. Nous avons en effet entendu Martin répondre aux questions et formuler des commentaires pertinents par rapport à la leçon, tout en continuant de compléter son casse-tête. Cet arrangement facilite également sa socialisation. À différents moments, d'autres élèves viennent l'aider et lui faire la jasette, même si cela leur attire à l'occasion un rappel à l'ordre. Dans une classe de l'école B, nous avons noté un isoloir, c'est-à-dire un pupitre équipé de murets sur trois côtés. À un moment où les élèves travaillaient, certains en sous-groupes, certains individuellement, et que le niveau de bruit était relativement élevé, Josée, une élève avec une déficience cognitive, a demandé de s'y retirer pour mieux se concentrer sur son propre projet.

4.3 Gestion du temps

Dans le domaine de la gestion du temps, nous observons un grand nombre de pratiques standards témoignant d'une sensibilisation du personnel aux pratiques exemplaires courantes visant à maintenir la majorité des élèves à la tâche, avec un minimum de perte de temps. Ces pratiques touchent la constitution de l'horaire, la gestion des transitions et le maintien de la discipline.

Dans les deux écoles, l'horaire des activités est stable. Les déviations sont rares et les élèves en sont avertis. Les activités de la journée sont toujours indiquées au tableau. Les élèves s'y réfèrent souvent, soit par eux-mêmes, soit à la suite d'un rappel de la part de l'enseignant. Nous avons observé un incident où l'enseignant n'avait pas inscrit l'horaire des activités de la journée au tableau. En entrant dans la classe ce matin-là, une élève a immédiatement remarqué l'absence de l'horaire et, bien sûr, l'enseignant a rectifié la situation dans les meilleurs délais.

En ce qui concerne les transitions, dans les classes observées, on annonce d'abord la fin de l'activité en cours et on précise la nature de la prochaine activité. Étant donné la stabilité de l'horaire, et le fait qu'ils travaillent la plupart du temps sur des projets à long terme, la plupart des élèves savent bien ce qu'ils ont à faire. Lorsqu'il s'agit d'introduire une nouvelle activité, l'enseignant attire l'attention des élèves en éteignant les lumières, ou en comptant à rebours, puis donne les consignes rapidement. Encore une fois, bon nombre d'élèves peuvent alors se mettre au travail. L'enseignant et les auxiliaires, s'il y en a, dirigent ensuite leur attention vers ceux et celles qui ont davantage de difficulté à s'organiser, qui n'ont pas compris ou qui ne se mettent pas au travail, et réexpliquent ou répètent les consignes individuellement. Cette approche est apparue particulièrement efficace dans une classe de l'école A comptant plusieurs élèves avec le TDAH et où le fait d'obtenir l'attention de tous les élèves au moment de donner les consignes s'avérait tout simplement impossible.

Dans les deux écoles, les enseignants adoptent une approche positive de la discipline. Les comportements appropriés sont valorisés, par exemple, en dessinant des sourires au tableau, ou encore en confiant à certains élèves, à tour de rôle, la responsabilité d'observer leurs pairs et de noter le nom de ceux et celles qui maintiennent leur attention à la tâche. Dans les classes observées, les règles de conduite sont inscrites au tableau et précisent les comportements désirés. On nous a informé qu'elles ont été établies en consultation avec les élèves. Nous avons eu l'occasion d'observer un incident où plusieurs élèves se sont agités, rendant la poursuite des activités impossible dans la classe. L'enseignante a alors attiré l'attention des élèves vers la liste des règles inscrite au tableau et engagé une discussion sur leur signification. Même si quelques élèves ont d'abord réagi en « rouspétant », la discussion a rapidement eu un effet calmant et tous ont pu, par la suite, reprendre leurs projets. En grande majorité toutefois, les rappels à l'ordre sont personnalisés : l'enseignant attire l'attention de l'élève en le nommant par son prénom et lui indique ce qu'il doit faire (p. ex. s'asseoir à son pupitre, aller chercher son agenda, etc.). L'élève a alors un certain temps pour réagir. S'il s'offusque, on lui demande de se calmer en prenant une grande respiration, ou en allant boire un peu d'eau. Si besoin est, l'enseignant répète la directive sur un ton plus ferme. Dans la plupart des cas, ces rappels suffisent. Avec les élèves qui ont des troubles de comportement et qui sont accompagnés par une auxiliaire, le suivi des rappels est laissé à celle-ci. Elle aide alors l'élève à se mettre au travail, ou le sort de la classe, selon les circonstances. D'après la direction de l'école A, la discipline est toujours une occasion privilégiée pour enseigner d'une manière explicite aux élèves comment ils doivent se comporter.

4.4 Stratégies d'enseignement

Les entretiens et les observations sur le thème des stratégies d'enseignement apportent un éclairage sur les préoccupations entourant la planification de l'enseignement, les stratégies d'enseignement privilégiées, les types de groupement des élèves et l'apport du soutien spécialisé.

Lorsque questionnés sur la planification de l'enseignement, tous les membres du personnel interviewés affirment que celle-ci tient compte à la fois des besoins des élèves et des résultats d'apprentissage prescrits dans les programmes d'études. Les résultats d'apprentissage étant obligatoires, ils ne peuvent pas être ignorés. Cependant, cela ne veut pas dire qu'il n'y a aucune souplesse. D'une part, on mise sur une connaissance approfondie des programmes d'études pour saisir au passage les occasions propices à l'enseignement. D'autre part, une orthopédagogue de l'école A affirme rappeler souvent aux enseignants que le développement social de l'élève peut prendre préséance sur les résultats d'apprentissage scolaires, lorsque le besoin se fait sentir. Un enseignant renchérit :

> L'année passée, par exemple, j'avais un groupe extrêmement […] en manque d'amour […] Sur 25 élèves, j'en avais une dizaine comme ça. Alors c'est à peu près impossible de passer à travers un curriculum si on a des jeunes […] puis ce qu'ils veulent c'est : j'ai besoin que tu m'écoutes. Donc […] c'est certain que le curriculum […] il y a des moments où je l'ai mis de côté complètement parce que j'aurais premièrement perdu mon temps, puis les jeunes auraient perdu leur temps (enseignant A-1).

Au secondaire, toutefois, les programmes d'études sont plus exigeants et il devient plus difficile de planifier en tenant compte des besoins des élèves. Une enseignante affirme même que les programmes d'études constituent l'une des plus grandes barrières à l'inclusion au Manitoba, n'ayant pas été conçus pour l'inclusion :

> Lorsqu'on arrive dans les sciences au secondaire, [le programme] nous dicte non seulement les habiletés, les compétences à travailler, mais aussi les contenus et les moyens. On est pas mal restreints […] Alors là, ça devient plus difficile d'inclure tout le monde. Là, il faut qu'on fasse autrement, ça devient une modification de programme, on n'a pas le choix (enseignant B-2).

Aucun des membres du personnel interviewés dans les deux écoles ne mentionne spontanément l'élaboration de plans éducatifs personnalisés (PEP) comme outil de planification éducative. Ce fait serait dû, selon la direction de l'école A, à la nouvelle façon de concevoir les PEP. Bien que l'établissement des lignes directrices du PEP soit l'affaire de l'équipe école, la mise en œuvre de celui-ci est confiée de plus en plus à l'enseignant, avec l'appui de l'orthopédagogue. La planification qui en découle est intégrée à la planification régulière et placée dans le portfolio d'apprentissage de l'élève.

En ce qui concerne les stratégies d'enseignement, dans les deux écoles, nous avons eu relativement peu d'occasions d'observer l'enseignement direct en grand groupe. Ce type d'enseignement se pratique pendant de courtes périodes de temps et, par ailleurs, semble poser des difficultés particulières. Les enseignants observés ont dû démontrer une grande tolérance envers les écarts de comportement et être appuyés par les auxiliaires pour le maintien de la discipline. C'est d'ailleurs seulement dans le cadre d'un tel enseignement que nous avons été témoin d'incidents justifiant l'exclusion d'élèves agités qui ont dû sortir de la classe accompagnés de l'auxiliaire. Dans la majorité des classes, les élèves sont plutôt dirigés vers des projets en sous-groupes ou individuels et l'enseignant assume le rôle de personne-ressource. Par exemple, dans l'une des classes observées, après avoir indiqué aux élèves de continuer leur projet d'écriture d'une lettre à un correspondant québécois, l'enseignante a demandé à ceux et celles qui avaient besoin d'aide de venir la voir. Presque la moitié des élèves se sont alors regroupés autour d'elle. Selon cette enseignante, cette approche permet d'aider simultanément plusieurs élèves qui ont des besoins similaires, et de ne pas mettre en évidence ceux qui ont des besoins spéciaux. Même les élèves les plus performants viennent régulièrement la rejoindre.

Le type de groupement des élèves le plus souvent observé s'avère hétérogène. Cela est particulièrement évident dans l'école B, étant donné le contexte multiniveaux : les élèves réalisent des projets communs, indépendamment de leur niveau scolaire, et l'évaluation est différenciée en fonction des résultats d'apprentissage précisés dans leur portfolio. Dans l'école A, la formation des sous-groupes semble se faire partiellement sur des bases affinitaires, en s'assurant toutefois que tous et toutes soient inclus dans un groupe. Une enseignante venant tout juste de suivre une formation sur l'utilisation des tests sociométriques parlait des « découvertes » qu'elle venait de faire. Elle prévoyait utiliser les résultats d'un tel test pour former des groupes plus efficaces. La constitution de groupes homogènes en fonction du niveau d'habileté des élèves n'a été observée que pendant les périodes d'intervention en littératie. Dans le cadre de leur formation dans ce domaine, les enseignantes et les auxiliaires d'enseignement de l'école B ont été outillées pour évaluer les besoins des élèves et animer des groupes de lecture homogènes en réponse à ces besoins. L'intervention auprès des groupes homogènes est d'environ une demi-heure par jour.

Le recours à l'instruction individuelle par l'enseignant, l'auxiliaire ou un autre élève a été observé à maintes reprises, de façon informelle, dans le cours des activités ordinaires de la classe. Cependant, ce type d'enseignement semble privilégié dans le cadre du soutien spécialisé et de la programmation modifiée ou individualisée. Pour le soutien spécialisé, certains élèves sont retirés de la classe. Selon une orthopédagogue de l'école A, il s'agit surtout des élèves de « niveau 2 ». Dans les autres cas, l'orthopédagogue, le conseiller, l'orthophoniste ou une auxiliaire d'enseignement supervisée par l'un ou l'autre de ces spécialistes intervient directement dans la classe. L'intervention se fait à une table un peu en retrait du reste du groupe et dure de quinze à vingt minutes. De plus en plus, cependant, on confie le soutien spécialisé à l'enseignant titulaire. Par exemple, dans une classe de 5e année de l'école A, pendant que les élèves travaillaient en sous-groupes, l'enseignante s'est assise avec Sandrine, une élève nouvellement immigrée, pour l'étude du vocabulaire à l'aide de cartes-éclairs. Sandrine avait pratiqué son vocabulaire avec une autre élève juste avant de rejoindre l'enseignante. Pendant ce temps, l'auxiliaire a supervisé le reste de la classe. Selon la direction de l'école A, on tente d'augmenter la fréquence du soutien spécialisé par l'enseignant lui-même, celui-ci étant la personne la plus compétente pour répondre aux besoins des élèves. Pour la programmation modifiée ou individualisée, un exemple a été observé à l'école B, dans un cours de chimie. Au moment d'une première observation, les élèves terminaient un inventaire des symboles de danger utilisés sur les contenants de produits chimiques. Simon, un élève avec une déficience cognitive, participait pleinement à cette activité. Cependant, au cours d'une deuxième visite dans cette classe, l'enseignante m'amène dans le corridor, me pointe Simon et m'explique que les autres élèves entreprennent un projet qu'elle juge trop difficile pour lui. Accompagné de l'auxiliaire d'enseignement, Simon complète maintenant l'inventaire des équipements d'éducation physique de l'école. L'enseignante affirme que l'on confie souvent à Simon des tâches de ce genre. Autant que possible, on choisit des tâches authentiques, comme cet inventaire qui doit être remis à la division scolaire dans les prochains jours. On prend également soin de choisir des tâches valorisantes qui sont perçues positivement par les autres élèves. Il demeure que la plus grande partie du temps de Simon se passe dans la classe en compagnie de ses pairs.

4.5 La vie scolaire

Quand on en vient à la vie scolaire, la création et le maintien d'une atmosphère d'accueil et de sécurité prend une importance particulière. Dans ce sens, on note des mesures formelles et informelles d'accueil pour les nouveaux élèves, y compris les élèves qui ont des besoins spéciaux, de même que des efforts pour augmenter le sentiment de sécurité par la création d'une atmosphère dite « familiale » et le partage d'informations.

Dans les deux écoles, les mesures d'accueil pour les nouveaux élèves sont relativement semblables : au moment de l'inscription, on planifie une rencontre entre la direction, les parents et l'enfant lui-même, une visite de l'école, une présentation à l'enseignant et aux autres élèves de la classe et, au moment opportun, le nouvel élève est jumelé à un ancien qui s'assure qu'il soit inclus à la récréation et dans les autres activités. Selon la direction de l'école A, l'objectif est d'apprivoiser l'élève et ses parents aux lieux et aux personnes, et de les mettre à l'aise. Tous les membres du personnel des deux écoles s'accordent pour dire que leur école est « *très* » accueillante et que « *c'est la direction qui donne le ton* ». Pour leur part, les parents interviewés dans l'école A considèrent l'accueil réservé par la direction à leur enfant en maternelle comme des plus chaleureux :

> *Je me souviens, mon aîné, la première journée, le directeur d'école,*
> *six pieds quelque chose, à l'entrée de l'école là, pour accueillir les enfants,*
> *se baisse au niveau des enfants, un beau bonjour, bienvenue* (parent A-1).
>
> *Quand ma fille venait en maternelle, je voyais tous les élèves aller voir*
> *la directrice, donner des caresses [...] J'ai jamais vécu ça, moi, comme*
> *enfant* (parent A-3).

Ces témoignages montrent l'importance non seulement des paroles, mais aussi des gestes posés pour mettre les enfants à l'aise et établir un rapport affectif positif dès les premiers contacts avec l'école. La direction de l'école A confirme que les élèves plus jeunes ne se gênent pas pour lui « *faire câlin* ». Ce rapport affectif positif entre adultes et élèves est également rapporté par un parent de l'école B : « *Je trouve que les professeurs et puis la directrice... eh, c'est presque personnel pour eux, tu sais ? C'est comme, ils aiment nos enfants, tu le vois. Comme, leur bien-être et tout ça, tu sens que c'est important pour eux* » (parent B-2).

De façon générale, les élèves interviewés dans les deux écoles confirment l'importance des mesures d'accueil. Dans l'école A, par exemple, les élèves de 4e année rapportent tous qu'ils ont été très bien accueillis et qu'ils avaient des amis avec qui ils ont pu jouer dès la première journée. Par contre, les élèves de 8e année rapportent plutôt qu'ils ont eu peur et qu'ils ont pleuré parce qu'ils ne connaissaient personne. Un changement dans les mesures d'accueil s'est sans doute produit entre les moments d'arrivée de ces deux cohortes d'élèves.

Pour les élèves qui ont des besoins spéciaux, en plus de bénéficier des mêmes mesures que tous leurs pairs, la direction de l'école A insiste sur l'identification précoce des besoins. Dans ce sens, elle mentionne le partenariat établi entre l'école et les services de garderie logés dans le même bâtiment. Ce partenariat permet aux spécialistes de la division scolaire de procéder à l'évaluation formelle des enfants pour des besoins dépistés en garderie. Ainsi, pour la première fois cette année, deux élèves de maternelle bénéficient d'une subvention de niveau 2 pour des problèmes de comportement sérieux. Une telle approche est également mentionnée dans l'école B. Parlant de l'accueil réservé à Julien, son enfant avec des besoins spéciaux, un parent qualifie le processus d'exceptionnel. Un an avant l'arrivée anticipée de Julien, le parent a été invité à rencontrer l'orthopédagogue. Celle-ci a pris en compte les rapports des spécialistes qui avaient travaillé avec Julien antérieurement et, en collaboration avec le parent, elle a mis au point un programme éducatif répondant à ses besoins. Selon le dire du parent, lorsque Julien est arrivé en maternelle, tous étaient très bien préparés.

Ces pratiques formelles d'accueil auraient un effet limité si elles n'étaient complémentées par des gestes d'accueil quotidiens. Un parent de l'école B, dont les quatre enfants ont le TDAH et le syndrome de Tourette, résume bien l'incidence de ces gestes. Il se demande, en effet, pourquoi ses enfants ne sont pas victimes d'intimidation et mis de côté par leurs pairs, comme cela se ferait dans d'autres écoles. Ce parent apprécie l'attention que porte le personnel de l'école à ses enfants et que ceux-ci soient considérés « *comme tout le monde* ». Ces propos révèlent à quel point l'accueil et la sécurité vont de pair.

Pour favoriser le développement du sentiment de sécurité, en plus de la mise en œuvre des programmes de sensibilisation et de prévention des conflits, de l'intimidation, etc., identifiés auparavant, on note, dans les deux écoles, la valorisation des contacts positifs entre élèves de différents niveaux, contribuant à la création d'une atmosphère que l'on qualifie de familiale. Par exemple, dans l'école A, on organise des « modules » tous les jeudis après-midi. Chaque module offre une activité différente : cours d'espagnol, *scrapbooking*, origami, peinture, jeux d'échec, de cartes ou de Monopoly, etc. Les élèves de la 4e à la 8e année choisissent le module qui leur plaît, indépendamment de leur niveau scolaire. L'atmosphère dans les groupes est des plus détendues. Un élève de 4e année décrit l'atmosphère de l'école ainsi : « *Bien, comme tu ne penses pas à ta maison. Ici, tout le monde te fait sentir comme si tu es à ta maison, c'est le fun* » (groupe A-4). Dans l'école B, étant donné l'exiguïté des lieux, les élèves des quatre groupes classes se côtoient fréquemment et interagissent comme cela se fait, au dire de plusieurs membres du personnel et des parents, dans une grande famille. Un parent de l'école A affirme que ce qu'il apprécie le plus à l'école, c'est que « *les plus jeunes n'ont pas peur des plus vieux* ». Il appuie ses propos en racontant que des élèves plus âgés de l'école ont dit bonjour à ses enfants plus jeunes et leur ont fait la causerie pendant qu'ils étaient à l'épicerie.

En ce qui a trait à la sécurité des élèves qui ont des besoins spéciaux, dans les deux écoles, on rapporte des incidents où certains d'entre eux ont été forcés à faire connaître leurs difficultés pour résoudre des conflits. Dans un cas, quelques élèves de la classe avaient couvert de beurre d'arachides le pupitre de Céline, une élève gravement allergique à ce produit. À la suite de cet incident, et comme Céline avait peur d'entrer dans la classe, on a invité sa mère pour expliquer aux élèves en quoi consiste une telle allergie et quels en sont les dangers. Les élèves ont eu l'occasion de réfléchir aux moyens d'assurer un environnement de classe sécuritaire pour Céline. Entre autres, une affiche a été placée à la porte pour avertir les visiteurs. Lorsque questionnée sur ce qu'elle appréciait le plus dans l'école, Céline a répondu sans hésitation que « c'est la manière dont on règle les conflits », en référant, bien sûr, à cet incident. Dans un autre cas, Denis, un élève avec le syndrome de Tourette pour qui les tics devenaient plus sérieux avec le temps, a confié à l'orthopédagogue que ses amis questionnaient de plus en plus ses comportements « bizarres ». Bien qu'il connaissait son diagnostic, Denis hésitait à en parler. Après une année et quelques autres rencontres avec l'orthopédagogue, Denis a finalement surmonté sa peur. L'école a alors invité un spécialiste de la Clinique sur le syndrome de Tourette de l'Hôpital de Saint-Boniface. Selon l'orthopédagogue, l'intervention de ce spécialiste a eu l'effet d'un baume. Enfin tous savaient le pourquoi des tics ! Il faut ajouter que, dans les deux écoles, on rapporte des résistances par rapport à la divulgation d'informations autant chez les enseignants que chez les parents et les élèves eux-mêmes. Les résistances sont d'autant plus fortes que le handicap est invisible, comme c'est le cas pour les troubles d'apprentissage ou pour le TDAH. Une orthopédagogue de l'école A affirme que les élèves avec le TDAH sont les plus difficiles à inclure et bénéficieraient d'une plus grande ouverture au partage d'informations, particulièrement auprès des parents des autres élèves, qui s'objectent parfois à ce que leur enfant soit dans la même classe que tel autre qui dérange tout le temps !

Signalons enfin que le partage d'informations sur les besoins spéciaux a un effet sur l'implication institutionnelle des élèves dans la vie scolaire. Même s'il n'y a pas de conseil étudiant dans l'école A, les élèves qui démontrent des qualités de leadership sont encouragés à organiser des concours, des collectes de fonds, etc. Dans l'école B, un conseil étudiant composé d'élèves du secondaire est élu une fois par année pour s'occuper des occasions spéciales telles que sorties, activités sportives ou autres. Selon les orthopédagogues, autant dans l'école A que dans l'école B, les organisateurs de telles activités doivent s'assurer que tous leurs pairs puissent participer. Par exemple, au moment de notre visite dans l'école B, un groupe d'élèves a préparé un dîner de collecte de fonds. On nous a informé qu'étant donné que plusieurs élèves ont des allergies aux produits laitiers et aux arachides, les cuisiniers ont consulté les parents de ces derniers et préparé des aliments ne contenant pas de tels produits.

4.6 L'entraide entre les élèves et entre les membres du personnel

La promotion de l'entraide se veut un moyen de favoriser le développement de relations positives entre élèves, tout autant que d'augmenter le rendement scolaire de ces derniers. Elle sert également au soutien réciproque entre les membres du personnel et à l'utilisation optimale des compétences de chacun.

Selon nos observations, dans les deux écoles, les enseignants soulignent régulièrement aux élèves qui prennent l'initiative d'aider un pair que « *c'est bien d'aider son ami* ». La majorité des élèves interviewés dans l'école A disent aider souvent leurs amis, même si certains, dont les élèves d'une classe de 4ᵉ année, manifestent une certaine hésitation dans ce domaine. Leur enseignante confirme que ses élèves sont « très individualistes » et qu'elle doit faire des efforts particuliers pour développer chez eux la capacité d'entraide. Dans l'école B, au dire des élèves interviewés, tous sont habitués très jeunes à « la règle de trois » qui consiste à demander l'aide dont ils ont besoin à au moins trois de leurs pairs avant d'approcher l'enseignant. Dans l'une des classes de cette école, l'enseignante nous a pointé une liste des noms des élèves et de leurs forces affichée au mur. Les élèves consultent cette liste pour trouver celui ou celle de leurs pairs qui peut le mieux les aider : « *Par exemple, un élève qui sait qu'il a un défi dans le domaine de l'organisation personnelle va se céduler un ménage, disons, une fois par semaine, puis il va demander l'aide d'une personne qui est bien organisée dans la classe* » (enseignant B-2).

Dans les deux écoles, l'entraide entre les élèves d'un même niveau, de même qu'entre les élèves de niveaux scolaires différents, est utilisée à des fins pédagogiques. À l'école A, un enseignant affirme qu'il place toujours ses élèves deux par deux pour les activités de résolution de problèmes en mathématiques : « *Je ne veux pas qu'ils soient tout seuls devant un problème, j'aime* [...] *qu'ils discutent de leurs idées pour voir où ça peut les mener* » (enseignant A-1). Cet enseignant ajoute que c'est en s'entraidant et en s'enseignant les uns les autres que les élèves apprennent le mieux. Un enseignant de l'école B lui fait écho : « *Les élèves sont souvent regroupés de façon hétérogène par rapport à leurs différences, leurs forces surtout, et puis comme ça ils peuvent s'appuyer les uns les autres* » (enseignant B-2). Dans les deux écoles, on note en plus des moments où les élèves des niveaux plus avancés, par exemple de 6ᵉ ou de 7ᵉ année, font la lecture aux élèves de 1ʳᵉ, 2ᵉ ou 3ᵉ année sur une base régulière. Tous les parents interviewés reconnaissent les bienfaits de l'entraide. Certains mentionnent les efforts pour inclure et valoriser leur enfant avec des besoins spéciaux : « [Mon garçon] *n'est pas capable de lire, mais il est très fort en mathématiques, alors ils prennent une personne qui a de la misère en mathématiques, ils le mettent avec* [mon garçon] *parce que c'est sa force les mathématiques, puis ils s'entraident* » (parent A-3). Pour sa part, un élève de 4ᵉ année de l'école A, lorsqu'interrogé sur ce qu'il aime le plus à l'école, répond : « *Hum, le fait que tout le monde est gentil, qu'ils nous aident... Ils nous aident quand il y a des conflits, ils nous aident si on ne peut pas résoudre un problème en mathématiques* » (groupe A-4).

La valorisation de l'entraide ne touche pas seulement les élèves. Les divers intervenants des deux écoles mentionnent à plusieurs reprises les appuis réciproques entre collègues :

> *Il y a une belle équipe autour de moi qui me soutient [...] qui me donne de l'aide [...] sur tous les niveaux. Les orthopédagogues, la conseillère, la directrice, et les autres enseignants [...] Alors quand je suis fatigué, quand j'ai des questions, des besoins, il y a toujours quelqu'un qui est là. La directrice et le directeur adjoint sont formidables pour me donner des conseils. Je vais les voir souvent...* (enseignant A-2)

Les enseignants interviewés apprécient le fait que la direction de l'école adopte une attitude d'écoute et de soutien « *sans porter de jugement* ». Ils affirment en plus recevoir de très bons conseils de la part des orthopédagogues et des conseillers scolaires. Ceux-ci sont toujours bienvenus en salle de classe soit pour intervenir auprès d'un élève en particulier, soit pour diriger ou modeler des activités associées aux programmes RÉSO, Vers le pacifique, etc. Les enseignants parlent favorablement de l'aide qu'ils apportent dans l'évaluation des besoins

des élèves, de même que dans l'élaboration des plans éducatifs personnalisés. Les orthopédagogues et les conseillers eux-mêmes disent
former une équipe où chacun contribue à sa façon à la résolution des
problèmes qui se posent au jour le jour. Ils se réservent un emploi du
temps flexible pour répondre rapidement aux besoins qui surgissent
dans l'école, et ce, n'importe où, n'importe quand. À l'école B, le fait
que les postes d'orthopédagogue et de conseiller aient été confiés
à des personnes différentes, même si elles sont à temps partiel, est
considéré comme un atout, dans le mesure où cela permet de former
« une vraie équipe ».

Signalons enfin que les enseignants de l'école A mettent à profit
leurs propres « forces » et que les échanges de groupes classes sont
fréquents. Par exemple, un enseignant de 5ᵉ année affirme avoir
moins de compétence en anglais que sa collègue. Par conséquent,
celle-ci prend sa classe en charge pour le cours d'anglais, pendant que
lui-même prend en charge le groupe de sa collègue pour le cours de
mathématiques. Cette collaboration est rendue possible grâce à l'appui
de la direction qui ajuste les horaires des cours en conséquence. Ces
échanges servent de modèles pour les élèves.

4.7 Implication des parents

Dans les deux écoles, l'implication des parents dans le projet
d'inclusion se fait à la fois sur le plan institutionnel, en particulier
par le bais de collecte de fonds, et sur le plan personnel, en relation
avec le programme éducatif de leur enfant.

Au plan institutionnel, même si les parents interviewés qui siègent
au comité d'école ressentent qu'ils n'ont pas vraiment d'influence sur
les décisions importantes et déplorent le fait que le travail doit être
fait de façon bénévole, il demeure que, selon les directions d'école,
leur implication est tout à fait remarquable. Malgré ces quelques
plaintes, les parents affirment jouer un rôle majeur dans l'organisation d'activités de collectes de fonds destinées au soutien des élèves
provenant des familles les plus démunies et aux projets spéciaux. Ces
fonds servent à l'achat d'équipements de sports, à défrayer les coûts
de participation aux sorties ou à d'autres activités parascolaires, ou
lorsqu'on remarque que certains élèves portent des vêtements démodés

qui risquent d'attirer l'attention et d'augmenter les risques d'intimidation. De plus, les projets spéciaux impliquent souvent l'achat de matériel ou d'équipement (p. ex., clavier adapté) destiné aux élèves qui ont des besoins spéciaux.

En ce qui concerne l'implication personnelle, en plus de la participation aux activités organisées par l'école (concerts, théâtre, rencontres de parents, journées portes ouvertes, etc.) et du bénévolat à l'intérieur de la salle de classe ou à l'école (surveillance d'activités parascolaires, projets ponctuels, etc.), c'est en relation avec le programme éducatif de leur enfant que les parents sont sollicités. Dans les deux écoles, on insiste sur le maintien d'une communication régulière entre les enseignants et les parents. La direction de l'école A exige que tous les parents soient contactés au moins une fois par mois. Cependant, les enseignants eux-mêmes affirment avoir des contacts beaucoup plus fréquents, et même quotidiennement, lorsqu'il s'agit d'élèves en difficulté. On utilise plusieurs moyens de communication : pour certains élèves, l'agenda scolaire doit être consulté et signé par le parent chaque jour ; pour d'autres, on a recours aux appels téléphoniques et, de plus en plus, au courrier électronique. Aussi, tel que rapporté précédemment, le ministère de l'Éducation exige que les parents des élèves ayant des besoins spéciaux prennent une part active à l'élaboration du PEP de leur enfant. Cette directive est prise au sérieux dans les deux écoles. Il s'agit non seulement pour les parents de donner leur accord pour l'évaluation des besoins par les spécialistes, mais aussi de devenir membres à part entière de l'équipe de soutien de l'école :

> *Les parents qui ont des enfants avec des besoins particuliers sont toujours invités dans nos discussions [...] Si on parle d'élèves qui sont dans la catégorie niveau 2 là, on a au mois deux réunions en grande équipe avec les parents [...] on fait des rapports trois fois par année par rapport aux résultats attendus de cet enfant-là. Donc ils font partie de ça. Notre équipe-école, le parent est là-dedans, ça c'est sûr ! Parce que je pense qu'on ne peut pas avancer sans ça (direction B).*

Les parents interviewés dans les deux écoles apprécient la communication établie entre eux-mêmes et l'enseignant de leur enfant, de même qu'avec la direction, les orthopédagogues et les conseillers. Ils confirment que tous sont relativement faciles d'accès. « *On sait qu'on est toujours les bienvenus* », conclut le parent d'un élève avec des besoins spéciaux de l'école B.

La direction de l'école A argumente en plus sur l'importance d'augmenter les occasions pour les parents de partager « *leur histoire* » avec les enseignants. Les témoignages des parents sur leurs expériences personnelles, familiales et communautaires avec leur enfant handicapé ou en difficulté, ou celles vécues par les parents des jeunes réfugiés, fournissent autant d'occasions d'élargir la compréhension du vécu de l'enfant et de développer de l'empathie envers lui. Une orthopédagogue affirme toutefois que l'on commence à peine à faire appel à ces témoignages, ayant longtemps eu peur de faire revivre aux parents des situations pénibles et de susciter des émotions trop fortes.

4.8 Organisation des récréations, des allées et venues

L'examen des données sur le thème de l'organisation des récréations et des allées et venues révèle des préoccupations touchant l'horaire, la surveillance et la résolution des conflits, de même que la nécessité d'assurer la participation de tous lors des sorties.

L'horaire des deux écoles prévoit une récréation à l'extérieur, lorsque la température le permet, au milieu de l'avant-midi, à l'heure du midi et au milieu de l'après-midi. Dans l'école A, les élèves de la maternelle prennent leur récréation seuls ; ceux de la 1re à la 3e année sortent ensuite, juste avant les élèves de la 4e à la 8e année. Selon une orthopédagogue, la décision de placer la récréation à des moments différents selon les niveaux scolaires a été prise récemment et a réduit sensiblement les incidents de conflits dans la cour. Dans l'école B, au contraire, une enseignante affirme : « *Tout le monde s'entend assez bien là ; comme, il n'y a pas les 4e, 5e et 6e année qui jouent toujours ensemble. Tout le monde se mélange* » (enseignant B-1).

Dans les deux écoles, la surveillance des récréations est confiée à un enseignant. Les élèves qualifiant pour une subvention de niveau 2 à cause de difficultés de comportement sont accompagnés par leur auxiliaire. Selon la direction de l'école A, les auxiliaires étant souvent impliqués lors des récréations et des déplacements, on organise des rencontres mensuelles à leur intention pour discuter de surveillance active et de la façon de réagir dans les situations de crise. Un incident qui s'est produit dans la cour de l'école A la première journée de notre visite apporte un éclairage sur la manière dont les conflits sont résolus. En effet, un groupe de garçons s'était accaparé des équipements de jeu (trapèze, tourniquets, etc.) et exigeait que les autres élèves leur fournissent un mot de passe pour y avoir accès, ce qui a causé plusieurs cris et grincements de dents ! La surveillante a alors retiré les garçons de la cour et envoyé ceux-ci réfléchir à la situation dans leur salle de classe. Le lendemain, au lieu d'aller à la récréation, les garçons sont allés « au bureau ». La directrice a engagé la discussion en rappelant les faits et en faisant ressortir qu'il s'agissait là d'une forme d'intimidation et d'exclusion. Les garçons ont été questionnés sur la manière de reconnaître les sentiments des victimes à partir des signes de frustration et de colère, par comparaison avec leurs propres sentiments. Ils ont enfin récapitulé les étapes du processus de résolution de conflits et discuté comment utiliser celui-ci pour éviter de telles situations dans l'avenir. La conversation s'est déroulée sur un ton calme et chacun a eu l'occasion de s'exprimer, avant de retourner en classe. Nous n'avons pas observé de conflit dans l'école B, mais une enseignante nous informe que tous les membres du personnel ont été formés à l'approche du geste réparateur de Gossen (1997). Selon cette enseignante, n'importe quel adulte témoin d'un conflit peut intervenir directement, tous étant « *sur la même longueur d'ondes* ».

Lorsqu'il s'agit d'activités telles qu'une sortie scolaire, un camp plein air, etc., la *Loi sur les écoles publiques* exige que tous les élèves puissent participer. Cette directive est prise au sérieux dans les deux écoles. Tel que mentionné précédemment, des collectes de fonds servent à défrayer les coûts pour les élèves moins fortunés. Dans certains cas, cependant, les handicaps ou les difficultés d'un élève demandent des accommodements particuliers et c'est alors que les parents sont consultés. Par exemple, dans l'école A, un partenariat a été établi avec les parents pour les déplacements de Robert, l'élève multihandicapé : lorsque les parents eux-mêmes ne peuvent pas accompagner celui-ci, ils prêtent à l'école leur fourgonnette équipée pour sa chaise motorisée. Un enseignant conduit la fourgonnette et s'occupe des soins personnels de Robert pendant la sortie. Les coûts de kilométrage et d'assurance supplémentaires sont défrayés par l'école. Robert a ainsi participé récemment à un camp d'hiver pendant une fin de semaine. Cependant, il arrive que la nature des activités fasse en sorte que les parents préfèrent garder Robert à la maison, comme cela est arrivé lors d'une sortie impliquant une randonnée en canot. Dans les deux écoles, on affirme demander régulièrement aux parents d'élèves qui ont des difficultés de comportement d'accompagner le groupe lors des sorties.

4.9 Ressources humaines et matérielles

L'examen des ressources humaines et matérielles mobilisées pour favoriser l'inclusion fait ressortir l'importance de la formation du personnel, de même que du soutien fourni par l'équipe de services aux élèves, les auxiliaires d'enseignement et les agences ou organismes communautaires. Il met aussi en évidence les besoins en termes d'équipements spécialisés et de matériel pédagogique diversifié.

Lorsque questionnée sur l'allocation des ressources, la direction de l'école A fait immédiatement référence aux efforts pour développer une vision et un langage communs : « *Ça fait cinq ans qu'on travaille sur ce concept d'inclusion et les ressources, ce qui est vraiment important, premièrement, c'est le discours, le langage qu'on utilise...* » Des fonds sont donc réservés pour le perfectionnement professionnel et l'organisation de sessions de réflexion et d'échanges, non seulement pour les membres du personnel, mais aussi pour les élèves, les parents et la communauté. La direction de l'école B insiste de façon tout aussi immédiate sur l'aspect prioritaire de la formation : «*Nous sommes une école multiniveaux, donc nous faisons beaucoup de développement professionnel dans le cadre de la gestion des différences...* » Selon les chiffres présentés dans le *Plan annuel scolaire 2006-2007* des deux écoles, les déboursés associés à la formation sont de l'ordre de 5 000 $ pour l'année en cours.

Dans les deux écoles, le personnel des services aux élèves, en particulier les orthopédagogues et les conseillers scolaires, se révèlent être des ressources indispensables. En plus du soutien spécialisé en littératie et en numératie, les orthopédagogues coordonnent l'évaluation des besoins des élèves et rédigent les demandes de subvention. Ils appuient les enseignants dans l'élaboration des PEP et maintiennent une communication régulière avec toutes les personnes impliquées (parents, enseignants, auxiliaires, direction, spécialistes). Les conseillers, pour leur part, se voient confier la prévention et l'intervention dans le domaine des habiletés sociales et du comportement. Les orthopédagogues et les conseillers sont les premiers à être consultés pour tout problème rencontré dans le cours des activités quotidiennes. Ils sont eux-mêmes soutenus par les spécialistes itinérants de la division scolaire (coordonnateurs des services aux élèves, psychologues, orthophonistes, travailleurs sociaux, ergothérapeutes, conseillers pédagogiques). En orthopédagogie, l'école A bénéficie d'un poste et demi, et l'école B, d'un poste à 25 % du temps. Pour les services de conseillers, les postes attribués sont respectivement à 50 % et à 15 % du temps. Dans les deux écoles, on souhaite que la division scolaire tienne davantage compte des besoins des élèves plutôt que du nombre d'inscriptions dans l'école lors de l'attribution de ces postes.

Comme autres ressources, les deux écoles emploient un nombre relativement élevé d'auxiliaires d'enseignement. Selon la direction de l'école A, la façon de concevoir le travail de ces derniers subit actuellement une mutation profonde. Par le passé, les auxiliaires étaient le plus souvent rattachés à un élève et accompagnaient celui-ci pendant le temps assigné, tout en étant supervisés soit par l'enseignant, soit par l'un ou l'autre des spécialistes (orthopédagogue, orthophoniste, etc.). Étant donné les retombées négatives de cette approche, en particulier la baisse du sentiment de responsabilité de l'enseignant envers l'élève et l'augmentation de la dépendance de ce dernier envers son auxiliaire, les auxiliaires sont maintenant rattachés à la classe. Même si leur présence est toujours en réponse aux besoins d'un élève, ils ne doivent pas demeurer physiquement près de celui-ci. Tout en lui prêtant une attention particulière, ils peuvent circuler dans la classe, répondre aux demandes d'aide de n'importe quel autre élève ou surveiller la classe lorsque l'enseignant prend un élève à part pour le soutien spécialisé. Ces changements dans les responsabilités des auxiliaires ne sont pas sans causer quelques difficultés puisqu'il « *faut défaire d'anciennes habitudes et en développer de nouvelles* » (direction A). Les observations dans l'école B confirment que le travail des auxiliaires est planifié d'une manière semblable à ce qui se fait dans l'école A.

Dans les deux écoles, on compte en plus sur les ressources communautaires. La direction de l'école A affirme que, pour réussir l'inclusion, « *c'est toute la communauté qui est partenaire* ». Dans ce sens, elle mentionne l'implication des agences gouvernementales, des services universitaires, des organismes communautaires tels que Pluri-Elles (service de conseillers pour femmes qui vivent des situations difficiles), des services de police (programme de prévention de l'abus de drogues), etc. La direction de l'école B mentionne en plus les ressources divisionnaires qui appuient la mise en œuvre de l'approche multiniveaux et les entreprises environnantes qui offrent des expériences de travail aux jeunes du secondaire.

En ce qui a trait aux ressources matérielles, on relève les aménagements visant à faciliter l'accès et les déplacements (ascenseur, rampes, barres de soutien, etc.), la technologie pour favoriser la communication orale et écrite (claviers adaptés, planchettes de communication, microphones pour élèves malentendants, magnéto-phones, caméras numériques, etc.), les équipements ergothérapeu-tiques (vestes lestées, coussins de positionnement, etc.) et les soins d'hygiène et de physiothérapie. Selon la direction de l'école A, certains de ces équipements coûtent très cher et c'est grâce aux collectes de fonds pour projets spéciaux que l'école a pu se les procurer. Des besoins en termes de matériel pédagogique se révèlent également : trousses pour les programmes de développement d'habiletés sociales ou autres ; textes de différents niveaux de difficulté, en plusieurs exemplaires, pour l'intervention dans le domaine de la littératie, etc. Dans le *Plan annuel scolaire 2006-2007*, on estime à un peu plus de 6 000 $ les coûts associés au matériel pédagogique pour l'école A, et à 1 500 $ pour l'école B.

Bien que les deux écoles aient accès à une diversité de ressources, le sentiment général est que « *l'appui financier pour l'inclusion est loin d'être suffisant* » (direction B). On parvient, tant bien que mal, avec les années et les collectes de fonds successives, à se procurer ou à renouveler les ressources pour répondre aux besoins les plus pressants, mais la bonne volonté, la débrouillardise, la créativité et l'engagement des personnes impliquées demeurent les conditions de survie. Selon la direction de l'école B, il y a des limites à la bonne volonté et l'épui-sement professionnel se laisse entrevoir à certains moments.

5. DISCUSSION

L'objectif de cette étude consiste, rappelons-le, à documenter des initiatives éducatives susceptibles de favoriser l'inclusion en milieu scolaire. Les résultats qui précèdent examinent différentes dimensions de la réalité de deux écoles pour lesquelles l'inclusion est une priorité et qui la conçoivent comme un processus intégrateur qui touche tous les aspects de la vie scolaire et communautaire. Les initiatives observées rejoignent celles déjà identifiées par différents chercheurs (Booth et Ainscow, 2005 ; Friend et Bursuck, 2002 ; Rousseau et Bélanger, 2004) et considérées comme des conditions essentielles au succès de l'inclusion, notamment en ce qui a trait aux représentations de la mission de l'école, au leadership convaincu et engagé, à la promotion d'un climat d'ouverture à la diversité et d'accueil, à la valorisation de l'entraide et de la collaboration, à l'établissement de partenariats avec les parents et la communauté, à l'utilisation optimale des ressources. Ces initiatives sont aussi en accord avec les principes de la « bien-traitance », c'est-à-dire « la capacité d'anticiper, de percevoir et de satisfaire les besoins fondamentaux selon les usages et traditions de la communauté d'appartenance » (Pourtois, Desmet et Lahaye, 2004, p. 235), de même qu'avec les principes énoncés dans le modèle de la « qualité de vie » découlant de la perspective écologique d'intervention mise de l'avant par Bronfrenbrenner (1979). Comme le soulignent Brown et Shearer (1999) : « *One of the most important effects of utilizing a quality of life model is that it redirects our attention, causing us to focus, not on mass responses to particular ideologies, but to examine the needs of each individual child* » (p. 99).

Cependant, ce qui apparaît fondamental pour l'avenir de l'inclusion dans les écoles manitobaines, c'est de renforcer la conviction que l'inclusion est une « philosophie », une façon de penser et d'agir visant le respect des droits fondamentaux de la personne. La mise en œuvre de cette philosophie exige, bien sûr, une compréhension approfondie de la nature des droits (Duchesne, 2002) mais aussi le développement d'une nouvelle façon de concevoir les handicaps et les difficultés de l'élève. Bélanger et Taleb (2007) signalent déjà que l'idée de difficultés qui détermine les pratiques des enseignants diffère de celle que véhiculent les spécialistes, référant davantage à ce qui interfère avec le déroulement des activités quotidiennes. Dans les deux écoles observées, minimiser ou éliminer ces interférences constitue des « défis » pour tous les acteurs en présence. Étant donné la variabilité des contextes, ces défis ont un caractère relativement unique et les problèmes qui en découlent sont toujours des problèmes nouveaux. Contrairement à une croyance encore très répandue en milieu scolaire, les experts n'en connaissent pas la solution. En discutant des situations problématiques concrètes qui se présentent en salle de classe et à l'école avec les parents, les élèves, les collègues, les spécialistes, la direction, etc., en tenant compte de leurs différents points de vue, de leurs craintes, leurs souhaits et leurs aspirations, le personnel scolaire découvre des pistes d'action qui peuvent être mises en œuvre, observées, évaluées, réajustées, etc. Il parvient ainsi, à force de négociations et de renégociations, à créer des solutions sur mesure qui permettent à tout un chacun de se sentir à l'aise et de progresser. Benjamen, Nind, Hall, Collins et Sheehy (2003) attirent l'attention sur la façon dont les moments d'inclusion et d'exclusion dans le cours des activités en salle de classe résultent de luttes et de négociations constantes entre élèves, basées sur leurs représentations de la constellation d'attributs associés aux différences. Ces luttes et ces négociations entre élèves se modèlent sur celles dont ils sont témoins entre les adultes qui les entourent ou qu'ils entretiennent avec eux.

Les résultats de la présente étude montrent en plus que si l'inclusion peut se vivre dans des environnements et avec des ressources qui sont moins qu'idéaux, elle ne peut être laissée seulement à la bonne volonté et à la débrouillardise des acteurs. L'engagement collectif dans le processus de négociation repose sur un leadership non seulement énergique et convaincu, mais aussi conscient des enjeux et aguerri au processus de résolution de problème (Duchesne, 2007). C'est la direction de l'école qui « donne le ton ». Elle sert de modèle et de guide, tout autant qu'elle apporte un soutien aux membres du personnel, aux élèves, aux parents et autres membres de la communauté. Il s'agit d'accompagner tout un chacun à travers les hauts et les bas de la vie quotidienne, en considérant tout incident comme un moment propice d'enseignement et d'apprentissage, nécessaire à la croissance personnelle et professionnelle de chacun. La façon dont la direction conçoit son rôle et ses responsabilités se répercute sur tous les aspects de la vie scolaire, qu'il s'agisse de promouvoir l'ouverture à la diversité et un climat d'accueil, de faciliter l'implication des parents et de la communauté ou d'assurer une répartition équitable des ressources.

Les défis de l'inclusion appellent en plus des approches pédagogiques qui misent sur l'autonomie et les forces des élèves. C'est « dans le feu de l'action », lorsqu'ils réalisent des projets communs, que les élèves non seulement apprennent le mieux, mais aussi parviennent à mieux se connaître et à s'apprécier les uns les autres. L'inclusion exige que la dimension scolaire s'inscrive en complémentarité à la dimension sociale. Dans ce sens, l'attention prêtée à l'établissement de rapports affectifs positifs entre adultes, ainsi qu'entre adultes et élèves, de même qu'à la valorisation de l'amitié entre pairs et l'élargissement des réseaux de connaissances entre élèves de différents niveaux ressort, encore une fois (voir Duchesne, 2004), comme une composante majeure du projet éducatif d'une école inclusive. Associées à l'entraînement aux habiletés sociales et à la résolution de conflit, ainsi qu'à la prévention de l'intimidation et du harcèlement, ces mesures contribuent à la création d'un milieu où tous peuvent se sentir en sécurité.

Mais l'inclusion ne se limite pas à l'école. Des efforts doivent être déployés pour faciliter l'implication des parents et des membres de la communauté. En plus de devoir informer ces derniers régulièrement sur les enjeux de l'inclusion dans l'école, le personnel scolaire doit solliciter leur participation sur les plans institutionnel et personnel. En tenant compte de leurs différents points de vue et en mettant à profit leurs expériences et leurs expertises, des alliances et des partenariats peuvent plus facilement se former. En particulier, le partage des connaissances sur les handicaps et les difficultés, de même que des expériences vécues par les individus et les familles affectées, conduisent à une compréhension élargie des barrières à l'inclusion, diminuent les craintes et ouvrent la porte à l'acceptation.

CONCLUSION

Au cours des dernières décennies, le Manitoba s'est résolument engagé sur la voie de l'inclusion. La reconnaissance récente du droit à une éducation appropriée en constitue l'aboutissement légal.

Cependant, reconnaître un droit n'est pas suffisant pour en assurer le respect. Si des lignes directrices en ce sens peuvent être formulées pour toute la province, il revient à chaque communauté, à chaque école, de les interpréter et de se les approprier, en tenant compte des contingences propres à leur milieu. Le portrait des deux écoles brossé dans cette étude montre que l'inclusion exige un changement important dans les mentalités et une redéfinition des responsabilités éducatives, en se centrant moins sur les normes arbitraires de rendement et davantage sur la reconnaissance et l'utilisation optimale des capacités, non seulement des élèves, mais de toutes les personnes concernées. Conçue comme un projet toujours inachevé, l'inclusion se concrétise par des efforts quotidiens pour assurer que chaque individu participe à la croissance et à l'amélioration des conditions de vie de sa communauté. Bien qu'un certain nombre de principes communs sous-tendent l'évolution vers l'inclusion, cette étude indique que les pratiques inclusives sont fortement contextualisées et mouvantes. Elles s'inventent et se réinventent au gré des interactions entre les différents acteurs en présence et des problèmes qui se font jour dans le cours des activités quotidiennes.

Bien sûr, l'avenir de l'inclusion demeure toujours incertain. Si cette étude s'est attardée à documenter des initiatives éducatives susceptibles de favoriser l'inclusion, on ne peut ignorer que les forces vers l'exclusion demeurent très présentes dans les écoles et les communautés. Dans ce sens, des études plus approfondies sur la nature des contradictions dans les attentes placées sur l'école et leur effet sur la capacité du personnel scolaire de conjuguer les contraires seraient certainement souhaitables. Il semble que la promotion de l'inclusion ne puisse se faire sans considérer, en même temps, une lutte concertée contre les croyances et les pratiques exclusives largement répandues dans nos sociétés.

RÉFÉRENCES BIBLIOGRAPHIQUES

Benjamen, S., Nind, M., Hall, K., Collins, J. et Sheehy, K. (2003). Moments of inclusion and exclusion : Pupils negotiating classroom contexts. *British journal of Sociology of Education, 24* (5), 547-558.

Bélanger, N. et Taleb, K. (2007). École de langue française et pratiques enseignantes en Ontario. Dans Y. Herry et C. Mougeot (dir.). *Recherche en éducation en milieu minoritaire francophone* (p. 303-310). Ottawa : Presses de l'Université d'Ottawa.

Blais, J. (2005). Historique de l'éducation de l'enfance en difficulté au Manitoba. *Éducation Manitoba*, 3(3), p. 5-6.

Booth, T. et Ainscow, M. (2005). *Guide de l'éducation inclusive : développer les apprentissages et la participation à l'école*. Édition et production pour le CSIE Mark Vaughan. Montréal : Institut québécois de la déficience intellectuelle.

Bronfenbrenner, U. (1979). *The ecology of human development: experiments by nature and design*. Cambridge : Harvard University Press.

Brown, R.I. et Shearer, J. (1999). Quality of life: Some implication for the process of inclusion. *Exceptionality Education Canada*, 9(1-2), p. 83-103.

Clark, P. et Foucher, P. (2005). École et droits fondamentaux : portrait des droits individuels et collectifs dans l'ère de la Charte canadienne des droits et libertés. Winnipeg : Presses universitaires de Saint-Boniface, Institut français.

Duchesne, H. et Association des orthopédagogues de langue française du Manitoba (2008). *Vers l'inclusion : résultats du sondage sur les besoins de formation des intervenants de la Division scolaire franco-manitobaine*. Winnipeg : AOLFM. <www.aolfm.org>

Duchesne, H. (2007). Besoins de formation des directions d'écoles concernant l'éducation inclusive au Manitoba français. Dans Y. Herry et C. Mougeot (dir.). *Recherche en éducation en milieu minoritaire francophone* (p. 294-302). Ottawa : Presses de l'Université d'Ottawa.

Duchesne, H. (2004). L'inclusion au quotidien : de l'individu à la collectivité. Dans Nadia Rousseau et Stéphanie Bélanger (dir.). *La pédagogie de l'inclusion scolaire* (p. 227-246). Québec : Presses de l'Université du Québec,

Duchesne, H. (2002). Les connaissances, croyances et attitudes reliées au droit à l'éducation pour les élèves franco-manitobains ayant des besoins spéciaux. *Revue des sciences de l'éducation*, 28(3), p. 537-562.

Duchesne, H. (1993). L'intégration scolaire au Manitoba français. Dans S. Ionescu, G. Magerotte, W. Pilon et R. Salbreux (dir.). *L'intégration des personnes présentant une déficience intellectuelle* (p. 95-102). Trois-Rivières : Université du Québec à Trois-Rivières, Association internationale de recherche scientifique en faveur des personnes handicapées mentales.

Duchesne, H. (1990). *L'intégration scolaire : un exemple manitobain*. Winnipeg : Presses universitaires de Saint-Boniface.

Éducation, Citoyenneté et Jeunesse Manitoba (2007). *Les programmes d'éducation appropriés au Manitoba : guide pour les services aux élèves.* Winnipeg : Ministère de l'Éducation, de la Citoyenneté et de la Jeunesse.

Éducation, Citoyenneté et Jeunesse Manitoba (2006a). *Les programmes d'éducation appropriés au Manitoba : un processus formel de règlement des différends.* Winnipeg : Ministère de l'Éducation, de la Citoyenneté et de la Jeunesse.

Éducation, Citoyenneté et Jeunesse Manitoba (2006b). *Une approche à l'échelle de l'école pour favoriser la sécurité et l'appartenance : prévenir la violence et le taxage.* Winnipeg : Ministère de l'Éducation, de la Citoyenneté et de la Jeunesse.

Éducation, Citoyenneté et Jeunesse Manitoba (2004a). *À l'appui des écoles favorisant l'inclusion : planification scolaire et communication des renseignements : un cadre pour l'élaboration et la mise en œuvre des plans scolaires et des rapports annuels.* Winnipeg : Ministère de l'Éducation, de la Citoyenneté et de la Jeunesse.

Éducation, Citoyenneté et Jeunesse Manitoba (2004b). *Indépendants ensemble : au service de la communauté apprenante à niveaux multiples.* Winnipeg : Ministère de l'Éducation, de la Citoyenneté et de la Jeunesse.

Éducation et Formation professionnelle Manitoba (2001). *Cap sur l'inclusion : relever les défis. Gérer le comportement.* Winnipeg : Ministère de l'Éducation et de la Formation professionnelle.

Éducation et Formation professionnelle Manitoba (1999). *Plan éducatif personnalisé : guide d'élaboration et de mise en œuvre d'un PEP (de la maternelle au secondaire 4).* Winnipeg : Ministère de l'Éducation et de la Formation professionnelle.

Éducation et Formation professionnelle Manitoba (1998). *Étude des programmes d'enseignement à l'enfance en difficulté. Équité, capacité et collectivité.* Winnipeg, Ministère de l'Éducation et de la Formation professionnelle.

Éducation et Formation professionnelle Manitoba (1997). *Le succès à la portée de tous les apprenants : manuel concernant l'enseignement différentiel. Ouvrage de référence pour les écoles (maternelle à secondaire 4).* Winnipeg : Ministère de l'Éducation et de la Formation professionnelle.

Éducation et Formation professionnelle Manitoba (1996a). *Pour l'intégration : manuel concernant les cours modifiés au secondaire.* Winnipeg : Ministère de l'Éducation et de la Formation professionnelle.

Éducation et Formation professionnelle Manitoba (1996b). *Pour l'intégration : manuel concernant la programmation individualisée au secondaire.* Winnipeg, Ministère de l'Éducation et de la Formation professionnelle.

Éducation et Formation professionnelle Manitoba (1995). *Programmes d'études élaborés à l'échelle locale – Cours proposés par l'école et projets proposés par l'élève : guide à l'intention des écoles secondaires.* Winnipeg : Ministère de l'Éducation et de la Formation professionnelle.

Éducation et Formation professionnelle Manitoba (1994). *Nouvelles directions : plan d'action pour le renouveau des écoles.* Winnipeg : Ministère de l'Éducation et de la Formation professionnelle.

Éducation Manitoba (1988). *L'intégration scolaire au Manitoba.* Winnipeg : Planification et Recherche, Ministère de l'Éducation.

Friend, M. et Bursuck, W.D. (2002). *Including students with special needs: A practical guide for classroom teachers.* Boston, Toronto : Allyn and Bacon.

Gossen, D.C. (1997). *La réparation : pour une restructuration de la discipline à l'école.* Montréal : Chenelière/McGraw-Hill.

Hébert, J.-F., Audert, J. et Boissé, I. (1998). *La résolution de conflits au primaire : guide d'animation.* Montréal : Centre Mariebourg.

Hume, K. (2006). *S'engager dans l'apprentissage : le programme GénieArts.* Ottawa : GénieArts.

Lutfiyya, Z.M. et Van Wallenghem, J. (2001). Educational provisions for students with exceptional learning needs in Manitoba. *Exceptionality Education Canada,* 11(2-3), p. 79-98.

Ministère de l'Éducation de la Colombie-Britannique (2000). *Plein feux sur l'intimidation : programme de prévention à l'intention des écoles élémentaires.* Vancouver : Ministère de l'Éducation de la Colombie-Britannique.

Pourtois, J.-P., Desmet, H. et Lahaye, W. (2004). La bientraitance : besoins des enfants – compétences des parents. Dans E. Palicio-Quentin, J.-M. Bouchard et B. Terrisse (dir.). *Questions d'éducation familiale* (p. 235-253). Outremont : Les Éditions Logiques.

QSR International Pty (2002). *QSR N6.* Victoria : QSR International Pty.

Racines de l'empathie (2006). *Welcome to Roots of Empathy.* <http://www.roots ofempathy.org/index.html> (consulté le 29 novembre 2007).

Rousseau, N. et Bélanger, S. (dir.) (2004). *La pédagogie de l'inclusion scolaire.* Québec : Presses de l'Université du Québec.

Vienneau, R. (2002). Pédagogie de l'inclusion : fondements, définitions, défis et perspectives. *Éducation et francophonie,* 30(2). <www.acelf.ca> (consulté le 10 septembre 2007). .

NOTES

[1] Le ministère de l'Éducation du Manitoba a changé d'appellation à deux reprises depuis l'an 2000. L'appellation actuelle est Éducation, Citoyenneté et Jeunesse Manitoba (ECJM).

[2] Nous tenons à remercier M. Viet Pham, assistant de recherche, pour sa participation à la collecte des données.

[3] Note : À cause de la toxicité du matériau utilisé dans la fabrication, les balles de tennis ne sont plus recommandées pour remplir cette fonction et sont graduellement remplacées par des coussinets.

Inclusive Education and Diversity: Developing Innovative Strategies for Change. A Case Study of an English Primary School

Felicity Armstrong and Len Barton

INTRODUCTION

This chapter focuses on the way in which a particular school in the north of England has taken up the flag of inclusion and equity as a means of celebrating diversity as a natural and embedded part of school culture and practices. We value this opportunity to consider the possible meanings and values which underpin different interpretations of 'inclusion' and how these relate to the life of one particular school and the diverse communities it serves. We use the term 'communities' both to refer to the communities of people who make up the internal life of the school and to refer to a wider concept of community which encompasses the lives, cultures, practices, and interests of those in the neighbourhoods surrounding the school. We recognize the often contradictory demands made on all those implicated in the complex relationships involved in learning and teaching and the daily lives of schools—and these demands have been particularly challenging in the English context in recent years.

The fieldwork for this study took place in Northtown in England—a city which was once a major industrial centre, before the closing down of the traditional industries of cotton, coal, and steel. The data were collected in one primary school—Steelbank School. Although notice is taken of all aspects of school life, specific attention has been paid to the oldest group of children in the school—those aged between 10 and 11 who are in their final year of primary school. The names of the city, the school, and those interviewed have been changed.

PART 1 CONTEXT

Education Policy and Change

Our study of one school—Steelbank School—cannot be separated from changes which are taking place in the English political landscape, and it is for this reason that we have included contextualizing material which goes beyond the realm of education policy.

The education system in England has undergone enormous transformation over the past 25 years or so, and schools have changed almost beyond recognition compared to those of 30 years ago. The 1981 Education Act opened the way for wider participation in mainstream education of disabled children and those described as having 'special educational needs'. A National Curriculum was introduced in 1988 to which all children and young people are entitled, regardless of disability, learning difficulty, or linguistic and cultural background. Assessment has become highly standardized through the introduction of Standard Assessment Tests (SATs) and the publication of national performance tables (often referred to as 'league tables') which show the differences between schools in terms of reaching different levels of attainment. The notion of 'parental choice' has become a key theme in government rhetoric, and divisions between schools in terms of social class, performance, and as agents for the selective distribution of desirable cultural capital have become wider and deeper. Rigorous inspection procedures have been introduced, with poorly performing schools under the threat of being taken into 'special measures' or even closed. There have been recent indications of moves to partially 'privatize' sectors of the state education system by transforming some schools, often those deemed to be 'failing' and in economically disadvantaged areas, into quasi-independent 'Academies' and 'Trusts' under the control of governors representing business interests, religious groups, and 'philanthropists'.

Since the mid-twentieth century the populations of towns and cities in England have become increasingly culturally and ethnically diverse. While England is still very much a class-based society, the characteristics and lines of demarcation between classes have shifted: in the past, communities were segmented primarily along divisions of class, whereas today urban communities are now characterized by both class and cultural differences. Global events and developments have an important impact on identities and relationships within and between groups in English society. As such, wars, economic instability, acts of terrorism, as well as representations in the media of 'other' places, events, and people all leave their traces. In recent years there has been an ongoing debate about the status of incoming groups, often described as 'immigrants', 'asylum seekers', or 'refugees', and questions have been raised about their rights and potential to contribute to, or undermine, the economy and 'way of life' in Britain. Significantly, there have been recent suggestions at the government level and in the media that schoolchildren should take part in citizenship ceremonies and that a new public holiday should be introduced to celebrate 'Britishness' as part of wide-ranging proposals to strengthen British citizenship and identity. This is an example of an increasingly familiar expectation that minorities should 'fit in' to dominant cultural norms, which raises important issues for inclusive education.

There are many aspects of the life of Steelbank School and its relationship with its communities which are relevant to questions of inclusion and exclusion, but two come to mind immediately: the question of school policies on inclusion, disability, and special educational needs, as well as the question of practices and demeanour relating to children who are seeking asylum or have refugee status. The latter is an issue which has received scant attention from policy makers and in debates on immigration and asylum. Yet in their study Sporton, Valentine, and Bang Nielson (2006) report that between 2000 and 2006 an estimated 15,000 unaccompanied children entered the UK without identification, documentation, or guardians (203). They argue that the experiences of asylum-seeking children are little understood and that there is a general ignorance about how such children come to be in English classrooms, the journey they have made to get there, or what their needs might be. Many, perhaps nearly all, asylum-seeking children will have lived in camps for displaced people, experienced extremes of hardship and fear, lived among strangers, and been separated from familiar surroundings, family, culture, and language. It seems particularly important, therefore, to try to know and understand the policies, practices, and relationships in a school such as Steelbank, which has active and clearly articulated policies on inclusion, and welcomes children who either have refugee status or who are seeking asylum.

In light of the wide range of ways in which terminology relating to inclusive education is used, it is important to clarify the ways we use language in the context of this chapter, and we need to recognize that inclusion means different things to different people. The starting point for us is that there is a dynamic relationship between schools, communities, and the broader social context. Tony Booth (2003) describes participation in the inclusive classroom in the following terms:

> It [...] implies learning alongside others and collaborating with them in shared lessons. It involves active engagement with what is learnt and taught and having a say in how education is experienced. But participation also means being recognised for oneself and being accepted for oneself: I participate with you when you recognise me as a person like yourself and accept me for who I am. (2).

For us, Steelbank School exemplifies this statement by its ongoing commitment to celebrating difference, and this includes seeking to prevent, and address, all kinds of discrimination which might arise in the teaching and learning process, and in the daily life of the school. Inclusive education represents a very different paradigm from those of 'special needs' and 'integration'. It is concerned with "the needs and the rights of humans ... based on the acceptances of all differences and the support of each otherness" (Petrou, Angelides, and Leigh 2009, 446).

Recent Policy Developments

In seeking to explore and understand the nature, extent, and consequences of inclusive thinking, relationships, and practices in

Steelbank School, it is important to set the discussion within the more general education policy context in which these developments have taken place. While we recognize that inclusive education is a contestable and highly controversial concept (Bélanger 2000; Potts 2003; Allan 2007; Allan and Slee 2008; Koster et al. 2009), we define inclusive education as fundamentally concerned with the well-being of all pupils. This includes the position and experience of disabled learners and the removal of all barriers to their maximum participation within education and society. Our interpretation of inclusive education rejects assumptions that 'inclusion' is concerned only with children identified as having 'special educational needs'. Inclusive education has to be a project which is shared by all those associated with a school community. As we have argued elsewhere, "Inclusive education ... is not primarily about the position of particular groups of categorised pupils" (Armstrong and Barton, 2007: 6).

The question of how to prevent discrimination and exclusion does raise the issue of the nature and function of legislation in this process of development. While legislation is not sufficient in itself to produce inclusion, it is a necessary factor in the process of change. Recent developments have foregrounded the position of legislation in relation to, for example, gender equality and disability equality in England, Wales, and Scotland.

The Gender Equality Duty came into force in April 2007. This duty requires all public institutions (including schools) to promote equal opportunities between men and women and eliminate unlawful discrimination and harassment on the grounds of gender. The Race Relations Act (1975) and the Race Relations Amendment Act (2000) place an obligation on schools to prevent racial discrimination and promote equality of opportunity and "good relations between persons of different racial groups" (Reubain, 2008: 151). While such legislation is extremely important, it does not address issues such as the importance of understanding the diversity of experience and knowledge, and the different learning styles and interests, which diverse groups of children bring with them into school. Nor does it address the endemic institutional racism which schools and other institutions can promote through their assumptions, curricula, and practices (Richards 2008). Studies and reports have consistently shown how children belonging to some of the largest minority ethnic groups in England achieve less well educationally than their counterparts (DfES 2006).

The duty to promote Disability Equality and to provide Disability Equality Schemes became a major outcome of the Disability Discrimination Amendment Act of 2005. It requires all educational establishments to ensure that disabled pupils are not treated 'less favourably' than their non-disabled peers; they must promote positive attitudes to all disabled pupils in all areas of the curriculum; ensure the elimination of disabilist bullying and harassment; promote equality for disabled pupils, parents, staff, and members of the community; and ensure that disabled pupils, parents, and staff play a full part in the public life of the school. More recently, the Single Equality Scheme, introduced in 2008 and updated in 2009, is presented as seeking to strengthen the emphasis on human rights in aspects of social policy, including those concerned with education.

One important development relating to the education system and inclusion is provided by the introduction of the *Every Child Matters* (ECM) (DfES, 2004) policy in 2004, which emphasizes the importance of "listening to the voices of parents and children" and of taking into account their perspectives in terms of their aspirations and needs. ECM also introduced 'Children's Services', which draw together the three key services—education, health, and social services—in order to reduce the fragmentation of services provided to children, as well as enhance coherence and cooperation between service providers. In many respects, Northtown provides a good example of how this new policy works in practice, as the city was chosen as one of the first 'pathfinder' authorities to develop strategies for implementing the far-reaching changes involved in the creation and application of Children's Services.

Local Policy and Inclusive Education

According to Northtown Children and Young People's Plan (CYPP) 2006–2009, there are approximately 120,000 children and young people between the ages of 0 and 19 in the city. Of these, approximately 35,000 are deemed to be in need of some form of additional support during their 0–19 journey from the educational, health, or caring professions. Of these, some 3,500 children are classified as 'children in need' and will require some form of direct support and intervention from services beyond schools, colleges, and the primary health services. Each year approximately 650 of these children will be looked after ('taken into care') by the city, and a further 400 will be on the child protection register. The CYPP has 10 priorities, as described in Figure 1 below:

FIGURE 1
Children and Young People's Plan 2006–2009 Top 10 Priorities

1. Promoting a healthy start—the local Sure Start agenda—within a comprehensive, citywide health program for children and young people.
2. Ensuring that all children are safeguarded and protected from risk of significant harm.
3. Increasing parenting skills and capacity, and helping parents and carers to be better informed about the services that are on offer to support them.
4. Maximizing the engagement of children and young people at all points on their journey to adulthood, particularly at 16+, and ensuring their participation in the decisions which affect their lives and the services that are provided for them.
5. Increasing attainment for all with a particular focus on the early years and those children and groups most at risk of underachievement.
6. Supporting children's emotional well-being and behaviour.
7. Reducing teenage conceptions and substance misuse.
8. Improving outcomes for looked after and adopted children.
9. Supporting 'turbulent' and 'lost' children—meaning those who move a lot and those who are homeless or are missed by the system.
10. Developing the children's workforce in order to deliver excellent, user-focused services.

These priorities make fundamental links between health, education, and social and economic life. These are fields which have traditionally been structurally, professionally, and administratively quite separate, drawing on separate and distinctive specialist knowledge and encouraging the development of strong professional identities to the detriment of harmonious inter-professional cooperation. Recent developments are likely to challenge the balkanization of professional roles and usher in new forms of working that encourage collaboration and sharing of knowledge. We believe the reconfiguration of professional relationships has the potential to open up rich possibilities for the development of inclusive education, as the 'marking out' of professional territories has presented a systemic and cultural barrier to the development of inclusive practices (Tomlinson 1982; Armstrong, D., 1995; Armstrong, F., 2003).

Northtown local authority has a policy, in line with current national government policy, of maintaining some special schools while also encouraging and expecting schools to welcome disabled children and to make necessary physical, curricular, and pedagogical adjustments *as far as possible*. At the national and local authority levels, there is an acceptance that some schools will be more likely to do this than others, and a belief that there will be some children for whom a special school is deemed to be the 'best solution'. This 'hybrid' policy presents particular challenges for schools that are committed to welcoming all children. Some schools have become identified as schools which will receive pupils other schools are reluctant to accept. In addition, resources such as physiotherapy and psychological support, as well as other specialist services and personnel, are still concentrated in special schools, making it difficult to tap into them for local mainstream schools.

All of these conditions and features of the education system in Northtown are relevant to questions of inclusion and participation of all children—not just to groups identified as being at risk of exclusion.

PART 2 CASE STUDY OF THE SCHOOL

Steelbank School lies to the southwest of the city—just off a thoroughfare, not far from one of the city football stadiums. On this long and busy street there are small convenience stores, Asian shops, Chinese supermarkets, Greek grocers, Polish stores, 'afro' hairdressers, army surplus stores, Asian clothes shops, junk shops, Kurdish cafés, numerous 'take-away' outlets providing a wide diversity of cuisine, and restaurants: Italian, Greek, vegetarian, eastern European, African, Caribbean, French, Iranian, Thai, and Chinese.

We identified the school as representing an 'inclusive school' through discussion with local parents, teachers, and members of the community. We wrote to the head teacher of the school explaining the research project and the purpose of the proposed visits to the school. This was followed by a preliminary visit and then an informal 'day in school' during which we carried out some informal interviews and observations in classrooms and on the playground. We also met with a group of children during a lesson in which we discussed life at the school, democracy, friendships, and their imminent transfer to secondary school. We explained to all those involved the overall purpose of the research and the visits to the school.

During this visit various documents were collected concerning the School Plan, the composition of the school (staff and pupils), the community and neighbourhood which the school serves, and information concerning school policies. This visit took place in the spring of 2007. The school was involved in plans to relocate to a new purpose-built building one kilometre away which was going to serve the same neighbourhood. For reasons associated with the time and work involved in preparing the move to the new school site, and because of our other commitments, we were unable to visit Steelbank again for some months. Eventually, five further days were spent at the school during the period from October to December 2007. The class of pupils we had observed in the spring had left and moved on to their secondary schools. During our later visits we spent time in the classroom with a new group of Year 6 pupils (aged 10–11) and interviewed two classroom teachers, the inclusion coordinator, a teaching assistant, the head teacher and the deputy head teacher, a school administrator, and a parent of two children at the school. We also interviewed a group of children who were elected members of the school council.

Steelbank School

Steelbank School reflects the diversity of the area. In a school population of 436 children, in which only 38 are identified as 'white British' and 10 as 'white Eastern European', there are 186 children whose families identify themselves as Pakistani, 40 are identified as Somali, and the rest of the school population are made up of groups from Bangladesh, other parts of Africa, the Middle East (Libya, Egypt, Iraq, Iran), China, Afro-Caribbean communities, and increasingly

Poland or other eastern European countries. A number of children attending the school are asylum seekers or refugees; others are living in temporary accommodations, such as short-term lets or hostels. The head teacher reported that there is "quite a lot of turbulence" in terms of composition and change in the pupil population. In contrast, the school is now beginning to receive a small number of settled 'white, middle-class children' whose families welcome the 'inclusive ethos' of the school and want their children to experience a multicultural community. Thus, it could be argued that the multicultural school has become a means for generating valued social capital and a possible lifestyle choice for some sections of the middle classes.

The school has an 'open-door' admissions policy. All children living in the neighbourhood are welcome, including children with disabilities, as well as those with learning and behavioural difficulties. The new school building was moved into in September 2007, leaving behind the original, inaccessible Victorian building. The new building was designed based on consultations between architects and school and community members, including pupils who visited other schools and contributed ideas. It is entirely accessible both from outside and internally, with a central lift area and careful gradations between levels which make ramps unnecessary.

The physical space of the school and the kinds of possibilities and relationships which it fosters are of interest. In addition to communal playground areas, each year group has its own garden complete with a carefully designed watering and drainage system and large patio play area. Sliding doors make it possible to open up classrooms, blurring boundaries between inside and outside. There are also sliding screens between classrooms, making it possible to join classes together and pool teaching and support resources and share activities.

The school has strong equal opportunities policies and runs regular pupil-led campaigns (e.g., 'anti-bullying', 'healthy lunchbox'), which all members of the school community are involved in. A school council that is run by elected representatives from each class meets regularly and reports back to its 'constituents'. Currently, a campaign is being run by the council concerning complaints about the quality of school dinners. In the past the local authorities in England were responsible for cooking and organizing school dinners on a not-for-profit basis, but more recently 'school dinners' have been sub-contracted on a 'business' model to private companies which prepare the food externally and seek to make a profit. Children have raised concerns about the quality and size of dinner portions in the school council, and council representatives have written to the company expressing their views. This is an example of 'democracy at work' as part of the broader inclusive ethos and practices at Steelbank School. Far from being a rehearsal for the 'real thing', the work of the school council, as democratically elected representatives, is engaged with real struggles, concerned with rights and social justice which affect the quality of life of the school community. The language of inclusion and equity is embedded in the daily life of the school. For example, there is a system of 'playground friends' to ensure that children are not 'left out' or victimized in the playground or in other contexts in school life.

Children whose backgrounds represent a broad diversity of religions and lifestyles are welcomed and celebrated in the school. The school has close relationships with local communities and their leaders which represent a wide range of cultures and religions. However, the majority of families of children attending the school are Muslim. The head teacher reported that

> Relationships with local communities are very positive. We always welcome families into school. It is difficult for some families who have no experience of English schools. We have positive links with others working in the community such as those working for 'Sure Start' housing officers and the local police. (interview with head teacher 06/07)

Links with the community extend beyond contact with families of children who attend Steelbank School. One reason for this is that the school is part of a local development project and has an 'extended day' so that local people can share the facilities and join in activities. There is an after school club for children and classes and activities for adults which are open to all members of the community—these include Keep Fit, First Aid, English, Sewing, and Computer classes. The school is a designated Children's Centre and has a neighbourhood nursery which is an integral part of the school. It also runs a crèche which provides a safe environment where people can leave babies and very young children while they take part in an activity or enjoy some leisure time.

The links with the community provided by the network of structures and activities and the welcoming ethos at Steelbank School are fundamental to an interpretation of inclusive education in which schools are part of the wider community which they serve.

PART 3 PRESENTATION AND ANALYSIS OF DATA

(i) The School Plan

All schools in the UK are required to complete a self-evaluation form (SEF) as part of the government inspection framework. This document summarizes 'where a school is at' at a given point of time. The SEF is designed to help a school demonstrate that it

- ☐ knows its learners well in all aspects of their learning
- ☐ provides well for learners
- ☐ monitors and evaluates widely and rigorously
- ☐ consults and communicates with others
- ☐ considers its impact and plans for the future. (OfSTED 2008)

Importantly, the SEF allows a school to show what it plans to do to improve in different areas. Schools are required to develop a School Improvement Plan, which contains both a longer-term strategic plan and a short-term annual plan. Steelbank School is in the process of developing its Improvement Plan, particularly in the light of recent changes in location and organization of the school. The comments made about the different aspects of the school are based on existing documentation provided by the school. These documents closely reflect the school's values and ethos concerning learning, teaching, and the curriculum and address questions of equality and the right to participation for all members of the community. The school's aims are described in the Prospectus in Figure 2 on the next page.

FIGURE 2
Steelbank School Prospectus

Our aims are:

1. To raise Children's Achievements by Providing a Well Balanced Curriculum as Outlined in the National Curriculum.

   We want our children to have:
   — pride in their own language
   — fluency and confidence in their use of English
   — proficiency in the basic skills of reading and writing and Mathematics
   — an appreciation and respect for local environment and an introduction to the wider environment
   — an appreciation and joy in the beauty around them and the ability to create beauty
   — the opportunity to develop physical awareness and skills
   — the flexibility to cope with modern technology change and
   — understand how to use technology as an aid to communication and accessing

2. To provide a Model of Continuing Education by which children are able to acquire the relevant skills and knowledge in a changing world for employment, leisure and citizenship, providing a challenging learning environment.

   We want children to:
   — develop enquiring minds and a desire for knowledge
   — become self-disciplined and self-motivated
   — be encouraged to take initiatives so they can lead independent and fulfilling lives

3. To offer a Caring Community where everyone
   — has a sense of belonging and being valued
   — can grow in confidence and self-esteem
   — develops tolerance and understanding of other people's cultures, faith, etc.
   — develops a respect and appreciation of all life
   — understands morals and values such as truth telling, honesty and regard for others
   — is given time to reflect on spiritual experiences

4. To Provide Access for All

   Education inclusion is about equality of opportunity for all young people. At Steelbank inclusion applies to any/all of the following:
   — girls and boys
   — minority ethnic and faith groups, Travellers, Asylum Seekers and Refugees
   — pupils who need support to learn English as an additional language (EAL)

— pupils with special educational needs
— gifted and talented pupils
— children 'looked after' by the authority
— children with physical disabilities
— children from families under stress.

Principles for Our Inclusion

Achievement in English and Mathematics is essential. We also place great emphasis on our ethos and wider opportunities we offer to all pupils. All young people are not treated in the same way. We take account of individual pupils' life experiences and needs. We believe that:

— all children have the right to learn together
— ethnicity, gender, achievement, disability or background should not lead to discrimination
— young people have a right to education that will help them develop positive relationships, friendships, respect and understanding of life in the wider world.

In line with government requirements, Steelbank School actively promotes the 'five outcomes' set out in the previously identified *Every Child Matters* policy document:

☐ *Being healthy*
☐ *Staying safe*
☐ *Enjoying and achieving*
☐ *Making a positive contribution*
☐ *Achieving economic well being*

We observed many examples of ways in which these principles and areas were embedded in the activities and life of the school. For example, the principle of 'Being Healthy' was expressed in the 'Healthy Lunchbox' project being planned and organized by the whole school and its families. Similarly, an 'Anti-Bullying Campaign', which involved everybody in the school, supported the principles of 'Staying Safe' and 'Enjoying and Achieving'. Most importantly, however, the three main principles underpinning the school's primary beliefs listed above are seen to permeate the ethos and practices in all aspects of school life. We will provide examples of the ways in which this takes place throughout this report. In the following section we have included extracts and commentary from our interview and observation data in order to illuminate the concept of, and dilemmas surrounding, inclusive education as a community project as described in earlier sections of the chapter.

(ii) Structure and Organization of the Physical Environment

The new school building is light and open and fully accessible, both in terms of entering the building and in terms of free circulation inside the building and between the different levels. This is facilitated by the centrally situated lift and the wide areas and spaces which allow everyone, including those who use wheel chairs, to move safely around the school. Equipment, services, and installations such as toilets are accessible and adaptable for all users, thus respecting one's personal privacy and dignity.

The school is 'open plan' with a high degree of visibility. The reception area is open, and school staff, including the administration, are on hand to greet people and respond to enquiries and issues which arise in the day-to-day life of the school. The head teacher's office is usually open and looks onto the central reception area. This means children and adults can see the head teacher and she can see them! The 'open door' policy allows for a greater degree of informal contact and intimacy but also allows for a greater degree of 'watchfulness'. This helps to ensure the children's well-being and maintain high standards of behaviour, as well as allows for visitors to be welcomed as they enter the school. It also means that children and adults feel they can approach staff and the head teacher as a matter of course, be it to share a piece of news, show a piece of work, or ask a question.

There is also a school library as well as a display area and seating all located in different parts of the reception area. These encourage children and adults to use the reception space in different ways. Groups of children pass through the area on their way to different parts of the school. There is plenty of space to avoid over-crowding, allowing children and adults to move around in an orderly and peaceful manner. At Steelbank School this physical 'openness' in the design and organization of space is a central and organic part of its inclusive culture. As the head teacher observed,

Inclusion is just second nature to us. We have an open door—the school is designed to be open. There is an open reception area and places to sit down. Nothing looks as if it is behind closed doors. We discussed the design of the school for three years, and we got very competent and exciting architects involved. We suggested they spend time with us in the old school to see how we work. Children played their part—they worked on suggestions for the design of the new school in groups, and children and parents went round to look at newly built schools. (interview with head teacher 06/07)

The significance of spatial factors and relationships in the mediation of identities and social relationships has only recently begun to be explored in relation to education (Armstrong 2003; Gulson and Symes 2007), in particular the ways in which the spacing and placing of groups according to dominant perceptions of difference and normality are powerful "cultural signifiers" which "welcome some people and tell others they are 'out of place'" (Young, 2008: 480). Education systems which separate disabled children from their peers by placing them in special schools or in units 'attached to' mainstream schools legitimate stereotypes and facilitate social and cultural reproduction (Armstrong 1999). They are part of the "dominant interpretative discourses" (Touraine 2009) which shape our understanding of the world and conceptualizations of normality. Of course, the organization of space and the environment *inside* schools are crucial in terms of the message they convey about who *belongs* and who does not. The design of Steelbank takes into account the diversity of its population, allowing everyone equal access to all parts of the school and to full participation in learning and the social life of the community. The physical organization of the school is therefore a key component in the development of an inclusive ethos and participatory practices.

Based on our observations during the fieldwork, we found that the open culture and organization of the school contribute to the sense of calm which surrounds the life of the school, and foster opportunities for contact between members of the school and with visitors. While sitting in the open reception area, we had the opportunity to observe what was going on and enjoy the different displays which reflect the current work and life of the school. For example, we saw innovative displays on 'Healthy Eating' and on the school's 'Anti-Bullying' policy during our visits that represented the perspectives of the school-children. We also had informal conversations with different members of the school: children on their way to find a book, teachers, school administrators, and parents. It was here, too, that we were able to observe aspects of the life of the school as they unfolded, aspects such as the handling of an altercation which had taken place earlier between two children in the playground, and comings and goings of parents, children, and members of staff. The open spaces of the school were structured in ways which allowed transparent access to activities and services.

(iii) The School Day

The school day starts at 8:50, and parents and carers are welcome in the school throughout the day. There is also a Breakfast Club which opens at 8 a.m. where children can get a good breakfast for 30p (approximately 50 centimes in Euros). Children are encouraged to "come in for breakfast and meet their friends". The school day ends formally at 3:10, and, as at the start of the day, parents and carers are welcome to see their child's teacher or "play a game or share a book with their child". This is another example of an 'open door policy' which encourages adults and children to feel the school is 'theirs'. Unlike many schools where parents are encouraged to deliver and collect their children and leave the school promptly at the beginning and end of the school day, at Steelbank the life of the school and the life of the local community merge into one. This is part of what makes the school inclusive, since links with the community are regarded as a fundamental part of inclusive practice.

(iv) Teaching Strategies and Classroom Organization

Teaching is based on the wider principles of social inclusion which underpin the ethos and practices of the school. Indeed, it would be misleading to speak of 'social inclusion' and 'inclusive learning and teaching' separately in the context of policies and practices at the school. One teacher, whose class we observed on three occasions, explained,

> One of the key aspects of inclusion in the school is that it is something you do all the time. ... The children understand that you have to make allowances for each other. There is no "norm" here.
>
> ... You have to have high expectations of everybody.
>
> Children know about inclusion through concrete experience on a day-to-day basis—so you don't need to talk about disabled children in a patronizing way, or show them videos [about disabled children], because they know the sorts of issues that children using wheelchairs face, and that there are children who have difficulty with reading and writing. Inclusion pervades all aspects of school life.
>
> Because it is such a varied population—it is just unspoken. I very rarely have to bring the class together and talk about respecting children who are different because it [diversity] is just an accepted given. (interview with class teacher 27/11/07)

These comments raise a number of important issues. First, 'inclusion' is seen as embedded in all aspects of the daily life of the school, and in all kinds of relationships. It is not something which is 'added on' in a tokenistic way but relates to values and practices which permeate everything. "Making allowances for each other" is a universal practice, not a stance adopted in relation to disabled children or to children who are constructed as vulnerable or dependent according to deficit criteria. Furthermore, making allowances is linked to a commitment to 'high standards' for everyone in terms of social relationships and learning. The notion of a "norm" is rejected, allowing all members of the community acceptance, regardless of difference. Importantly, inclusion is materialized, made *real*, through experience and as an integral part of learning.

Classrooms are 'open plan', and year groups are organized in year 'bases' rather than in individual classrooms. Teachers and teaching assistants work collaboratively with classes and groups of children. Typically, one teacher 'leads' the lesson, which has been prepared and discussed with other members of the teaching team. There may be one or two additional teachers and a teaching assistant, as well as an additional member of staff providing support to individual children. As one teacher explained, the 'open plan' organization of the school means that "nobody can hide, and colleagues have to work together, and children *see* adults working together" (deputy head teacher, 27/11/07).

Teaching is planned on the principle that learning takes place in different ways. There is an emphasis on *collaboration*, and attention is given to grouping children according to perceptions about which groups, or pairs, of children would work best together. For some activities, groupings may take into account factors such as personality or language. In one class we observed a group of four boys who were speaking Arabic and engaged at a table on a collaborative activity. They explained that one member of the group had "just arrived" from Libya and spoke little English. By working together in Arabic, their new friend was able to participate in learning. Collaboration between learners and between teachers is an important part of inclusive teaching and learning, allowing knowledge and responsibilities to be shared. In this example, and in many others we observed, collaborative exploration and 'scaffolding' were accomplished by the use of a shared language in the group of learners, as a matter of course.

In general, the organization of children for learning is flexible. Children are not expected to work in silence, as speaking and listening to each other are considered important parts of collaborative learning. While there is little *formal* 'setting' in which children are placed in different classes based on levels of attainment, one teacher explained that there is *some* grouping of children in lessons based on ability: "You may have a group of the more able pupils at one table, but we *never* refer to the 'top group' or the 'bottom group', and it's always very fluid—there is a lot of movement between groups" (interview with class teacher, 27/11/07).

The mandatory implementation of certain national policies has had an impact on the organization of children for learning:

With the introduction of the National Literacy Strategy and the National Numeracy Strategy the only way we could do it was by setting, and it was immediately evident that children in the lower groups were far more engaged with what they were doing because, of course, there

were no questions they couldn't try and answer, and they felt quite
confident because they were in a group where they felt safe—and felt
safe to put their hand up and have a go at answering questions and
working out problems. I am not saying that is a justification for doing
setting, but I think if it is done sensitively, and not done all the time
(and for all subject areas), I think there are times when children feel
more secure. They can feel that in their set they're the best at Maths,
and not just sitting there thinking I don't know the answer and listening
to all the 'high flyers' with their hands up. (interview with class teacher,
27/11/07)

The imposition of a National Curriculum in 1988, and subsequent
policies which have greatly embedded testing and selection and
competition between schools in the education market, have imposed
severe constraints on schools in terms of what they teach and how
they organize students for learning. This raises particular questions
about the nature and purposes of education, and the marginalization
of certain kinds of knowledge and learning styles which children bring
with them into schools (Armstrong 1998). We return to these issues
later in the chapter because they are particularly pertinent in a school
such as Steelbank whose school population and local community
represent such diversity in terms of culture, language, and experience.

A range of approaches to teaching and learning was adopted in
the classes we observed. In every case the lesson was introduced by
the 'lead' teacher for that session, and the aims and purposes of the
lesson explained, making links with previous learning and perhaps
asking some key questions on this, followed by an explanation of what
kind of 'learning outcomes' (LO's) might be expected from the lesson.
Children clearly understand what is meant by the notion of 'learning
outcomes', which are expressed in ways that can be differentiated
according to the different learning styles and existing knowledge
and experiences of the children. This is now a common approach in
schools in England, where a focus on 'outcomes' and 'targets' reflects
government policy over the past 25 years which has been driven by
'output' rather than processes, and by particularly narrow interpretations and measurements of attainment. In contrast, at Steelbank
School, however, the *processes* and *relationships* involved in learning

are a fundamental part of the inclusive values and practices of the school.

(v) Pedagogy: Teaching to Diversity

An important aspect of teaching practice is teachers' willingness to respond positively to differences in knowledge and experience and, in particular, differences in learning styles between children. Rather than trying to force children into a particular learning mould which the teacher would perhaps expect to adopt as 'good practice' in another context, a serious attempt is made to adopt approaches which children find meaningful and motivating. As one teacher explained, there are particular challenges presented by the very diverse nature of the groups of children who make up the classes in the school, such as their varied backgrounds and experiences, and approaches to learning which children have encountered in their different cultures and communities and in their day-to-day family lives.

> It is very important to acknowledge those differences. Some of our children haven't got the social skills and the experience for collaborative learning. There are times when the children are encouraged to collaborate, but you have to take the whole class into account. The vast majority of the children in my class are from a culture where you sit and learn by rote, ... and I think that we have to accept that that is what they do. I think we are asking an awful lot to ask them to change so quickly. Many of our children like to sit down and be told. They like to soak up information and understand the information—and that's the way they like to learn the most. If you told me to teach them something which they would remember tomorrow, there are two ways I could do it. I could either give them some encyclopedias and tell them to go on the Internet and have a discussion, or I could do a lesson with me at the front talking to them, and tomorrow they would come in and remember it, and that is the way they learn.
>
> I think they *do* need to work collaboratively, but I'd say it is a very slow process for some children, so to have a policy where everything has to be taught 'collaboratively' would do many children a great disservice. (interview with class teacher, 27/11/07)

Recognizing the differences in learning styles among a diverse group of children sometimes involves reassessing professional knowledge and pedagogical practices:

> Coming to this school completely scuppered everything I'd been taught about teaching Maths—for example: you teach Maths through games, you make Maths exciting with practical activities. [When I started teaching] here, I'd get Maths games and activities out, and they [the pupils] weren't interested in them at all! They'd come up to me and ask for pages of sums to do—it's a quite different approach. It is [because of] their cultural background because that's what they get at home. Their parents don't want to know they can make a lovely symmetrical pattern out of triangles and talk about it and how they did it. Parents aren't interested in that—they want to know how many sums they got right, and the children know that. They [the parents] would go out and buy the books and buy the pens, but they don't see that jigsaws are a way of learning. It's a case of accepting that and working with that, and hopefully by the time the children get to Year 6 (aged 10–11) they will be able to work more collaboratively. (interview with class teacher, 27/22/07)

In fact, during our observations of the Year 6 class, we noted many examples of children working collaboratively and negotiating, as well as times when they worked individually. We recorded a varied and balanced mix of approaches to teaching and learning which took into account pupil diversity. There was an emphasis on 'visual' input, which we deemed particularly appropriate in such a diverse classroom in which some children struggled with language comprehension. Children were encouraged to 'take risks' and explore possibilities, as well as being given plenty of opportunities to follow a set of instructions and then compare their answers and the thinking processes they had adopted with those suggested by other pupils or the teacher.

> Much of the work carried out during the lessons was 'assessed' by the pupils themselves, with the teacher inviting children to contribute their responses to a particular problem by, for example, coming up

to the whiteboard and writing the answer. This was then discussed with the class as a whole, and children were able to evaluate their own work and understanding. Sometimes this was done in the form of a class 'competition' in which teams of children competed against each other to provide the highest score in a particular test or activity. This approach to 'self-evaluation' seemed to engage all members of the class in a shared, meaningful activity. Children had regular opportunities to talk about their learning and progress with their teacher individually. As the teacher for the Year 6 class we were observing explained, "We're trying to make assessment as positive as possible for the children. We're trying to make it an activity children can take part in." (interview with class teacher, 27/22/07)

In addition to the ongoing assessment activities, which take place in class, there is a school framework for assessment in which class teachers draw up targets in different subject areas for the children in their classes which are discussed with children and by the Senior Management Team. Children's progress is monitored at different stages of the school year, and formal meetings are held to discuss levels of attainment. Children in Year 6 take national tests—the Standard Assessment Tests—and much of the work done in class has to take their requirements into consideration in planning and teaching. The SATs do not take into account factors such as a child's first language or level of literacy. They reflect the monocultural nature of the National Curriculum, which fails to recognize the "rich repertoire" of forms of communication (Lambirth 2006) and kinds of knowledge and experience that children belonging to a diverse range of cultures and traditions bring to the learning process. Neither do the tests measure qualities such as "engaged citizenship ... as a mark of individual attainment in school or as an outcome of school systems" (Underwood 2008, 117). At Steelbank, the diversity of the school population and its neighbouring communities, and principles and practices of democracy and participation, are regarded as important resources which are central to its ethos and character, but there are constraints on the content and processes of teaching and learning imposed by external requirements.

(vi) The Life of the School

Children at Steelbank School are expected and encouraged to participate in decision-making processes in the school and in relation to their own learning. There is a School Council which is made up of two children from each class who are elected by their classmates to represent them. The process involved in electing the class representatives is modelled on the processes of local and national elections in which debate is encouraged. Each child who wishes to stand for the council prepares a 'manifesto' setting out what they would try to achieve as a member of the School Council. We met with a group of councillors, ranging in age from 7 to 11, and used this as an opportunity to ask them about their school. In answer to our opening question, "What do you like about your school", we received the following responses:

> Everyone is friendly, and we all get treated with respect.
> I like recycling the water.
> I like the Hall—it's very big, and there is more space, and it makes more sound.
> The big playground.
> Boys and girls treat each other equally.
> (comments made by councillors, meeting 26/11/07)

When we asked the children to tell us about the School Council, one 10-year-old girl said, "I see it as the way we feed back to our classes. It's about the children having a say about things and not just the adults. Children are able to speak about what they want" (school councillor, 26/11/07).

We asked the children about the 'manifestos' they had presented to their classes as part of the election process. One child explained what they had to do: "You stand up and say what you want to change and make sure everyone is included". Another said, "I wanted to be a councillor so that we can have more sport and be healthier" (school councillor, 26/11/07).

The children explained that the School Council meets regularly and has about 24 members. There is an agenda and 'minutes' of the last meeting, and discussion of items on the agenda. If there is not full agreement, a vote is taken. The council has drawn up a list of guidelines for the running of meetings which reflect the 'rules' children are expected to follow in class:

Put your hand up before you speak.
Listen carefully when other children are talking.
Take turns to speak.
Respect others' opinions.

The processes involved in deliberations on rules and policies at the School Council, and between councillors and the classes they represent, provide values experience and understanding of democratic practices and debate and the resolution of conflicting points of view. They also give children opportunities to organize together in response to a particular issue and to take collective responsibility for the governance of their community.

(vii) Behaviour and Conflict Resolution

One of the most enduring impressions of Steelbank School is the atmosphere of calm and purposefulness which we found throughout all our visits, in every context. Children and adults move around the school, treat each other courteously, and work together harmoniously. We found children friendly and very willing to tell us about their school and their interests and activities. There are, of course, times when a 'reminder' or some kind of intervention is required when a child or a group of children behave in a way which falls short of what is expected. In one class, for example, the teacher spoke kindly but firmly to a child who was interrupting when other children were speaking by stating, "We don't want to interrupt, do we, John? We want *everybody to take part in the lesson*". In another lesson, a model being built by a group of children fell down under possibly "suspicious circumstances". The teacher said to a child, "Jamil, you were there when it fell down, and you were part of the building of it, so you must be part of fixing it" (fieldnotes, 28/11/07). Again, there is an emphasis on collaboration and participation and the importance of taking responsibility.

(viii) Inclusion and Disability

Children with disabilities are welcomed into the school as a matter of course. As already mentioned, the physical structure and organization of the school are designed to be accessible to all. There are, of course, policies and practices in place to ensure that disabled children are able to participate fully in learning and in every aspect of the life of the school. The teacher with special responsibility for inclusion in the school (although, visibly, all members of the school are *collectively* and *individually* 'responsible' for inclusion) explained the school's policy:

> Our aim is to include all the children in the community, and that may mean different things for different children. It will depend on what their backgrounds are and their needs, and it involves trying to meet those needs and monitoring and tracking to see that these needs are being met. We've got 12 children with statements [of special educational needs], which is unusual for a mainstream school. We have some children with very complex needs and others waiting to come to the school. I think we have a good reputation for including children. (teacher, 26/11/07)

In response to our question about how decisions are made about whether a child comes to Steelbank or whether he or she will attend a special school, the teacher explained:

> It's about what families want for their children. Some families come and visit this school and think their child won't get the specialist help they would get at a special school. And it depends on the individual child. In the special school they've obviously got staff who have perhaps more [specialist] training—although we're getting quite a good [knowledge and skills] base now. We have quite a lot of staff who have developed a lot of skills which can be transferred to other children.

Like their peers, children who have statements of special educational needs are full members of ordinary classes and take part in every aspect of school life, including all areas of the curriculum and learning where activities are differentiated, including Physical Education (PE).

There is a speech therapy service for school-age children, and the speech therapist comes into the school for only half a day once a term. There is additional speech therapy support for children who have been identified as having speech and language difficulties. It is not evident, however, that children attending a special school would receive a higher level of specialist speech therapy input (interview with class teacher, 26/11/07).

We spent some time in the playground, where we met Harry, who was enjoying watching the other children playing together. Harry has a 'split placement', spending part of the week at Steelbank and part of the week at a special school which works collaboratively with Steelbank in exchanging information and sharing expertise and coordinating the activities of children, and the involvement of parents, who are linked to both schools. This link is significant in that Harry has been a pupil of Steelbank since the nursery and has 'grown up' with the children there, as well as spending some time at the nearby special school. The fact that Harry attends two schools—a special school and a mainstream school—raises questions about whether a school such as Steelbank is able to be fully 'inclusive'. Why can't Harry attend Steelbank all the time? The reasons are probably both simple, such as *Harry benefits from the varied activities and friendships he enjoys at both schools*, and complex, relating, for example, to the *concentration of specialist resources in special schools* (already mentioned) and *the importance of families to enjoy the mutual support provided by regular interactions with other families who have similar experiences*. What is clear is that a school such as Steelbank is a school in transition and one which understands inclusive education as something flexible, undogmatic, and responsive to the aspirations of individuals and groups.

A special needs support assistant works with Harry in both schools. She described her role as follows:

My role in inclusion is [providing] special needs support to one child—but, obviously, I work with other children. Harry has difficulties walking and talking—in fact he has no speech. In the special school he has learnt signing, and then here in his mainstream school he learns about the social and behavioural side. (interview with teaching assistant, 2/3/07)

An important part of her role is in differentiating the activities in the class so that Harry can participate and engage meaningfully with learning:

> The teacher discusses her planning for the week, and, for example, if the other children are writing sentences, Harry will have a sentence strip with symbols. And with each book, I will get symbols to match [the words].

Harry was a member of the class we were observing. We noted that he appeared fully engaged with the activities which were adapted by the support assistant. His class teacher was fully supportive and very positive about the value of the experience of learning for Harry in the mainstream class:

> I think he will fit in at every level he feels comfortable with—so he'll come to the PE lesson, and he enjoys being part of the group. If it's five-a-side football, as long as Harry is in a team and he knows which team to cheer, that is how he is taking part in it. He doesn't want to kick the ball—he's frightened of the ball—but he likes to cheer.
>
> He likes making things with Lego and Mechano, and there are other children who are very good at building things, and they will work together. He will do a lot of things with small groups—different activities throughout the day. The class teacher will talk to the teaching assistant about what they want to do, and they will discuss it (op cit).

One mother who has twin sons at Steelbank, one of whom has a physical disability, described her experience of Steelbank School:

> We went to look at schools and visited a special school—but I was determined that Ali should go to a mainstream school. This school has been absolutely great. There is no negativity here—the other children just take him as he is. He is very popular and has been on the School Council, and he is a playground friend. Ali uses a wheelchair—but the school is fully accessible. As a parent I know what he is capable of. Inclusion is all about making sure that Ali achieves his potential. I wanted to keep my children together—I did not want one of my

children put aside. Now he is with children he will grow up with. He has full support [from a learning support assistant] in school, but he has normal provision and goes to ordinary lessons. He has his own Individual Education Plan, and [help from] a speech therapist and a physiotherapist, and has access to specialist equipment and aids provided by the occupational therapist. He has been on a residential trip [with all the other children] and goes to school clubs. He is an active member of the school and the wider society. That's what I wanted for him. (interview with mother, 19/9/07)

For this mother, inclusion is not only about issues of disability and access.

What is inclusive about this school? Children here have a lot of choices, and they can make decisions themselves—for example, about who should be a member of the School Council. There is an emphasis on respecting, valuing, and listening. The school instills in children values such as accepting and understanding. Inclusion means inclusion for *everybody*.

This young woman describes her children's school as inclusive in terms of a whole range of qualities and opportunities. She understands the relationship between collaborating, sharing, and listening and the rights of all children to learn together and participate as full and equal members of the community and of society.

CONCLUSION

This small case study has provided some important insights into the interface between national policy, population changes through migration, and local communities and one inner-city primary school. We have described a number of dimensions of the life of the school, drawing out the particularly positive examples of ways in which the school is successfully and creatively developing inclusive policies and practices informed by values of equity and respect.

In undertaking this study, we have been vividly reminded of the privilege and responsibility of seeking to understand and provide an informed sensitive account of the context and aspects of the lived experiences of the participants. The factors involved are complex and multilayered, providing a rich source of issues, incidents, interactions, and challenges, many of which we have not been able to engage with in this brief overview. Also, having the opportunity to witness first-hand the great benefits of a purpose-built, well-resourced building supporting the pursuit of inclusive practices, we have been reminded of the serious inequalities of such provisions within the school system generally. This remains a significant barrier to the realization of inclusive conditions and relations within the educational system in England.

During our time within the school, it became increasingly evident through our observations, interactions, interviews, and conversations how much hard work is involved in the struggle for more inclusive thinking, relations, and practices. The degree and quality of the time, physical, emotional, and intellectual labour entailed in the continual commitment and creative and imaginative efforts of the staff remain a lasting memory of our experience. We do not underestimate the challenges and efforts involved in the development of a more open, friendly, supportive culture for both staff and pupils within the school. Nor would we want to underplay the challenges which lie ahead in that there is unfinished business, contradictions, and barriers to be engaged with in the pursuit of further change.

Steelbank School's achievements are in many ways remarkable—and to some extent this is recognized in the official report of the government inspectorate—but the 'public face' of the school's achievements is reduced to SAT results which are published nationally in league tables and used to provide misleading comparisons with other schools. Where are the national 'tables of achievement' for the values and practices, relationships with the community, and quality of teaching and learning to be found? We feel the work of Steelbank and similar schools should be recognized and widely shared; how this work can be disseminated so that other schools can learn from their experience remains a challenge. The possibilities open to Steelbank in terms of its future development are 'limitless' in terms of its commitment to particular long-term goals and its close and dynamic relationship with its local communities but 'constrained' in terms of the context in which it operates. The demands of the National

Curriculum, standardized tests, and the publication of 'league tables' and inspection reports cannot be ignored by schools, and it is against a background of these that they must seek to explore creative responses to diversity which recognize the uniqueness of each child and of every cultural group in its neighbourhood community.

BIBLIOGRAPHICAL REFERENCES

Allan, J. (2007). *Rethinking inclusive education: The philosophies of difference in practice.* Dordrecht: Springer.

Armstrong, D. (1995). *Power and partnership in education: Parents, children, and special educational needs.* London: Routledge.

Armstrong, F. (1998). The curriculum as alchemy: School and the struggle for cultural space. *Pedagogy, Culture, and Society, 6, 145–146.*

Armstrong, F. (1999). Inclusion, curriculum, and the struggle for space in schools. *International Journal of Inclusive Education, 3, 75–87.*

Armstrong, F. (2003). *Spaced out: Policy, difference, and the challenge of inclusive education.* Dordrecht: Kluwer.

Bélanger, N. (2000). Inclusion of 'pupils-who-need-extra-help': Social transactions in the accessibility of resource and mainstream classrooms. *The International Journal of Inclusive Education, 4, 231–252.*

Booth, T. (2003). Inclusion and exclusion in the city: Concepts and contexts. In P. Potts (Ed.), *Inclusion in the city: Selection, schooling, and community.* London: RoutledgeFalmer.

DfES. (2004). *Every Child Matters: Change for children.* London: DfES.

DfES. (2006). *Ethnicity and education: The evidence of minority ethnic pupils age 5–16.* London: DfESs.

DCFS. (2008). *Sure Start children's centres: Building brighter futures.* London: DCFS.

Gulson, K.N., and Symes, C. (Eds.) (2007). *Spatial theories of education: Policy and geography matters.* London: Routledge.

Lambirth, A. (2006). Challenging the laws of talk: Ground rules, social reproduction, and the curriculum. *The Curriculum Journal, 17:1, 59–71.*

Petrou, A., Angelides, P., and Leigh, J. (2009). Beyond the difference: From the margins to inclusion. *International Journal of Inclusive Education, 13, 439–448.*

Potts, P. (2003). Perspectives on inclusion/exclusion in Birmingham. In P. Potts (Ed.), *Inclusion in the city: Selection, schooling, and community.* London: RoutledgeFalmer.

Richards, R. (2008). Not in my image: Ethnic diversity in the classroom. In G. Richards and F. Armstrong (Eds.), *Key issues for teaching assistants: Working in diverse and inclusive classrooms.* London: Routledge.

Ruebain, D. (2008). Disabled children, inclusion, and the law in England. In G. Richards and F. Armstrong (Eds.), *Key issues for teaching assistants: Working in diverse and inclusive classrooms.* London: Routledge.

School self-evaluation. Retrieved November 3, 2008, from http://www.ofsted. gov.uk.

Sporton, D., Valentine, G., and Bang Nielsen, K. (2006). Post conflict identities: Affiliations and practices of Somali asylum seeker children. *Children's Geographies, 4, 203–21.*

Tomlinson, S. (1982). *A sociology of special education.* London: Routledge and Kegan Paul.

Touraine, A. (2009). *Thinking differently.* Cambridge: Polity Press.

Underwood, K. (2008). *The construction of disability in our schools: Teacher and parent perspectives on the experience of labelled students.* Rotterdam: SENSE Publishers.

Young, Y.S. (2008). Physical and social organization of space in a combined programme: Implications for inclusion. *International Journal of Inclusive Education, 12, 477–495.*

La pratique inclusive au Québec : d'une région à l'autre

Nadia Rousseau, Carmen Dionne, Léna Bergeron,
Maude Boutet et Caroline Vézina

BREF HISTORIQUE DE LA PRATIQUE INCLUSIVE AU QUÉBEC

Contrairement à l'Alberta et au Nouveau-Brunswick, qui ont fait de l'inclusion scolaire un choix à la fois politique et social (Alberta Education, 1996 ; Gouvernement du Nouveau-Brunswick, 1997), la situation québécoise est beaucoup moins évidente, à l'exception peut-être de la Commission scolaire anglophone du Québec qui a fait le choix d'assurer une pratique inclusive dans leurs écoles (Finn, Heath, Petrakos et Mclean-Heywood, 2004).

L'offre de services destinés aux élèves handicapés ou en difficulté d'adaptation ou d'apprentissage (EHDAA) a été marquée par la publication de documents d'orientation importants : le Service de l'enfance inadaptée en 1969 (Horth, 1998), la Commission Castonguay (1971), le rapport COPEX (1976), l'entrée en vigueur de la *Charte canadienne des droits et libertés* en 1982 (Goupil, 1997) et de la loi 107 sur l'instruction publique adoptée en 1988 (Goupil, 1997).

En fait, au Québec, on hésite, encore aujourd'hui, à parler clairement d'inclusion scolaire. Le vocabulaire utilisé dans les documents ministériels rappelle plutôt celui des années 1970 et 1980 aux États-Unis, soit l'intégration scolaire *(mainstreaming)*. En effet, désireux de favoriser l'intégration des élèves ayant des besoins particuliers en classes ordinaires, le Québec propose une politique de l'adaptation scolaire qui subira quelques révisions au cours des années. Malheureusement, bien que l'on observe une augmentation du taux d'intégration scolaire des élèves ayant des besoins particuliers, il semble que le Québec reste loin d'une pratique inclusive authentique. À titre indicatif, une étude récente réalisée par Gaudreau, Legault, Brodeur *et al.* (2004a) démontre la proportion toujours élevée de classes spéciales dans l'école québécoise. Ainsi, l'analyse de l'offre de service de 19 commissions scolaires québécoises révèle la présence de 1 à 241 classes spéciales par commission scolaire au primaire et de 2 à 224 classes spéciales par commission scolaire au secondaire. Cette importante variation démontre bien l'inégalité des pratiques en matière d'inclusion d'une commission scolaire à l'autre et d'une région à l'autre. Il va sans dire que, dans un tel contexte, les pratiques inclusives exemplaires ne sont pas monnaie courante. Rappelons-le, la pratique inclusive prend en compte « *la diversité des besoins des élèves pour maximiser la participation à l'apprentissage, à la vie sociale et culturelle de l'école et de la communauté, pour ainsi réduire le nombre des exclus de l'école ou exclus au sein même de l'école* » (Barton, 1997 ; Booth et Ainscow, 2004).

Cette cohabitation des modèles d'intégration et d'inclusion n'est pas sans générer une certaine confusion autant chez les parents, les professeurs et plus globalement dans la communauté éducative en général. La sélection des écoles discutées dans la présente étude met en évidence cette réalité. Des écoles se disant pourtant inclusives peuvent témoigner de pratiques fort différentes et ce, sous plus d'une dimension. Le premier cas d'école, en contexte primaire, correspond plus fidèlement à notre définition de l'inclusion scolaire, tandis que le deuxième cas, en contexte secondaire, présente une juxtaposition des prémisses de l'intégration avec une certaine préoccupation pour l'inclusion. Les deux situations seront présentées en fonction des dix conditions jugées essentielles à une véritable pratique inclusive telles que décrite par Schaffner et Buswell (1996). Précisions que ces conditions s'adressent à tous les intervenants scolaires, puisque leur collaboration est nécessaire à la réussite de l'inclusion.

1. CONDITIONS FAVORABLES À UNE VÉRITABLE PRATIQUE INCLUSIVE

1.1 Développer une philosophie commune et une planification stratégique

Le développement d'une philosophie commune facilite grandement la participation et l'implication de tous les intervenants scolaires dans la mise en place d'une pratique inclusive authentique. Les projets éducatifs des écoles doivent d'ailleurs mettre de l'avant ces choix inclusifs. Une telle philosophie prône l'équité, peu importe les différences entre les élèves, ce qui signifie que chacun profite d'un soutien et d'un enseignement adaptés à ses besoins. Il ne s'agit pas ici d'égalité, qui fait plutôt référence au fait que tous les élèves disposent du même type de soutien et d'enseignement.

1.2 Assumer un leadership

La direction assume un leadership, que l'école adhère ou non à une pratique inclusive. Ce rôle est d'autant plus primordial lorsqu'il est question d'inclusion scolaire. L'établissement d'un climat favorable à l'inclusion revient à la direction d'école, qui doit aussi veiller à ce que ce rayonnement s'étende à la communauté afin de s'assurer la collaboration de celle-ci. La direction doit aussi soutenir le personnel en lui fournissant de la formation, en planifiant un emploi du temps qui favorise la collaboration et la planification de l'enseignement, et en prévoyant les ressources humaines et matérielles nécessaires. Elle se doit aussi d'être près de ses élèves et du personnel en s'assurant de créer un sentiment d'appartenance et d'implication authentique au projet d'inclusion.

1.3 Promouvoir et privilégier la diversité dans les salles de classe

Au sein de la classe, c'est à l'enseignant de servir de modèle pour promouvoir la diversité. Afin de mettre un frein aux préjugés, il importe de sensibiliser les élèves à la différence. Pour ce faire, l'enseignant doit procéder avant tout à une autoévaluation de ses propres attitudes et croyances envers les élèves ayant des besoins particuliers. Il sera ainsi en mesure de créer un climat de classe propice à la valorisation des points communs et des différences de chacun en montrant les avantages que procurent ces distinctions dans la classe et en misant sur la coopération plutôt que la compétition. Les activités scolaires doivent aussi être accessibles à tous les élèves. Enfin, il est important de faire collaborer les élèves dans la prise de décisions concernant les meilleures façons de s'entraider.

1.4 Développer un programme de soutien

Le développement et l'application d'un programme de soutien permettent d'assurer que l'environnement de l'élève et les activités scolaires et sociales qui y sont rattachées soient adaptés aux besoins de ce dernier en misant sur la participation active des différents intervenants scolaires. Le comité responsable de l'élaboration du programme de soutien devrait comprendre toutes les personnes qui gravitent autour de l'élève ayant des besoins particuliers, soit l'élève lui-même, les parents, les enseignants, la direction, les consultants, le psychologue, l'orthopédagogue et quelques élèves. C'est par une approche de résolution de problèmes que les intervenants mettront au point des stratégies et des activités qui favoriseront l'inclusion du jeune. Ces stratégies peuvent comprendre la recherche de ressources matérielles et humaines. Il est également nécessaire de s'assurer que l'élève a un bon réseau social pour le soutenir. Le comité se chargera donc de présenter le jeune d'une manière positive en mettant l'accent sur la collaboration et la création de liens entre les pairs.

1.5 Faire bonne utilisation de la planification stratégique

Il est suggéré de mettre en application les stratégies proposées dans le plan d'intervention personnalisé (PIP) de l'élève. Rappelons que ces stratégies se basent sur les forces de l'enfant et non sur ses limites. Comme le suggère la troisième condition, les élèves d'une pratique inclusive authentique collaborent à la prise de décision et, en ce sens, ils doivent avoir une part active, tout comme leurs parents, dans le choix des objectifs et des stratégies privilégiées, et ne pas être considérés comme des acteurs passifs à qui l'on fait uniquement part des solutions retenues. Le PIP ne doit pas être vu comme une simple formalité, mais plutôt comme un outil indéniable dans la réussite de l'élève. Pour ce faire, il faut s'assurer que les solutions proposées soient réalisables et que les ressources nécessaires à son implantation soient disponibles.

1.6 Développer et organiser un service d'aide aux intervenants scolaires

Il importe donc de créer un réseau de soutien pour les intervenants scolaires afin de favoriser l'implantation de l'inclusion scolaire. Un intervenant ou un enseignant peut ainsi être désigné comme personne-ressource à l'intérieur de l'école ou de la commission scolaire pour faciliter la mise en place des modalités inclusives. La direction peut également créer des occasions de rencontres entre des personnes vivant les mêmes réalités. Dans cette optique, des visites d'obser-vation et d'échange dans des classes inclusives peuvent être organisées et ainsi favoriser le partage d'expertises. Il est aussi pertinent de créer un centre de ressources accessible à tous, comprenant des documents, des livres ou des vidéos traitant de l'inclusion, une liste avec des coordonnées d'organisations et de comités liés à l'inclusion, et des informations relatives aux activités de formations et aux conférences à venir abordant ce sujet. Il est essentiel de faire collaborer les parents et tout le personnel scolaire (y compris les secrétaires, le concierge et le personnel non enseignant) dans ce réseau de soutien.

1.7 Faire preuve de flexibilité

Les intervenants scolaires ne doivent pas avoir peur de prendre des risques et de modifier leur pratique afin de permettre à l'élève ayant des besoins particuliers de participer pleinement à la vie de sa classe et de l'école. Ainsi, ils doivent faire preuve de flexibilité, de spontanéité et avoir une bonne capacité d'adaptation aux imprévus et aux difficultés rencontrées. De cette façon, il est préférable de cerner les besoins des élèves et d'utiliser leurs forces afin de planifier différemment les interventions considérées comme étant moins efficaces.

1.8 Évaluer et adopter des approches d'enseignement efficaces

Le développement professionnel est essentiel au renouvellement de ses approches pédagogiques et à la remise en question de ses croyances et habitudes. Ainsi, la formation continue permet entre autres au personnel scolaire d'être pleinement conscient de leur rôle et de leurs responsabilités dans l'implantation de l'inclusion, en plus de fournir différentes stratégies d'enseignement. L'actualisation des connaissances contribue à réduire la peur de l'inconnu. Comme l'enseignant doit adopter une variété d'approches, il doit tout d'abord procéder à l'autoévaluation de son style d'enseignement. Est-ce que celui-ci favorise des pratiques inclusives? Par la collaboration et les échanges entre collègues, l'enseignant pourra intégrer de nouvelles stratégies à son enseignement ou modifier ses approches afin de rejoindre tous les élèves.

1.9 Célébrer les réussites

Chacun des élèves a besoin de se sentir compétent; c'est pourquoi il ne faut pas hésiter à reconnaître et à célébrer toutes les petites réussites. Les intervenants scolaires doivent ainsi s'assurer d'avoir une vision élargie du concept de réussite en étant sensible à l'effort d'un élève, même si la réussite « mesurable » est petite. Dans le même ordre d'idées, il importe d'analyser les réussites et leurs causes afin de pouvoir répéter les stratégies qui se sont avérées efficaces. Toujours pour favoriser la réussite, il est également utile de préciser de nouveau les objectifs de l'élève à quelques reprises durant son cheminement, afin de vérifier si les moyens prévus sont toujours adéquats ou s'ils doivent être modifiés, et rappeler aux personnes concernées les avantages qui découleront de l'atteinte de ces objectifs.

1.10 Être ouvert aux changements

Lors de l'instauration de changements, il faut tenir compte des réalités scolaires vécues par les intervenants. Toutefois, ces réalités ne doivent pas devenir des obstacles à l'implantation de l'inclusion scolaire. Une simple modification de l'attitude des intervenants peut souvent être l'élément déclencheur d'un changement des comportements qui favoriseront la réussite de l'inclusion. De plus, afin que les modifications apportées à l'intérieur de l'école soient durables, il est nécessaire qu'elles fassent partie du projet éducatif ou, à tout le moins, des politiques de l'école.

Les travaux de Schaffner et Buswell (1996) et ceux de Rousseau, Vézina et Dionne (2006) ont déjà démontré que si l'une de ces conditions n'est pas respectée pleinement, la réussite de l'inclusion scolaire sera plus difficilement réalisable. Dans cette optique, il est intéressant d'analyser deux situations scolaires québécoises afin de juger si elles répondent en tout ou en partie à ces conditions. Pour ce faire, l'étude de cas s'avère être une démarche judicieuse.

2. MÉTHODOLOGIE

L'étude de cas exploratoire descriptive (Merriam, 1998) favorise la compréhension d'un phénomène dans son contexte réel de réalisation. Il permet de documenter ledit phénomène à partir d'une variété d'outils. Dans le cas qui nous préoccupe, nous avons documenté la pratique inclusive d'une école secondaire et d'une école primaire à partir d'entrevues semi-dirigées et d'observations non participantes. Ainsi, les verbatims de 11 entrevues ont été analysés qualitativement. Ces entrevues de 40 à 90 minutes permettent de mieux comprendre la pédagogie inclusive du point de vue des enseignants, des directions d'école, des orthopédagogues, des psychoéducateurs ainsi que des parents. Quant aux observations, elles ont été réalisées dans trois classes de l'école primaire et deux classes de l'école secondaire. Leur durée était de 50 minutes chacune au primaire et de 75 minutes au secondaire. Précisons que l'école primaire est rattachée à une commission scolaire qui dessert 7 300 élèves. Cette école est située dans une région administrative qui comprend une population de 81 229 habitants et dans un village qui compte 739 habitants. L'école secondaire, pour sa part, est rattachée à une commission scolaire qui dessert 19 000 élèves. Cette école est située dans une région administrative comptant 261 149 habitants. La population de la ville où se situe l'école est de 129 000 habitants. Les écoles ayant participé volontairement à l'étude se décrivent comme ayant une pratique inclusive.

3. RÉSULTATS

Afin de situer la réussite des pratiques inclusives de ces écoles, les résultats sont ici présentés en fonction des dix conditions essentielles de Schaffner et Buswell (1996) décrites plus haut.

En ce qui concerne le développement *d'une philosophie commune et d'une planification stratégique,* peu d'informations ont pu être obtenues dans le cas de l'école primaire. Cette situation peut s'expliquer par un changement de direction au moment de la collecte de données. Cela dit, tous les enfants de cette école sont, d'une part, en classe ordinaire. Il s'agit là, selon les enseignants, d'un choix d'école appuyé par la commission scolaire. Une partie de l'équipe-école a d'ailleurs participé à une démarche de planification de la pédagogie inclusive pour parfaire leurs pratiques en 2005-2006. Les enseignants précisent que l'école accueille tous les enfants en classe ordinaire depuis les dix dernières années. Ainsi, l'élève ayant des besoins particuliers qui arrive à l'école se joint immédiatement au groupe au « même titre qu'un autre élève[1] ». D'autre part, la philosophie qui prévaut s'articule ainsi selon un enseignant : « *Tous les élèves ont leur place pis qu'ils aient un handicap ou non, on s'organise pour [...] qu'ils vivent leur cheminement à leur rythme et qu'ils soient intégrés complètement.* » Selon les enseignants, l'école est accueillante pour tous les élèves, dont ceux ayant des besoins particuliers. La petite taille de l'école primaire et le nombre restreint de personnes y travaillant semblent également favoriser la mise en place d'une philosophie commune de l'inclusion scolaire.

Enfin, bien que peu abordées, il semble que les mesures disciplinaires de l'école soient liées à un code de vie inscrit dans l'agenda. En fait, il arrive rarement qu'il y ait des problématiques nécessitant des mesures disciplinaires, selon cet enseignant : « *Mais tu sais au niveau de la discipline, ça va très bien. Pas de problème là-dessus. J'ai pas perdu de temps [avec] des codes de vie pis des... des règles de vie pis tout ça là. T'sais on en a fait là mais tu sais on n'a pas... C'était pas un super gros besoin.* »

L'école secondaire s'inspire quant à elle des orientations du régime pédagogique, de la Politique d'adaptation scolaire (MEQ, 1999) et de la loi sur l'instruction publique qui encourage l'intégration de tous les élèves « *dans le milieu le plus normal possible* » et dans l'ensemble des pratiques quotidiennes. Ainsi, le nombre de classes spéciales dans l'école est en diminution depuis les dernières années, bien que toujours présentes. Pour certains élèves ayant des besoins particuliers, l'entrée en classe ordinaire peut toutefois se faire progressivement, alors que d'autres élèves seront dirigés vers les classes spéciales. Les enseignants précisent que l'intégration des élèves en classe ordinaire s'effectuera selon le rythme de chacun. Dans sa démarche se voulant inclusive, l'école secondaire participante mise sur différentes orientations qui font appel aux intérêts des élèves comme les sports, les arts, la musique, etc. Ainsi, en plus des matières de base, les élèves ont un certain nombre de cours par semaine directement liés à leurs choix. Cela dit, les élèves ayant des besoins particuliers sont regroupés et reçoivent un enseignement différent qui leur permet de terminer la première et la deuxième secondaire sur une période de trois ans. Ce programme, selon les participants, favorise la réussite d'un plus grand nombre d'élèves à risque compte tenu de leurs difficultés d'apprentissage. Il opte pour un rythme un peu plus lent avec de fréquents rappels d'information. La continuité du personnel scolaire (enseignants et intervenants) serait également une force du programme. Précisons toutefois que la majorité des élèves ayant des difficultés d'apprentissage se retrouvent dans ces groupes, et ce, par obligation. Cette situation ne répond donc pas aux prémisses de l'inclusion scolaire.

La direction d'école précise que beaucoup d'efforts sont faits pour que « *le premier contact avec* [l'école] *soit positif* » pour tous les élèves. Ce contact positif est facilité par la propreté des lieux, le sourire du personnel scolaire et de bureau, de même que le dynamisme de l'équipe-école. Selon plusieurs, l'accueil est une force de l'école, d'autant plus que cette dernière « *reçoit des élèves qui ont des grosses difficultés de toutes sortes* ». L'accueil comprend aussi une soirée d'information en début d'année scolaire, qui explique le fonctionnement et les services de l'établissement. Cette rencontre vise à sécuriser les élèves plus anxieux, et les parents estiment que cette soirée est effectivement rassurante tant pour l'élève que pour eux-mêmes. Le tuteur joue également un rôle important dans le processus d'accueil en recevant tout nouvel élève et en lui faisant visiter l'école tout en discutant des règles et du code de vie de l'établissement. L'enfant qui présente des besoins particuliers recevrait un plus grand soutien à l'accueil afin qu'il découvre les différentes ressources de l'école en lien avec ses besoins ou ses questionnements. Précisons que l'école secondaire reçoit quelques élèves immigrants non francophones qui bénéficient d'un service de francisation. Une grande attention semble portée au développement du langage et à l'intégration sociale de ces élèves.

Tout comme pour l'école primaire, le code de conduite de l'école secondaire est inscrit à l'agenda des élèves. En voici les principaux éléments :

1. J'ai une attitude positive face à mon rôle d'élève, en développant le désir de connaître et de m'améliorer, en remettant mes travaux bien faits et à temps, en écoutant activement, en étant ponctuel.
2. Je suis propre, je porte des vêtements décents et j'ai une apparence appropriée à un cadre scolaire. Les excès et les abus pourront faire l'objet d'une intervention particulière.
3. Je garde mon matériel scolaire et mon environnement propres, mon casier, les locaux, les corridors, la salle, la cafétéria, la cour.
4. Je respecte les autres dans mes gestes, mes paroles, mes écrits, mon utilisation des objets dans mon attitude non violente. Dans mon attitude et mon comportement, je travaille à faire de mon école un lieu sécuritaire et épanouissant. Je suis responsable de mon milieu, et je n'hésite pas à dénoncer toute forme de harcèlement ou de vandalisme. Tout adulte de l'école a l'autorité pour intervenir en cas de manquement à ces règles de base et j'accepte d'en assumer les conséquences.

Les intervenants de l'école qualifient leur code de vie comme étant « moins coercitif »: « C'est vraiment un code de vie qui est rééducatif, ce n'est pas punitif ce code de vie-là. Ce n'est pas regarde : ça pas de bon sens de te voir la bedaine ! C'est baisse ton chandail. C'est l'approche qui est développée ici. Ça a amélioré à 100 % le climat de l'école cette histoire-là. » Ils disent faire « confiance [au] bon jugement » des élèves. C'est à partir de ces règles de conduite que les enseignants provoquent des discussions selon le manquement ou proposent des gestes de réparation. D'autres conséquences peuvent être envisagées en fonction de la situation des élèves et en suivant une gradation : la feuille de route personnalisée, le local de retrait et le retrait de l'école pour un temps indéterminé. Elles semblent être utilisées seulement lors de situations plus problématiques.

Bien qu'il y ait eu un changement de direction dans l'école primaire, un certain leadership semble être assumé par l'équipe-école. Selon les enseignants, l'école est accueillante pour tous les élèves, dont ceux ayant des besoins particuliers. Cet accueil résulte de la « *volonté et [de la] mobilisation du personnel* », des « *services* » offerts à l'élève et de la « *direction qui est à l'écoute* » des besoins des enseignants. L'équipe-école mise aussi sur une « *coopération constructive* » entre ses membres. Cette coopération s'appuie sur « *une bonne collaboration entre les différents enseignants* », « *une bonne communication* » et une « *même vision* ». Tout le personnel de l'école est aussi invité à participer aux réunions, et ce, indépendamment de leur statut professionnel. D'ailleurs, les enseignants ayant plus d'expérience agissent comme mentors pour les autres.

La pratique organisationnelle de l'école secondaire repose, quant à elle, sur le travail d'équipe : « *Tout le monde va dans la même direction dans l'école.* » L'intervention auprès des élèves se fait autant dans la classe que hors classe, alors que « *la directrice de l'école, la secrétaire, le personnel de la cafétéria, le personnel de la maintenance, de l'entretien, tout le monde intervient auprès des élèves* ». Cette collaboration de tous est jugée « *efficace* […], *quand* [ils ont] *besoin d'intervention là, tout le monde vient, psychologue, éducateur spécialisé, psychoéducateur, travailleur social, orthopédagogue. C'est une belle équipe* ». L'appellation « équipe-famille » est d'ailleurs donnée aux regroupements d'enseignants et d'intervenants qui sont responsables des mêmes élèves. L'esprit d'équipe transparaît justement dans leur discours : « *traiter les affaires avec humour* », « *faire preuve de transparence* », « *respecter les enseignants* », « *exploiter leurs forces au profit de l'équipe* ». Cette atmosphère semble porter fruit alors que les participants témoignent de la collaboration qui existe au sein de l'équipe et du sentiment de ne pas être jugé par l'un ou l'autre des professionnels qui gravitent

autour des élèves. Cette communication rendrait plus facile l'utilisation complémentaire des services (orthopédagogie, psychologie,
orientation, psychoéducation et éducation spécialisée). « *Tout le monde
va dans la même direction dans l'école.* »
Divers moyens peuvent être utilisés pour *promouvoir et privilégier
la diversité dans les salles de classe.* À l'école, « *il faut que les enfants
se sentent bien* », « *il faut qu'ils soient heureux puis qu'ils se sentent
acceptés par les pairs, par les profs, par les adultes* », « *qu'ils se sentent
en sécurité et encadrés* », disent les enseignants de l'école primaire.
Bien que les élèves EHDAA ne soient pas consultés directement,
leurs pairs sont invités à contribuer à la démarche d'inclusion :
« *les élèves sont mis dans le coup pour* [aider] *des élèves en difficulté* ».
Ils peuvent ainsi participer en aidant à la gestion des réactions, à la
réalisation d'activités scolaires, à la résolution d'un conflit ou encore
lors d'une situation d'urgence. Tous les élèves sont aussi impliqués
dans les activités pédagogiques et parascolaires impliquant parfois
des ressources de la communauté. S'ils le jugent nécessaire, les
enseignants proposent des ateliers de sensibilisation aux élèves de
l'école en lien aux handicaps ou aux besoins particuliers d'un des
élèves : « *La chance, ici, c'est d'apprendre à vivre avec les différences.* »
À titre d'exemple, pour expliquer une difficulté de motricité fine, les
élèves ont eu à porter des mitaines tout en se servant d'un crayon. Les
discussions en classe favorisent aussi la diversité en permettant aux
élèves de comprendre le point de vue des autres, comme le rapporte
cet enseignant : « *Sont capables d'écouter l'opinion de l'autre.* » Des
situations d'intimidation se présentent parfois chez les plus vieux.
L'école mise alors sur la discussion avec les élèves pour tenter de leur
apprendre à se mettre à la place des autres. Il arrive également que des
gestes réparateurs soient demandés. Des programmes comme Vers le
pacifique, programme visant l'adoption de comportements prosociaux,
ont aussi été utilisés.

L'équipe-école du primaire estime que l'ensemble des stratégies
utilisées pour les élèves particuliers bénéficie à tous les autres. La
présence d'enfants ayant des besoins particuliers contribue, selon les
intervenants, au développement du respect et de la tolérance chez les
enfants qui ne présentent pas de tels défis. Ils croient justement que
les enfants aident facilement leur prochain : « *Ça vient naturellement*

d'aller aider un ou l'autre. » Des activités visant l'identification des forces et des limites des élèves contribuent au degré d'aisance des élèves relativement à leur demande d'aide. Cette connaissance de soi favorise également l'entraide entre eux, car ils savent comment donner un coup de main aux autres. L'entraide leur permet d'ailleurs de se valoriser tout en développant le sentiment d'empathie. Pour encourager les comportements d'aide, certains intervenants vont jumeler les enfants selon leurs forces et leurs défis à relever. Ils préconisent d'ailleurs cette approche avant d'offrir leur propre soutien. Les intervenants semblent aussi favoriser l'apprentissage de l'autonomie en fournissant aux élèves une suite de procédures à réaliser avant d'avoir recours à l'enseignant. Pour plusieurs, le groupe classe forme un tout où les différences sont peu perceptibles. Ce climat ouvert à la diversité permet aux élèves de ne pas se sentir jugés par leurs pairs.

Quant aux enseignants de l'école secondaire, ils disent valoriser la différence par le biais de discussions abordant des thèmes variés comme l'inégalité sociale et économique ou simplement l'expérience de vie des élèves. De plus, ils estiment que le recours à leurs expériences personnelles permet des apprentissages « *plus signifiants* [...] [Les élèves] *rattachent ces connaissances-là à quelque chose qui est plus près d'eux,* [...] *ça reste plus dans leur tête* ». Les conversations qui découlent de l'actualité permettraient aussi aux élèves d'exprimer leur point de vue : « *En discutant avec eux, en amenant des situations, en vivant, en se servant justement de ce qu'eux vivent* [afin] *de les amener à voir ça.* » Enfin, en étant attentifs aux besoins particuliers des élèves, les enseignants estiment répondre à « *l'objectif de base,* [qui est] *de soutenir l'élève* ». Ils sont aussi d'avis que tous bénéficient de la présence d'un enfant ayant des défis particuliers dans la classe.

Toujours à l'école secondaire, l'entraide entre les élèves est favorisée dans des situations d'apprentissage nécessitant leur collaboration. Il arrive également que des groupes classes de différents niveaux soient jumelés afin que les plus vieux puissent aider les plus jeunes. Un intervenant précise qu'il tente de faire prendre conscience aux élèves ayant des difficultés que les autres rencontrent aussi des défis. Un enseignant utilise d'ailleurs une stratégie intéressante pour favoriser le soutien ou les demandes d'aide : lorsqu'un élève lève la main et pose une question, l'enseignant demande aux autres de lever aussi la main s'ils rencontrent la même difficulté. Par la suite, il questionne ceux qui n'ont pas levé la main pour faire émerger des solutions ou des explications. Les intervenants du secondaire souhaitent aussi favoriser l'autonomie des élèves pour ne pas que la demande d'aide soit envisagée comme la solution unique.

À l'école primaire, les différentes ressources humaines (membres de la communauté, enseignants, intervenants, parents, etc.) participent au *développement d'un programme de soutien* pour favoriser l'inclusion. À titre d'exemple, des artistes régionaux offrent du temps à l'école par le biais d'animation d'ateliers en lien avec leur forme d'expression artistique. Cette participation des artistes permettrait aux élèves de s'identifier aux membres de leur communauté tout en favorisant une ouverture culturelle. L'école préconise aussi les sorties culturelles liées, souvent, aux thématiques étudiées en classe. Il arrive même que des activités réunissent les élèves de deux écoles pour la réalisation de projets liés à la communauté. Des élèves du secondaire et du cégep participent bénévolement à un projet d'aide aux devoirs auprès des élèves ayant des besoins particuliers. Il ne faut pas non plus oublier le soutien ponctuel ou constant des intervenants en classe pour les élèves ayant des besoins plus importants. Ce soutien diminue en fonction de l'autonomie qu'acquiert l'élève dans les diverses situations de la vie scolaire. Les intervenants suivent, par exemple, les élèves qui leur sont confiés d'une année à l'autre, d'une classe à l'autre afin d'assurer une continuité. Ils interviennent en classe en apportant leur aide, en participant aux adaptations et en accompagnant l'élève au quotidien. Ils offrent aussi des cliniques à l'ensemble de la classe (sensibilisation à un handicap, interaction sociale, etc.).

Les parents de l'école primaire sont aussi invités à collaborer à la vie scolaire. Toutefois, certains enseignants estiment que les parents désireux de s'engager dans les activités de l'école ne savent pas toujours quels rôles jouer. Cela dit, tous s'entendent pour statuer que l'école peut compter sur « *de bons parents collaborateurs* ». Cette collaboration se traduit principalement par leur participation aux activités culturelles, l'aide en classe, la participation à différents comités et l'implication dans les plans d'intervention personnalisés.

À l'école secondaire, les activités pédagogiques et parascolaires sont aussi accessibles à tous grâce aux activités de financement. Ainsi, les élèves en situation de pauvreté bénéficient des mêmes activités que leurs pairs. Des cliniques en écriture sont offertes par l'orthopédagogue pour tous les élèves ayant ou non des difficultés scolaires. Les enseignants et les intervenants estiment que les activités proposées sont appréciées par les élèves, et ce, sans jugement ou catégorisation.

Comme à l'école primaire, différents intervenants soutiennent les élèves en classe ou individuellement. L'ensemble de ces services sont présentés à l'intérieur d'une trousse appelée *La trousse alternative* qui illustre toutes les possibilités offertes par l'école en ce qui a trait aux apprentissages. Par exemple, le projet En route vers ma réussite propose une rencontre d'échange par cycles avec les élèves ayant repris une année scolaire. Les enseignants ont aussi la possibilité d'offrir des périodes de « remédiation » pour aider les élèves sur le plan des apprentissages après les heures de classe.

La participation des parents est traitée de façon assez inégale chez les participants de l'école secondaire. Pour l'un, leur participation est adéquate en ce sens qu'ils s'intéressent à ce qui se passe à l'école, tandis que pour d'autres participants, ils ont l'impression d'être peu soutenus par les parents des élèves qui leur sont confiés. Pour d'autres encore, on souhaiterait augmenter la participation des parents, jugée assez limitée. Les intervenants précisent que les parents des élèves ayant des besoins particuliers sont souvent essoufflés, ce qui expliquerait leur faible implication. Soulignons tout de même l'initiative de certains enseignants qui font le choix de contacter les parents à raison d'une fois par mois afin de discuter du jeune, et ce, « *que ça aille bien ou que ça n'aille pas bien* ». Quant aux parents, ils estiment que les équipes familles contribuent à la communication école/famille. Ainsi, un message transmis au tuteur de l'enfant sera rapidement partagé à l'ensemble de l'équipe.

Pour les écoles participantes du primaire et du secondaire, *l'application de la planification stratégique* va de pair avec le *développement et l'organisation d'un service d'aide aux intervenants scolaires*. Au primaire, l'accueil des élèves ayant des besoins particuliers est facilité par l'aide d'un éducateur qui offre le soutien nécessaire à l'élève. Quant au fonctionnement de la classe, il semble que l'orthopédagogue y joue un rôle important en enseignant des stratégies, en animant des ateliers, ou encore en aidant à la réalisation de projet de classe. Ainsi, les participants décrivent une collaboration étroite avec l'orthopédagogue, et ce, tant dans la classe que dans la création des plans d'intervention. L'orthopédagogue joue aussi un rôle d'aide à la transition chez les élèves qui passent d'une année scolaire à l'autre. En juin, l'orthopédagogue « *fait le portrait des élèves à risque avec les échelons, avec leurs forces, leurs capacités, leurs difficultés puis les moyens qui ont été mis en place pour les aider* ». Cette approche permet à la fois de constater l'évolution des élèves et de mieux préparer la prochaine année scolaire ou leur transition vers le secondaire.

Pour les enseignants du primaire, la réussite éducative des élèves ayant des besoins particuliers passe par une série d'actions qui doivent être maîtrisées par les élèves, par exemple : « *être poli* », formuler des « *demandes* », « *minimalement écrire un peu* » ou « *compter un peu pour pouvoir se débrouiller* ». Selon les enseignants, la maîtrise de telles actions permettra à ces élèves de réaliser leurs rêves ou de trouver un emploi rejoignant leurs intérêts. La valorisation des élèves est aussi jugée importante. Il s'agit de vivre un « *cheminement à petits pas, des petits défis adaptés à chacun des élèves* ». Enfin, les participants estiment que le développement de l'autonomie est au cœur de la démarche de l'école.

Dans le même esprit, ils croient à l'importance de l'étroite collaboration entre les parents et l'école. Dans un tel climat, les adaptations pédagogiques sont plus facilement réalisables et bénéfiques, rapportent les enseignants.

L'orthopédagogue de l'école secondaire travaille aussi conjointement avec les enseignants afin de leur proposer des possibilités d'adaptations qui répondent aux besoins des élèves ayant des besoins particuliers. L'intervenant mentionne qu'il peut conseiller à l'enseignant d'accorder un temps supplémentaire à l'élève pour la réalisation de la tâche, ou encore « *de permettre* [aux élèves qui ont de la difficulté à se concentrer] *de faire l'évaluation à l'extérieur dans un endroit isolé* ». L'orthopédagogue intervient également directement auprès de l'élève dans la réalisation de tâches précises, pour la rééducation ou pour développer des outils comme un code de correction individualisé.

Les enseignants de l'école primaire *font preuve de flexibilité* en modifiant leur pratique et en adaptant leur enseignement. Toutefois, un changement récent de direction vient modifier certaines habitudes de concertation favorisant la pratique inclusive. Ainsi, les « *tables de concertation qui visaient la recherche de solutions pour un élève* » se font de plus en plus rares avec la nouvelle direction. L'équipe souhaiterait retrouver la présence de ces activités de résolution de problèmes. Par ailleurs, avec l'ancienne direction, les enseignants du premier cycle bénéficiaient de temps de préparation qu'ils utilisaient pour adapter leur matériel, alors que la nouvelle direction a restreint ce temps à quelques enseignants :

> *On avait des heures d'inclusion qui devaient être vraiment réservées au 1ᵉʳ cycle. [La nouvelle direction,] l'an dernier elle a décidé de séparer ça selon les besoins dans chaque classe qui correspondaient. Pis chaque enseignante pouvait bénéficier d'un certain nombre d'heures pour préparer du matériel adapté pour... Moi dans mon cas, [avec mon élève] je prenais le même matériel, mais je simplifiais le texte. Alors je mettais en couleur, je parle de la lecture, je mettais en couleur les paragraphes qu'il fallait qu'il travaille ou des fois quand c'était une lecture avec une recherche de questions c'était un paragraphe en couleur avec la question... Tout était un repère visuel. [...] T'sais autant au niveau de la direction qui avait organisé... Qui avait mis des choses en place... Autant en quantité... Cette année, j'ai pas ça. Je veux pas... Je veux pas blâmer personne là, mais cette année, c'est réservé seulement au 3ᵉ cycle donc [avec mon élève] ça va mieux présentement. T'sais c'est pas... C'était... Faque c'est vraiment on s'adapte selon les besoins. Pis, j'imagine j'aurais dit à [ma nouvelle direction] j'ai besoin de temps pour préparer des choses pour [mon élève] pis elle, elle aurait trouvé une façon d'organiser.*

Tous les enseignants interrogés à l'école primaire notent la faible présence de la direction dans leur école. Précisons que la direction supervise trois écoles de la région, ce qui explique cette situation. Ainsi, la collaboration et la communication à l'intérieur de l'équipe-école sont toutefois très présentes, et ce, peu importe le statut professionnel des membres de l'équipe. Cette communication rendrait plus facile l'utilisation complémentaire des services (orthopédagogie, psychologie, orientation, psychoéducation et éducation spécialisée). L'implication de la direction de l'école secondaire semble très importante. Les réunions en équipe-famille permettent la résolution de problème et la collaboration de tous les membres de l'équipe, comme l'explique l'orthopédagogue :

> *Oui, la direction consulte son monde pis euh, c'est pas des dirigeants qui vont décider* [comment] *ça va marcher. Pis souvent oui ils ont le dernier mot là, plus côté monétaire ou des choses comme ça mais, il y a des rencontres qui sont faites régulières en équipe-famille qu'ils appellent* [...] *à tous les cycles par exemple de neuf jours.* [...] *Pis là il y a des discussions. Dans tout le procès-verbal, euh pas le procès-verbal, l'horaire là de discussion de la rencontre, euh, on a un point où on a étude de cas par exemple, pour les élèves, ou euh. Tout ce qui a à être amené au point, à discuter, ben c'est discuté là pis, ils rectifient des choses ; nous autres on est là pour amener d'autres informations, des solutions, donner des idées, tout ça. Faque l'équipe a la possibilité de se regrouper au moins une fois par cycle.*

La collaboration de l'équipe-école semble être une force à l'école secondaire. Les participants abordent aussi la cohérence et la cohésion qui sont présentes dans les différentes interventions. En fait, ils accordent une grande importance à la qualité de l'équipe-école et énumèrent les éléments qu'ils jugent positifs dans leur équipe-école, comme le dynamisme de ses membres, le respect des forces de chacun et l'exploitation de celles-ci, l'implication de tous, l'esprit d'équipe, etc.

Les enseignants de l'école primaire *adoptent des approches d'ensei-gnement efficaces* en utilisant différentes stratégies comme faire la lecture aux autres, donner des cliniques informatiques aux plus petits, aider le concierge, aider la secrétaire, utiliser du matériel adapté. Pour ce qui est de la planification des situations d'enseignement-appren-tissage, les enseignants relatent l'importance d'utiliser les intérêts et les expériences du quotidien des élèves. Il est aussi question d'identifier où les élèves se situent par rapport aux apprentissages et de partir de ces constats pour planifier. Afin de s'offrir une marge de manœuvre, un enseignant explique qu'ils planifient différentes options afin d'être en mesure de s'ajuster aux besoins. Le programme scolaire occupe aussi une place fondamentale. Ils s'y réfèrent régulièrement pour créer des listes ou des fiches selon les compétences à développer dans des projets pédagogiques. Pour faciliter la planification des situations enseignement-apprentissage dans la classe inclusive, les enseignants bénéficient d'un certain nombre d'heures de planification sur les heures de classe.

Le portfolio est un outil privilégié par tous les enseignants du primaire et il contribue au processus d'évaluation des élèves. Le portfolio, qui accompagne chaque bulletin scolaire, comprend, entre autres, des grilles d'autoévaluation et des grilles de cheminement. L'ensemble des réalisations portées au portfolio sert aux enseignants afin de porter un jugement sur les apprentissages des élèves. À certains moments, les élèves sont invités à faire une « *mise à jour* » de leurs apprentissages. Lors de ces évaluations, les enseignants apportent un soutien individuel aux élèves en ayant besoin et qui peut prendre différentes formes : « *le questionnement* », « *valider ce qu'il a compris* », « *réactiver ses connaissances antérieures* », etc. Précisons que les adaptations proposées aux élèves sont valables en situation d'activités formatives et sommatives. De plus, l'équipe-école utilise un code de correction commun pour les différents cycles. Ainsi, d'année en année, les élèves ayant ou non des besoins particuliers savent ce qui est attendu d'eux.

À l'école secondaire, la mise en place d'adaptations semble varier d'un enseignant à l'autre. Un enseignant précise également les difficultés qu'il a rencontrées en soutenant ses élèves lors d'une évaluation :

> [Avec] *mon petit groupe 16, heumm… j'ai donné beaucoup d'aide justement pour les rassurer puis je me suis dit que je ne referai pas ça comme ça. Parce que je suis arrivé avec tout l'examen au complet, premièrement y'a beaucoup de pages, […] puis c'était tout en même temps pis heumm… même moi je me suis dit que je vais me réorganiser la prochaine fois. Là c'était des questions, des questions, des questions y'en avaient qui avaient des questions à toutes les questions sans avoir lu, […] ils paniquaient un petit peu, ils avaient un manque de confiance. Ça s'est allongé longtemps, c'était long avant de finir cet examen-là. Faque je me*

suis dit que la prochaine fois je ne ferai pas ça comme ça heumm... Je
vais leur en donner petit peu par petit peu pis je ne ferai pas tout d'un
coup, [...] je vais le diviser en plusieurs parties. Pour que eux prennent
le temps de respirer aussi entre chaque évaluation [...].

La pratique réflexive de cet enseignant lui a permis d'améliorer ses
adaptations. L'orthopédagogue croit qu'il est plus facile pour les
enseignants du primaire de s'adapter :

Au secondaire, il y a plusieurs profs, les profs y veulent là, mais ils
oublient ça pis ils ont plusieurs classes, pis il y en a qui ont 180 élèves.
[...] Ils sont dépassés là, juste d'avoir à adapter un affaire, ils sont
dépassés, ils sont débordés. Faque c'est là que j'offre à, soit [de] prendre
[l'élève], faire la préparation de texte : on pourrait agrandir un texte là
tsé, bon plusieurs choses là.

L'orthopédagogue soutient ainsi les enseignants en leur offrant des
outils.

Les enseignants et les intervenants de l'école primaire croient
que tous les élèves ont des forces et des limites. Ils *célèbrent ainsi*
les réussites en utilisant ces forces et en créant pour les élèves des
situations de réussite. Cette procédure permet de valoriser les élèves,
estime cet enseignant : « *Ce qui est important c'est que l'enfant réussisse,*
peu importe la façon. [...] C'est vraiment de chercher le moyen qu'il
réussisse justement peut-être pas en français ou en math parce que les
élèves en trouble d'apprentissage ont de la difficulté, mais dans d'autre
chose. » Les élèves sont aussi invités à se fixer des petits défis à réaliser,
comme l'explique l'orthopédagogue :

Ils ont toujours un défi à relever. À chaque étape, ils se fixent un défi
pis c'est ce défi-là qu'ils ont à travailler durant l'étape. Pis quand il est
atteint bien il y a une récompense ou une valorisation par rapport à ça.
[C'est] peut-être [un] cheminement à petits pas, des petits défis adaptés
à chacun des élèves, mais je pense que tout le monde vit ses réussites un
peu... Tout le monde vit des réussites ici. [...] Pis même ceux qui ont de
la difficulté on les valorise pareil pis on essaie de trouver des choses pour
qu'ils soient... pour garder leur motivation.

Le portfolio contribue d'ailleurs à la prise de conscience des forces et des limites des élèves.

Les participants de l'école secondaire croient aussi à l'importance de la connaissance de soi chez les élèves. Ils mettent l'accent sur la découverte des forces et des limites afin de les inciter à trouver un métier qui leur convient. En encourageant l'effort plutôt qu'uniquement la réussite, les enseignants souhaitent éviter le découragement. Tout comme à l'école primaire, les enseignants souhaitent faire vivre des réussites aux élèves de manière progressive : « *Petit à petit, avec des choses qu'on sait qu'ils vont réussir pour justement leur redonner confiance pour la suite.* » L'objectif poursuivi est de montrer aux élèves qu'il y a une « *lumière au bout du tunnel* ». En d'autres mots, « *c'est de travailler à la base au niveau de la motivation, puis de vivre des réussites, puis amener l'élève à croire en lui, en ses capacités, puis après on travaille* ». Il semble que cet objectif soit atteint, comme le rapporte ce parent qui croit assister à la plus belle année scolaire que son enfant ait vécue :

> *Au début de l'année en tout cas avec les petits examens et les petits tests qu'il faisait puis qu'il revenait ici avec des belles notes ça le revalorise puis son estime de lui a on dirait amplifié parce que avant ça il se disait pas bon pis, alors je trouve qu'il a une meilleure estime de lui-même.*

Comme les paragraphes précédents le laissent présager, les participants des écoles primaire et secondaire démontrent une *ouverture aux changements*. À l'école primaire, les changements se situent surtout sur le plan des adaptations pédagogiques et évaluatives, alors que l'école secondaire s'attarde aux modifications physiques et organisationnelles pouvant faciliter leur pratique inclusive.

Toujours avec l'idée de favoriser les pratiques inclusives, les participants de l'école primaire se donnent trois objectifs pour les années futures : 1) prioriser davantage les activités de lecture ; 2) perfectionner leurs stratégies d'intégration des élèves ayant des besoins particuliers en trouvant de nouvelles façons de faire ; 3) recréer un sentiment d'appartenance à l'école, sentiment ébranlé surtout à la suite de quelques changements dans le personnel scolaire (enseignants et intervenants), mais aussi avec l'arrivée d'une nouvelle direction.

Quant aux participants de l'école secondaire, ils identifient quatre objectifs pour les années futures : 1) créer un environnement scolaire agréable, beau et fonctionnel, comprenant le réaménagement physique de l'école ; 2) développer un plus grand sentiment d'appartenance chez les élèves ; 3) prioriser le développement de la qualité du français ; 4) prévenir davantage la toxicomanie.

CONCLUSION

Précisons tout d'abord que le choix des écoles a été motivé par le désir de témoigner de réalités différentes relativement à la pratique inclusive en milieux scolaires. Bien que le portrait réalisé n'ait pas la prétention d'être représentatif de l'ensemble de la réalité québécoise, il témoigne néanmoins de tendances déjà très affirmées. En effet, la pratique inclusive au Québec, bien qu'encore en émergence, est largement plus répandue à l'école primaire qu'à l'école secondaire. Le rapport de Gaudreau, Legault, Brodeur *et al.* (2004b) est sans équivoque à ce sujet, alors que l'analyse de 19 commissions scolaires du Québec révèle que la proportion d'EHDAA intégrés dans une classe ordinaire du primaire atteint jusqu'à 83,5 %, comparativement à 47,1 % pour le secondaire. Par ailleurs, dans notre présente situation, l'école secondaire a le mérite de s'inscrire dans un processus en accord avec la *Loi sur l'instruction publique* pour encourager l'intégration de tous les élèves dans le milieu le plus normal possible. Les informations dégagées des différentes sources de données pour l'école secondaire révèlent plusieurs dimensions positives. Cependant, nous pouvons nous interroger sur le maintien de cette structure intermédiaire à l'inclusion, à savoir la classe spéciale dans l'école ordinaire. Bien que l'inclusion soit décrite en tant que processus, il importe de se questionner sur ces deux types de prise en charge scolaire qui, selon certains chercheurs, ne peuvent cohabiter avec une réelle approche inclusive (Sapon-Shevin, 1999 ; Salend, 2001). À l'instar des grands mouvements de désinstitutionalisation, le processus de transformation est-il vraiment soutenu par l'existence de ces deux systèmes parallèles « spécial/ordinaire » dans la même école ? L'expérience de la transformation des services aux personnes handicapées vivant dans des grandes institutions a témoigné de la difficulté de parvenir à une réelle transformation de ces services lorsque cohabitent les institutions spécialisées et les services de soutien à l'inclusion sociale. L'avenir de l'éducation inclusive passe-t-il par une amélioration et une optimisation du modèle de l'intégration, ou plutôt par une prise de position et l'adoption d'un modèle réellement inclusif ?

Dans le cas de l'école secondaire en question, on mentionne que le rythme de l'élève va déterminer son entrée en classe ordinaire. Libellée ainsi, sa possibilité de bénéficier d'un contexte de classe ordinaire lui incombe en grande partie.

En ce qui concerne l'école primaire, on constate le peu d'informations relatives à la planification de l'inclusion à la suite du changement de direction au moment de la collecte de données, et ce, malgré le fait qu'une partie de l'équipe-école ait participé à une démarche de planification inclusive en 2005-2006. Cet état de fait n'est pas sans mettre en évidence la fragilité des initiatives ou des pratiques inclusives, et cela, même lorsqu'une tradition existe depuis plusieurs années. En ce qui concerne l'accueil de l'élève à l'école primaire, il n'est fait mention ni de plan de transition afin de permettre le passage du préscolaire au primaire ni de pédagogie différenciée. L'appréciation d'une pédagogie inclusive ne repose-t-elle pas sur les mesures mises en place pour accueillir les élèves dont les défis sont les plus grands ? En ce sens, on traite d'enfants à risque ou ayant des besoins particuliers, mais peu d'informations sont ressorties pour bien apprécier les efforts réalisés pour vivre avec de réelles différences. Pour bien vivre avec les différences, celles-ci doivent pouvoir exister sous différentes formes, petites ou grandes.

Bien que les deux écoles soient ouvertes aux changements, il semble toutefois que la structure organisationnelle de l'école primaire ainsi que la philosophie commune favorisent davantage la pratique de l'inclusion scolaire. Cela pourrait expliquer pourquoi les participants de l'école primaire abordent davantage les changements à l'intérieur de la classe, c'est-à-dire ceux qui touchent les enseignements et les évaluations, alors que l'école secondaire aborde surtout les changements apportés à sa structure physique et organisationnelle. Les propos des participants de l'école secondaire abordent peu les adaptations faites directement en classe par les enseignants. En somme, l'inclusion est un processus plus complexe qu'il ne semble. C'est un processus de transformation continu du développement des compétences du milieu.

RÉFÉRENCES BIBLIOGRAPHIQUES

Alberta Education (1996). *Guide de l'éducation pour les élèves ayant des besoins spéciaux. Direction de l'éducation française.* Edmonton, Alberta : Alberta Education.

Barton, L. (1997). Inclusive Education: Romantic, subversive or realistic. *International Journal of Inclusive Education,* 1(3), p. 231-242.

Booth, T. et Ainscow, M. (2004). Index for inclusion: Developing learning, participation and play in early years and childcare. Bristol : Centre for Studies in Inclusive Education (CSIE).

Comité provincial de l'enfance inadaptée (COPEX) (1976). *L'éducation de l'enfance en difficulté d'adaptation et d'apprentissage au Québec.* Québec : Service général des communications du ministère de l'Éducation du Québec.

Commission Castonguay (1971). *Rapport de la Commission d'enquête sur la santé et le bien-être social.* Québec : Éditeur officiel du Québec.

Finn, C., Heath, N.L., Petrakos, H. et Mclean-Heywood, D. (2004). Des modèles de service pour répondre aux besoins des élèves en difficulté, communication présentée lors du 72e Congrès de l'Association francophone pour le savoir (ACFAS). Montréal, 12 mai.

Gaudreau, L., Legault, F., Brodeur, M., Dunberry, A., Séguin, S., Hurteau, M., Legendre, R. et Mathieu, R. (2004a). *Rapport d'évaluation sur l'organisation des services offerts aux élèves handicapés ou en difficulté d'adaptation ou d'apprentissage (EHDAA). Tome II.* Rapport d'étape de la Recherche évaluative sur la politique de l'adaptation scolaire déposé au ministère de l'Éducation du Québec. Faculté des sciences de l'éducation, Université du Québec à Montréal, 30 juin.

Gaudreau, L., Legault, F., Brodeur, M., Dunberry, A., Séguin, S., Hurteau, M., Legendre, R. et Mathieu, R. (2004b). *Rapport d'évaluation sur l'organisation des services offerts aux élèves handicapés ou en difficulté d'adaptation ou d'apprentissage (EHDAA). Tome I.* Rapport d'étape de la Recherche évaluative sur la politique de l'adaptation scolaire déposé au ministère de l'Éducation du Québec. Faculté des sciences de l'éducation, Université du Québec à Montréal, 30 juin.

Goupil, G. (1997). *Les élèves en difficulté d'adaptation et d'apprentissage,* 2e éd. Montréal : Gaëtan Morin Éditeur.

Gouvernement du Nouveau-Brunswick (1997). *Loi sur l'éducation* – Nouveau Brunswick. <http://www.gnb.ca/0062/acts/lois/e-01-12.htm>.

Horth, R. (1998). *Historique de l'adaptation scolaire au Québec.* <http://www. adaptationscolaire.or/adapsco/documents/histo_as.pdf> (consulté le 6 juillet 2005).

Merriam, S.B. (1998). *Qualitative research and case study application in education.* San Francisco : Jossey-Bass Publishing.

Ministère de l'Éducation du Québec (1999). *Une école adaptée à tous ses élèves. Plan d'action en matière d'adaptation scolaire.* Québec : Gouvernement du Québec.

Rousseau, N., Vézina, C. et Dionne, C. (2006). Restructuration de l'organisation des enseignements au secondaire : la tâche globale comme soutien à la pédagogie inclusive. Dans C. Dionne et N. Rousseau (dir.). *Transformation des pratiques éducatives : la recherche sur l'inclusion scolaire,* p. 281-298. Québec : Presses de l'Université du Québec.

Salend, S.J. (2001). *Creating inclusive classrooms; effective and reflective practices,* 4ᵉ éd. New Jersey : Merrill Prentice Hall.

Sapon-Shevin, M. (1999). *Because we can change the world. A practical guide to building cooperative, inclusive classroom communities.* Needham Heights : Allyn and Bacon.

Schaffner, B.C. et B.E. Buswell (1996). Ten critical elements for creating inclusive and effective school communities. Dans S. Stainback et W. Stainback (dir.). *Inclusion: A guide for educators.* Baltimore, Maryland : Paul H. Brookes Publishing.

NOTE

[1]   Les extraits des verbatims rapportés dans le texte ont été sélectionnés soit en regard de leur pertinence, soit pour leur caractère synthétique par rapport à l'ensemble des propos.

Quelques réflexions en guise de conclusion

Hermann Duchesne et Nathalie Bélanger

À la lecture des textes rassemblés dans cet ouvrage, il se dégage un consensus selon lequel l'inclusion repose sur une vision optimiste d'un futur qui assure le respect des droits fondamentaux de la personne et valorise la diversité. Avec Grenot-Scheyer, Fisher et Staub (2001), il est permis d'affirmer que, pour bâtir la confiance envers l'inclusion, la seule limite se situe dans l'étendue de notre imagination collective. Nourrir cette imagination peut certainement être considéré comme l'une des retombées majeures de cet ouvrage, et ce, de deux façons principales : l'examen de la variété des contextes et des projets d'inclusion qui y sont mis en œuvre convainc, d'une part, de l'importance de l'engagement des acteurs locaux envers la création de collectivités inclusives et, d'autre part, du besoin de lutter contre les barrières qui compromettent leur cheminement.

1. ENGAGEMENT DES ACTEURS

Au-delà de la diversité des projets d'inclusion, un constat s'impose : les succès, aussi petits ou aussi grands soient-ils, reposent sur un engagement personnel et professionnel, et sont tributaires des valeurs et des croyances en œuvre au niveau local. L'inclusion, avec son orientation humaniste, s'impose comme une responsabilité morale fortement ressentie par les acteurs en présence au sein de l'école et de la communauté. Les lois, les règlements, les politiques et d'autres formes d'encadrement qui déterminent les projets d'inclusion et varient d'une juridiction à l'autre ne garantissent en rien une mise en œuvre congruente de l'inclusion. C'est sans doute une telle responsabilité morale qui, comme le suggèrent D'Alessio, de même que Rousseau, Dionne, Bergeron, Boutet et Vézina, motive les acteurs locaux à se situer à l'occasion en marge des politiques gouvernementales et même, lorsqu'ils le jugent nécessaire, à s'opposer à certaines réformes. Ce sentiment de responsabilité se révèle aussi dans la volonté de consacrer du temps supplémentaire à la formation, aux rencontres de planification et au soutien des élèves. C'est la volonté, la mobilisation et la coopération de tous les membres de l'équipe-école qui transforme l'école et l'ouvre à la diversité. Là où les politiques d'inclusion se confondent avec les politiques d'intégration, comme c'est le cas au Québec, en Ontario et en France, les acteurs doivent composer quotidiennement avec des situations contradictoires, et leurs convictions profondes apparaissent déterminantes dans la résolution des conflits cognitifs qui s'ensuivent. Dans le contexte de l'école en situation linguistique minoritaire en Ontario, où la communauté tend à être définie dans l'homogénéité d'une langue et d'une culture, Bélanger montre en effet que l'inclusion repose souvent sur le volontariat de la part des enseignants qui reconnaissent la diversité au sein même de la communauté francophone et qui acceptent de recevoir des élèves en situation de handicap dans leur salle de classe, de même que sur la capacité de parents de défendre les droits de leur enfant. Ce volontariat et le « parcours de combattant » des parents sont également notés par Plaisance et Schneider en France. Même dans les juridictions qui se disent à l'avant-garde du mouvement d'inclusion, comme le rapporte Vienneau à propos du Nouveau-Brunswick, l'importance des convictions et de l'engagement personnel se révèle dans le rôle de l'enseignante ressource, qui doit souvent négocier l'intégration de l'élève en difficulté ou handicapé au secondaire avec des enseignants réticents ou mal informés. Les propos recueillis par Duchesne indiquent également que l'une des ressources principales de l'inclusion demeure l'implication personnelle et la bonne volonté des acteurs, malgré leurs limites et les risques d'épuisement professionnel.

Connelly et Farmer témoignent aussi de cet investissement des praticiens dans la mise en œuvre d'une pédagogie inclusive en situation minoritaire dans une école de langue française du sud-ouest de l'Ontario quand ceux-là « travaillent en inclusion ». Enfin, l'on ne saurait passer sous silence le bénévolat des parents et les initiatives des élèves. Qu'il s'agisse de participer aux conseils d'écoles ou d'établissement, ou de s'impliquer dans les activités de collectes de fonds ou autres, l'engagement des parents s'avère un atout majeur autant pour l'école dans son ensemble que pour la conduite de projets ponctuels favorisant le « vivre ensemble » chez les élèves, pour reprendre les propos de Poizat, Gardou et Moiroud. Pour leur part, les initiatives des élèves pour inclure leurs pairs en difficulté ou en situation de handicap dans leurs activités scolaires et parascolaires, exemplifiées par l'invitation faite à Arthur de participer aux célébrations de remise des diplômes rapportée par Vienneau, apportent une contribution non négligeable, bien qu'encore sous-exploitée, à la qualité de vie et au bien-être de tous à l'école. Ainsi, c'est l'engagement des administrateurs, des éducateurs et éducatrices, des parents, des élèves et des autres partenaires qui, comme le soulignent Armstrong et Barton, en dépit des contradictions qu'ils confrontent quotidiennement et du fait que leurs efforts et leurs réalisations ne sont pas reconnus à leur juste valeur, font de l'école un lieu de rassemblement de la communauté, un milieu dynamique qui remet en question les pratiques courantes et promeut le renouvellement de l'école.

Comme deuxième constat, il ressort qu'inclusion et renouveau de l'école vont de pair. Même si, dans la majorité des juridictions, l'initiative d'un tel renouveau peut être attribuée aux instances gouvernementales, il demeure encore une fois que la volonté des acteurs locaux d'expérimenter et d'innover se situe au cœur du mouvement vers l'inclusion. La majorité des contributions à cet ouvrage met en évidence le fait que l'inclusion ne se situe pas dans le prolongement des pratiques traditionnelles ; elle s'inscrit plutôt en rupture par rapport à celles-ci. L'inclusion remet en question autant les pratiques d'enseignement en classe ordinaire que les pratiques d'enseignement spécialisé. Du côté de la classe ordinaire, l'inclusion fait prendre conscience de l'importance de rechercher et d'expérimenter de nouvelles méthodes d'enseignement-apprentissage et de gestion de classe. Entre autres, pour D'Alessio, tout autant que pour Armstrong et Barton, l'inclusion oriente vers la création d'une atmosphère de classe relaxante, où l'interaction sociale est valorisée. L'inclusion implique une pédagogie active qui augmente les possibilités d'apprentissage basées sur l'expérience, la réalisation de projets, la résolution de problèmes, l'enquête. La classe inclusive se transforme en laboratoire où les adultes comme les élèves se considèrent comme des apprenants à vie et où les attentes sont élevées. Pour Poizat, Gardou et Moiroud, la classe inclusive mise amplement sur l'autonomie des élèves et, dans ce sens, la contribution des technologies de l'information et d'assistance s'avère un atout important. Or comme le montre Bélanger, cet investissement dans les technologies peut mener, lorsqu'il est trop marqué, à de nouvelles formes de ségrégation en marge des activités de la salle de classe. Du côté de l'enseignement spécialisé, l'inclusion exige de recentrer l'attention sur les forces et les compétences des élèves. L'inclusion ne préconise pas le transfert en classe ordinaire des méthodes et des stratégies d'intervention réadaptatives élaborées pour la classe spéciale, même si elle s'en inspire à l'occasion et que celles-ci demeurent parmi les possibilités d'intervention en réponse aux besoins de tous les élèves (Vienneau; Duchesne). Elle s'oriente plutôt vers l'élaboration d'approches innovatrices dont un certain nombre sont empruntées au mouvement vers l'école efficace (Marzano, 2007), mais dont plusieurs sont négociées en réponse aux besoins ressentis dans l'ici et le maintenant, et sont encore à inventer.

Comme troisième constat, les projets d'inclusion sont des projets d'accueil guidés par un leadership transformationnel éclairé, capable de rassembler la collectivité autour d'une vision commune et d'orienter les énergies vers un partage des expériences et des expertises de chacun dans la résolution des problèmes de la vie quotidienne. Les projets d'inclusion se concrétisent dans un environnement qui promeut l'amélioration de la qualité des conditions de vie de tout un chacun. L'inclusion implique un accueil spontané, sincère et chaleureux non seulement des enfants handicapés et en difficulté, mais de tous les élèves, des enseignants, des parents et des autres partenaires, dans une école où il fait bon vivre. L'insistance sur l'autonomie, la confiance en soi, l'entraide, la résolution de conflits, la gestion positive du stress, tout autant que l'établissement d'attentes comportementales et scolaires qui offrent des défis à la mesure du potentiel de chacun, ne représentent que quelques-unes des conditions de vie propres à un milieu inclusif. Mais ces conditions ne se rassemblent pas d'elles-mêmes dans l'école. Armstrong et Barton mettent en évidence l'importance du leadership non seulement dans l'aménagement de lieux agréables, relaxants, confortables et fonctionnels, ouverts et flexibles, mais aussi dans l'élaboration et la mise en œuvre de politiques solides favorisant l'équité. Plaisance et Schneider insistent sur le rôle du leader dans l'établissement d'attentes élevées et la poursuite de l'excellence. Duchesne et Vienneau décrivent comment la direction de l'école ou de l'établissement, autant par ses gestes que par ses paroles, sert de modèle et favorise le développement et le maintien d'une atmosphère de soutien émotionnel envers les élèves, les membres du personnel, les parents et la communauté. Pour D'Alessio, les rapports formels et informels entre la direction et les autres acteurs à l'école dépassent les exigences liées au travail pour englober le soutien personnel et l'encouragement des relations amicales. Un leader pédagogique capable de créer un climat de collaboration et de compréhension mutuelle favorise le développement du sentiment d'appartenance et l'engagement envers l'apprentissage, contribuant d'autant à la stabilité du projet d'inclusion. Par contre, Rousseau et ses collaboratrices montrent bien comment la perte d'un tel leader met en péril un projet d'inclusion. Enfin, on ne peut passer sous silence le fait que la qualité de vie dans une école inclusive est tributaire de la qualité de vie dans la communauté qu'elle dessert. Encore une fois, le rôle de la direction d'école pour informer et faire profiter la communauté des nouvelles initiatives, pour signer des alliances et des partenariats amorcés par les familles, les agences de services et les entreprises environnantes ou s'y montrer intéressé, s'avère déterminant.

Ainsi, il appert que les convictions profondes à l'égard de l'équité et de l'engagement personnel et professionnel des acteurs locaux envers le renouveau de l'école, guidés et appuyés par un leadership transformationnel solide, constituent les piliers de l'inclusion et les garants de son succès. Cependant, l'inclusion ne peut se vivre pleinement sans que les acteurs en présence ne développent une sensibilisation accrue aux obstacles et coordonnent leurs efforts pour en atténuer les effets. D'où la nécessité d'intensifier la lutte contre les barrières à l'inclusion.

2. LUTTE CONTRE LES BARRIÈRES

Les différents projets décrits dans cet ouvrage témoignent éloquemment du fait qu'inclusion et exclusion se côtoient quotidiennement dans les écoles et les salles de classe, et constituent souvent deux facettes d'une même réalité. Il serait illusoire d'ignorer les barrières qu'érigent les forces vers l'exclusion sur le parcours de l'inclusion. Sans doute, l'une des barrières les plus pernicieuses à l'inclusion scolaire est la croyance selon laquelle les difficultés d'inclusion se trouvent à l'intérieur même de l'élève ou dans sa famille et qu'elles sont déterminées par son handicap. L'influence préjudiciable d'une telle croyance se laisse voir autant au niveau macrosocial que microsocial.

Au niveau macrosocial, l'examen des différents projets d'inclusion met en évidence le fait que les lois et les politiques nationales et provinciales qui encadrent les projets d'inclusion se situent en marge de celles qui sous-tendent les programmes d'études ordinaires et sont largement influencées par la pensée médicale. L'appartenance à une catégorie diagnostique demeure encore le principal critère pour l'attribution des ressources financières et humaines, de même que pour la mise en place des services pour les élèves qui ont des besoins spéciaux. Les travaux de Plaisance et Schneider, comme ceux de Poizat, Gardou et Moiroud, illustrent comment les lourdes structures d'État sont incapables d'être attentives aux dimensions individuelles et forcent à penser l'inclusion comme une initiative privée. La lourdeur des structures administratives interfère également avec la coordination des services et rend l'accès à ceux-ci difficile pour les non-initiés. C'est sans doute ce qui amène Vienneau à considérer comme un atout pour l'inclusion le fait que les structures administratives au Nouveau-Brunswick soient moins lourdes. D'Alessio signale aussi que l'école est souvent soumise à des lois et politiques administratives, y compris les prescriptions des conventions collectives concernant la mobilité des enseignants, contraires aux intérêts et aux besoins des élèves. Briser avec les structures au pouvoir devient donc, à l'occasion, une nécessité pour l'école inclusive. Pour sa part, Bélanger attire l'attention sur l'exigence, dans la majorité des juridictions, d'élaborer un plan éducatif individualisé ou personnalisé pour les élèves inclus, lequel plan hérité des approches de l'éducation spécialisée peut conduire à l'isolement de l'élève. De plus, bon nombre de pratiques institutionnelles (D'Alessio ; Rousseau *et al.*) telles que l'utilisation de tests de sélection, même si ceux-ci portent sur les forces et les talents, le groupement des élèves par aptitudes ou autres caractéristiques socioéconomiques et ethniques, etc., viennent entraver davantage les initiatives inclusives. Mais il ne faut pas oublier la conception néolibérale de l'imputabilité et de l'excellence sous-jacentes au dernier courant de réforme de l'éducation dans plusieurs pays et provinces. Les programmes d'études rigides et surchargés, particulièrement au secondaire (Duchesne), les tests de rendement provinciaux, nationaux et internationaux, les comparaisons du rendement d'une juridiction à l'autre, tout autant que d'une école à l'autre (Armstrong et Barton), constituent autant d'obstacles auxquels les milieux inclusifs doivent faire face.

Au niveau microsocial, une difficulté majeure se révèle dans le manque de sensibilisation des acteurs au fait que des barrières très réelles existent au sein même de l'école. On peut attribuer à ce manque de sensibilisation le nombre important « d'occasions manquées » (Bélanger ; Rousseau *et al.* ; Vienneau) pour les élèves de prendre une part active au sein de la classe et de l'école. Les barrières au sein de l'école touchent non seulement les attitudes, mais aussi les pratiques d'enseignement et d'apprentissage. En ce qui a trait aux attitudes, un domaine qui préoccupe particulièrement D'Alessio, on retrouve dans la majorité des juridictions le maintien du concept de différence par rapport à la « norme », la catégorisation mettant l'accent sur le fait que le problème se situe dans l'enfant lui-même, la centration sur les incapacités, la croyance que l'inclusion « s'ajoute » à l'enseignement apprentissage ordinaire, la perception que les classes inclusives sont moins propices à l'apprentissage. La modification de ces attitudes est entravée par le manque de temps accordé aux acteurs en présence dans l'école pour créer des espaces de dialogue et réfléchir aux questions d'importance relatives à l'inclusion. Dans le domaine des pratiques en salle de classe, malgré une flexibilité approuvée institutionnellement, on note, dans toutes les juridictions, une hésitation à utiliser les approches pédagogiques différenciées. La persistance de la seule pédagogie frontale et des méthodes traditionnelles qui donnent peu de place aux élèves, la pression pour compléter les programmes d'études dans un laps de temps relativement court, la priorité donnée aux contenus des programmes d'études, la planification pédagogique guidée par les manuels plutôt que par les besoins des élèves sont autant de pratiques qui expliquent que les élèves éprouvant des difficultés ou en situation de handicap sont ignorés ou laissés à eux-mêmes ou à l'auxiliaire, sans avoir grand-chose à faire, quand ils ne sont pas simplement dans les couloirs des écoles. On peut certainement ajouter à ces barrières les particularités du fonctionnement de l'école, dont, entre autres, le maintien des politiques d'intégration scolaire et le placement des élèves en fonction de ce qu'on croit qu'ils peuvent faire ou réussir (Rousseau *et al.*), l'acceptation de l'élève en fonction de ce que l'école croit pouvoir lui offrir (Plaisance et Schneider), la présence d'un grand nombre d'intervenants qui rend difficile de s'y retrouver dans les procédures administratives et de coordonner les services (Poizat, Gardou et Moiroud), la micropolitique des relations de pouvoir dans l'école, particulièrement en ce qui a trait à la délégation de la responsabilité de l'élève inclus aux spécialistes ou à l'autorité grandissante de ces derniers comparativement au pouvoir des élèves et des parents (D'Alessio). Toutes ces barrières sont susceptibles de désengager autant le personnel scolaire que les élèves dans la mise en œuvre d'une éducation inclusive et exigent un effort concerté pour en minimiser ou en éliminer les répercussions.

En somme, les projets décrits dans cet ouvrage témoignent du caractère holistique de l'inclusion, tout autant que de la complexité et de l'unicité de sa mise en œuvre dans le quotidien des écoles et des communautés. Ils témoignent également de son caractère paradoxal en ce sens que les forces vers l'inclusion s'accompagnent de celles vers l'exclusion, toujours présentes au sein d'un même individu et d'une même communauté. Travailler à augmenter l'inclusion exige en même temps de porter une attention tout aussi importante à diminuer l'exclusion. L'inclusion exige un engagement éclairé de tous les acteurs envers la création d'un milieu qui offre à chacun la possibilité d'expérimenter, de prendre des initiatives, de se tromper et d'enrichir sa qualité de vie. L'inclusion nécessite tout autant une vigilance accrue et soutenue de tous les acteurs pour lutter contre les forces vers l'exclusion, omniprésentes dans les communautés. Les conditions de mise en œuvre de l'inclusion sont encore loin d'être idéales. Au contraire, on pourrait plutôt qualifier celles-ci de précaires, de fragiles. Par conséquent, la confiance, la patience, la tolérance à l'imprévu demeurent des attitudes essentielles qui permettent aux acteurs de mieux gérer le stress et de prendre une part active aux négociations entourant la place de l'inclusion dans leur vie. Malgré les écueils, les progrès réalisés jusqu'à maintenant, comme en témoignent les diverses contributions à cet ouvrage, laissent entrevoir un avenir prometteur et une transformation plus en profondeur des écoles et des offres éducatives.

RÉFÉRENCES BIBLIOGRAPHIQUES

Grenot-Schreyer, M., Fisher, M. et Staub, D. (2001). *At the end of the day: Lessons learned in inclusive education.* Baltimore, Toronto : Paul H. Brookes.

Marzano, R.J. (2007). *The art and science of teaching: A comprehensive framework for effective instruction.* Alexandria: Association for Supervision and Curriculum Development.

Index

Une typographie de 10pt sur 14pt Minion Pro

Achevé d'imprimer
en novembre deux mille dix, sur les presses
de l'imprimerie Gauvin, Gatineau, Québec